WIE GEHT DAS?

Tipps und Tricks zum besseren Zeichnen

Urban Sketching
Reiseskizzen
Tagebuch

Beantwortet und illustriert von
I ill Lenecke

WIE GEHT DAS?

Tipps und Tricks zum besseren Zeichnen

Urban Sketching
Reiseskizzen
Tagebuch

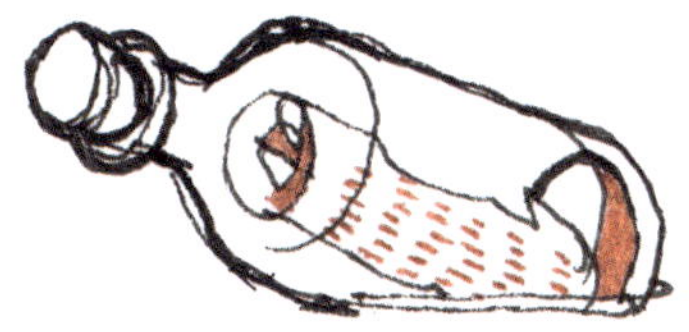

Beantwortet und illustriert von
Till Lenecke

INHALT

Vorher

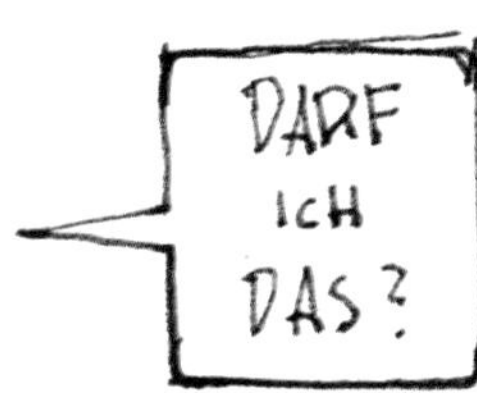

Motive

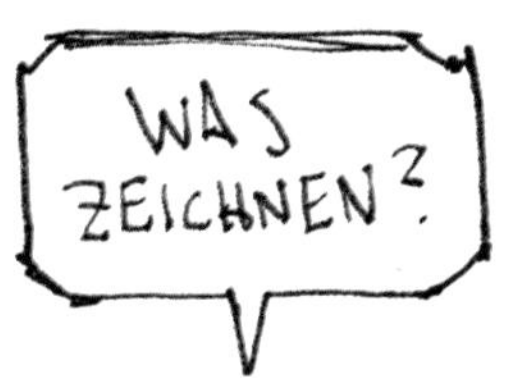

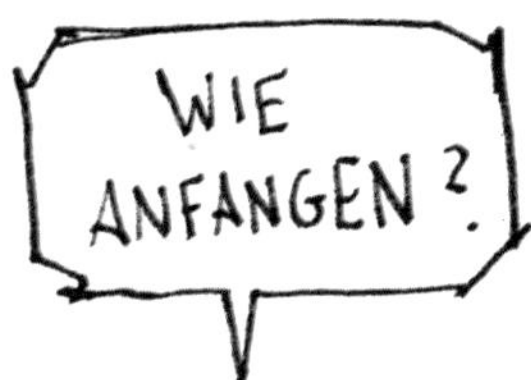

Zeichnen und Malen

WIE ZEICHNEN?

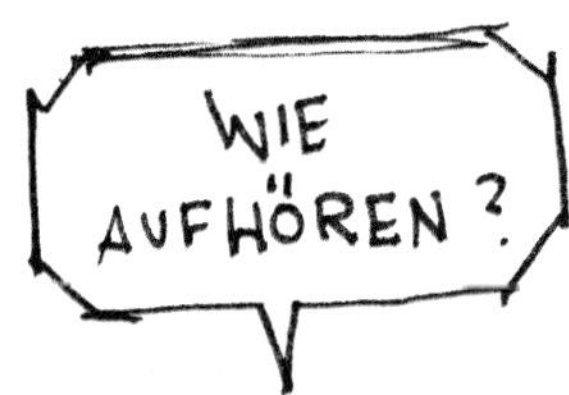

Nachher

WIE WERDE ICH BESSER?

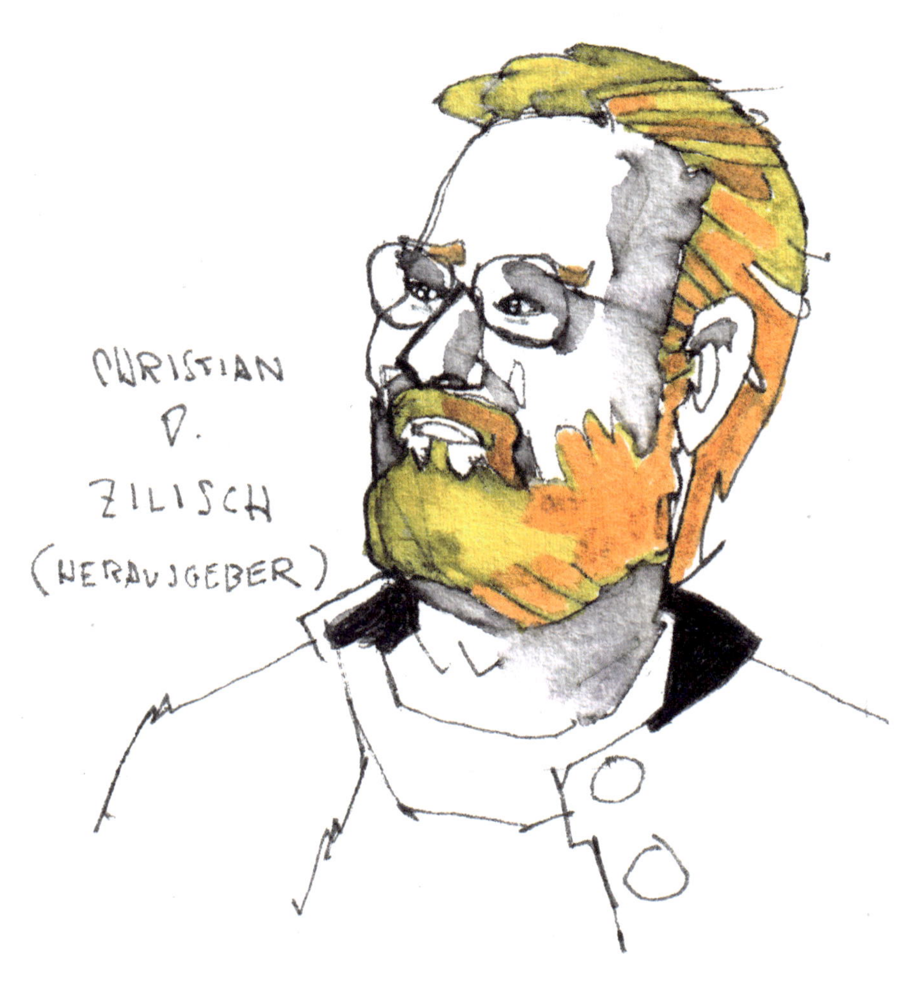
CHRISTIAN
D.
ZILISCH
(HERAUSGEBER)

VORWORT

Liebe LeserInnen und Urban Sketching-Interessierte,
seitdem es am Computer durch verschiedene Tastenkombinationen die Möglichkeit gibt, einen Schritt zurückzugehen und einen entstandenen „Fehler" rückgängig zu machen, verliert die mit Hand gefertigte Zeichnung in vielen Bereichen an Bedeutung. Die perfekte, gerade Linie ist nur noch einen Klick mit der Maus entfernt. In Präzision und Effizienz kann der Stift dort nicht mithalten. So kommt es, dass von Hand erstellte Zeichnungen häufig nur noch auf einer künstlerischen Ebene wahrgenommen werden, obwohl die Verbindung zwischen Kopf und Hand die unmittelbarste der visuellen Kommunikation darstellt. In meinen Augen ist die Zeichnung das direkteste und wunderbarste Werkzeug, Ideen zu kommunizieren. Eine Hand voll gut gesetzter Linien ist in der Lage, komplexe Informationen zu vereinfachen und zu vermitteln. Die Zeichnung ist eine weltumspannend lesbare Sprache, mit der wir die Grenzen des gesprochenen Wortes überschreiten können. Die Skizze kann eine klare Aussage treffen, ohne dabei den Anspruch zu haben, perfekt formuliert zu sein. Jedoch wird eben diese Perfektion von uns in vielen Bereichen erwartet und bringt vielleicht sogar die Angst vor dem Scheitern mit sich.
Der Illustrator Till Lenecke lehrt in Workshops und als Dozent an mehreren Hochschulen das Zeichnen und möchte mit diesem Buch die Angst vor Misserfolg nehmen und mit Antworten auf die am häufigsten gestellten Fragen zum Weitermachen motivieren. Till Lenecke schafft mit dem Buch Freude am Zeichnen und Fehler machen, denn ohne ist kein Prozess und Fortschritt möglich.

Ich wünsche Ihnen viel Vergnügen, diese wunderbare Sprache des Zeichnens gemeinsam mit Till sprechen zu lernen.

Ihr Christian Zilisch

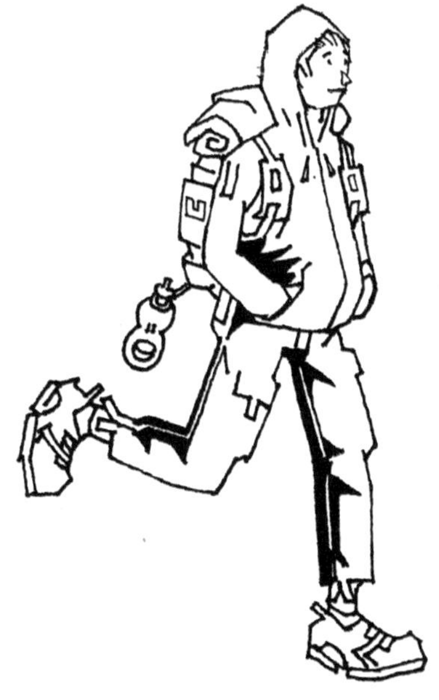

VORWORT

Liebe LeserInnen,
bei über 100 Workshops im ganzen Bundesgebiet wurde ich mit unzähligen Fragen meiner TeilnehmerInnen konfrontiert. Es waren genau 42, die auf die gleiche oder zumindest sehr ähnliche Weise immer wieder gestellt wurden. Im Herbst 2021 machte ich mir die Mühe, alle Fragen aufzuschreiben und ihnen eine Reihenfolge zu geben. Dann folgten die Antworten und ich kümmerte mich darum, das Ganze zu illustrieren. Sollten Sie die vorletzte Doppelseite schon mal querlesen, werden Sie merken, dass die Antwort auf die meisten Fragen gleich lauet: „Darf ich das?“ Klar!
Dabei geht es nicht so sehr um die eine richtige Antwort, sondern vielmehr darum, der Unsicherheit beim Lernen ein Schnippchen zu schlagen. Vorurteile, Unsicherheit und sogar Angst gelten bei der Ausübung des Zeichenhandwerks als regelrechte Schweinehunde. Dieses Buch ist dafür gedacht, diese Schweinehunde zur Räson zu bringen. Schon größere KünstlerInnen als Sie und ich haben unter Zweifeln gelitten. Weitergemacht haben sie danach trotzdem.

Viel Spaß beim Zeichnen wünscht Ihr

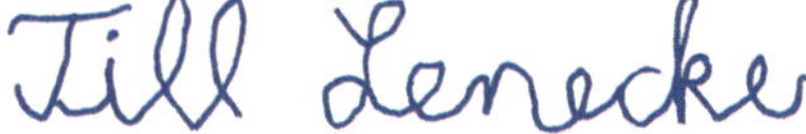

WARUM ZEICHNEN LERNEN?

„Ich wollte Teil einer Geheimwissenschaft werden. Ich wollte etwas Besonderes sein.“ [1]
(Unbekannter Hip Hopper)

Kennen Sie das, wenn jemand ein Handwerk richtig gut beherrscht? Wenn jemand fähig ist, etwas zu reparieren oder noch besser: Wenn unter den Händen einer Koryphäe etwas Neues entsteht? Wenn zum Beispiel ein Schmied ein besonders scharfes Messer herstellt oder ein Zeichner ein Motiv ruckzuck auf ein Blatt Papier skizziert?

Ja, ich habe schon als Kind gerne gezeichnet. Es war aber weniger Berufung als eine von den zahlreichen Tätigkeiten, die jedes Kind eine Zeit lang ausführt. Bis zu dem Augenblick, als ich „einen richtigen Zeichner“ kennenlernte. Mitte der 80er Jahre ging ich in der Stadt spazieren. Da saß ein Mann und arbeitete auf seiner Staffelei an einer Ein-Punkt-Perspektive der Peterstraße (eine hübsche, etwas zu Tode restaurierte Fachwerkstraße in der Hamburger Neustadt). Er benutzte seinen superdünnen Stift so präzise und sicher auf dem Papier, dass ich nicht glauben konnte, dass diese Zeichnung ein Mensch gemacht hat. Dieses Treffen hatte meinen Ehrgeiz geweckt. „Das will ich auch machen!“, fuhr es mir in den Kopf. Ich wollte auf der anderen Seite der Staffelei stehen und ein Zeichner sein. Wollte ich für mein Können bewundert werden? Klares Ja. Vor allem aber wollte ich auf mich selber stolz sein und mich meines Handwerks erfreuen. Ich wollte, dass unter meinen Händen etwas Schönes entsteht. Streng genommen war ich schon ein Zeichner, denn ich zeichnete freiwillig und regelmäßig. In meiner Freizeit benutzte ich Filzstifte und Papier, malte Schiffe und Städte und entwickelte zeichnerisch sequentielle Handlungen mit wiederkehrenden Personen. Alles natürlich amateurhaft und ohne jeden Anspruch.

Durch den Zeichner in der Peterstraße sah ich, was möglich war. Jetzt wollte ich alles anders machen: Ich wollte besser werden!

In diesem Buch geht es darum, besser zu werden und dabei das Handwerk des Zeichnens zu feiern, den Spaß und die Inspiration am Lernen zu erhalten, Angst, Unsicherheit und Fragen anzusprechen und im Idealfall zu beantworten.

Zeichnen ist ein tolles Handwerk, das jeder lernen kann.

*Schloss Gottorf in Schleswig,
gezeichnet 2021*

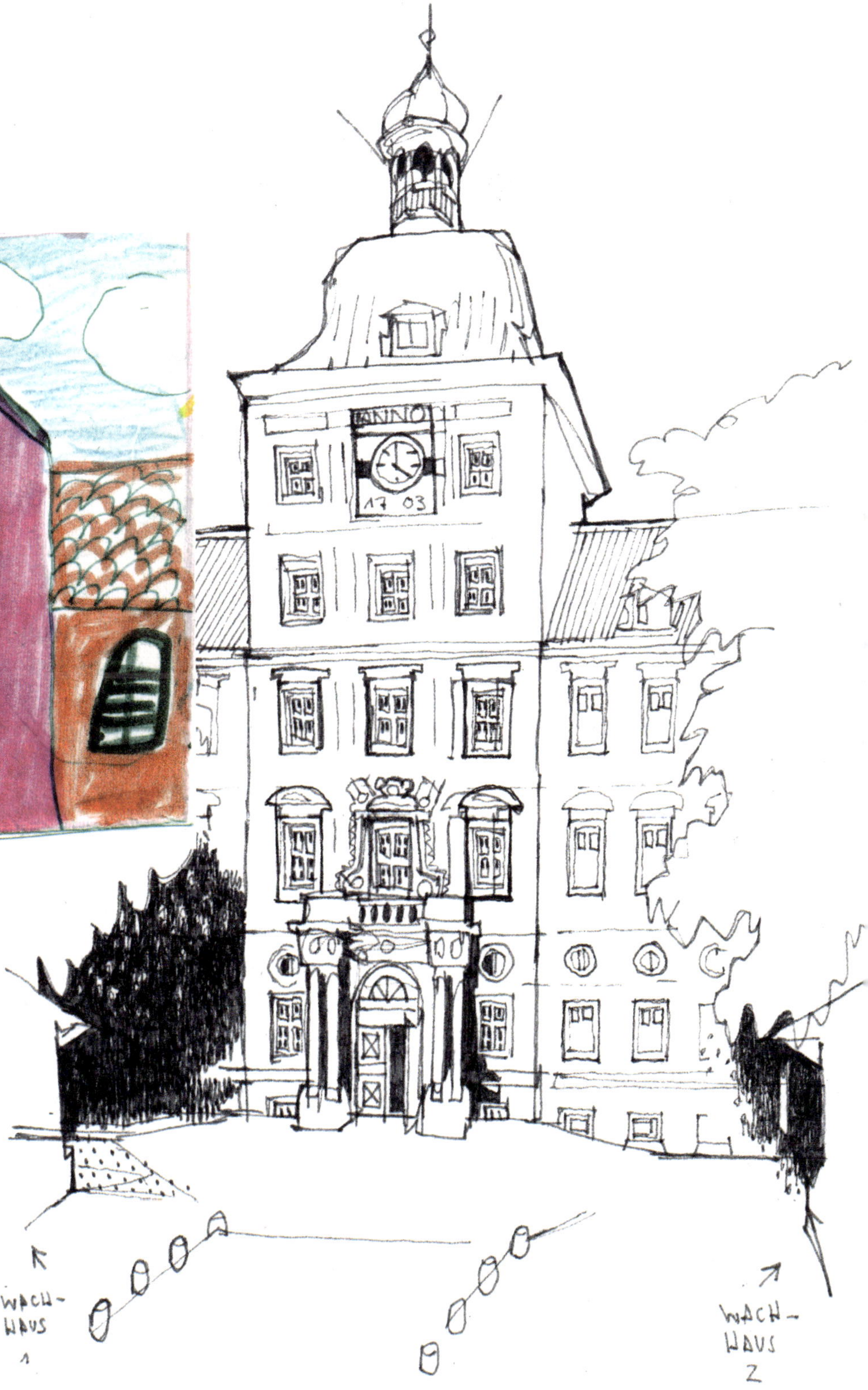

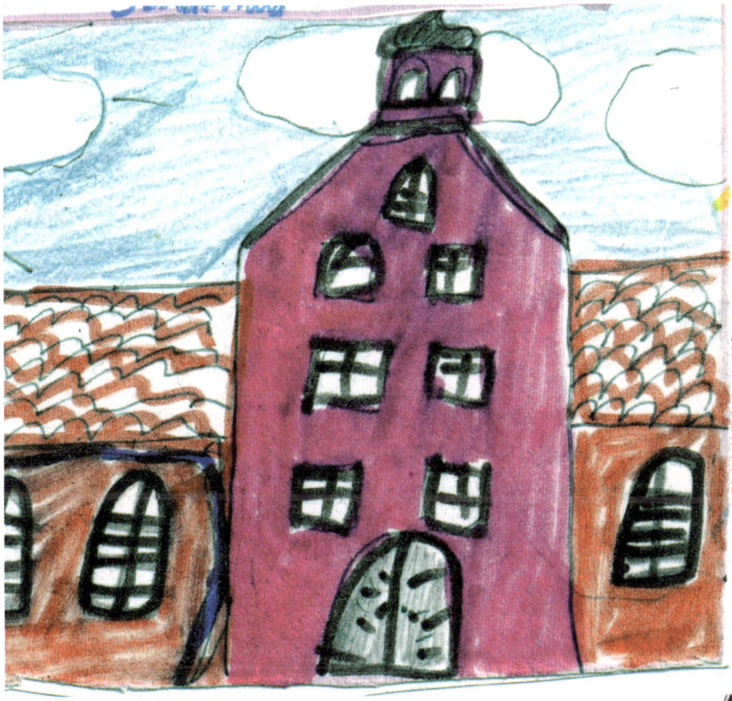

*Schloss Gottorf in Schleswig,
gezeichnet 1983 auf einer Klassenreise*

WAS IST URBAN SKETCHING?

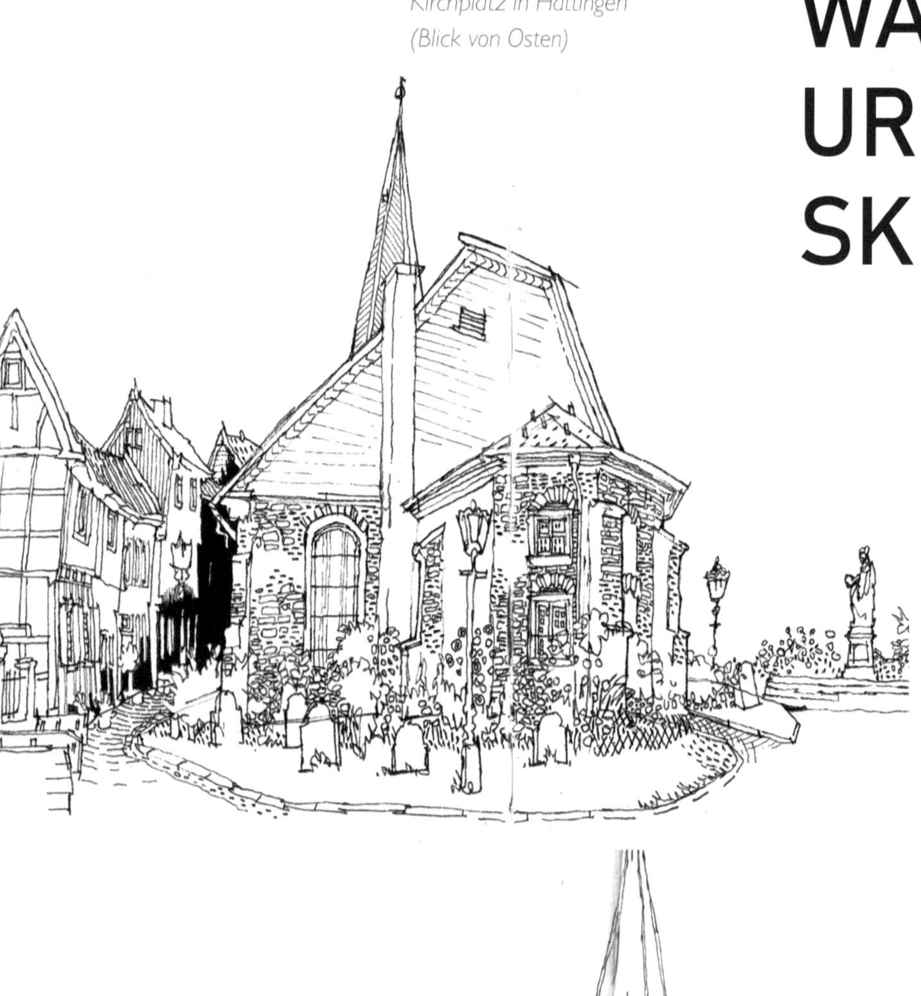

Kirchplatz in Hattingen (Blick von Osten)

„Wir zeigen die Welt, Zeichnung für Zeichnung!"[2] (Aus dem Manifest der Urban Sketcher)

„Urbanes skizzieren" oder „Urban Sketching" beschreibt eine Tätigkeit, bei der der Zeichner seine unmittelbare Umgebung abbildet. Dabei entstehen nur wenige Bilder, aber diese werden einen besonderen Wert für Sie haben. Trotz des „Urbanen" im Namen dokumentiert der Zeichner auch Landschaften oder seine eigene Wohnung, die Aussicht vom Balkon oder aus dem Küchenfenster. Trotz des „Skizzierens" können Sie Ihre Zeichnungen so weit ausarbeiten, wie Sie wollen. Viel wichtiger als das Urbane ist für mich das „nach draußen Gehen", mobil sein und flexibel an jedem Ort sein Handwerk auszuüben. Machen Sie Zeichnungen statt Fotos. Benutzen Sie Stift und Skizzenbuch wie eine Fotokamera. Es existiert ein Manifest des Urban Sketching, das über Ziele und Absichten dieser Strömung informieren soll. Dabei wird vor allem das Zeichnen am Objekt betont, also das „vor Ort Arbeiten", direkt am Motiv und nicht nach einer Reproduktion. Seit Mitte der 90er Jahre führe ich ein Skizzenbuch. Seitdem zeichne ich Bilder auf meinen Reisen und dokumentiere zuhause Arbeit und Freizeit. Im Studium lernte ich den Begriff des Urban Sketching kennen und konnte mich gleich damit identifizieren.
Fast alles, das Sie in diesem Buch sehen, ist nach dem Konzept des Urban Sketching entstanden. Ich habe versucht, eine möglichst große Bandbreite an Themen und Motiven abzubilden, die für jeden Zeichner interessant und hilfreich ist.

Kirchplatz in Hattingen (Blick von Nordosten)

Urbanität beginnt da, wo Menschen eine Spur hinterlassen haben. Vom kalten Lagerfeuer bis zur aufgeständerten Schnellstraße. Die Darstellung von Urbanität ist die große Klammer, die dieses Buch zusammenhält. Aber keine Sorge, ich habe mich bemüht, so viele Seiten des urbanen Zusammenlebens zu dokumentieren, dass für jeden etwas dabei ist.
Willkommen in meiner Stadt!

Zeichnen Sie alltägliche Motive! Nehmen Sie Ihre Utensilien mit nach draußen!

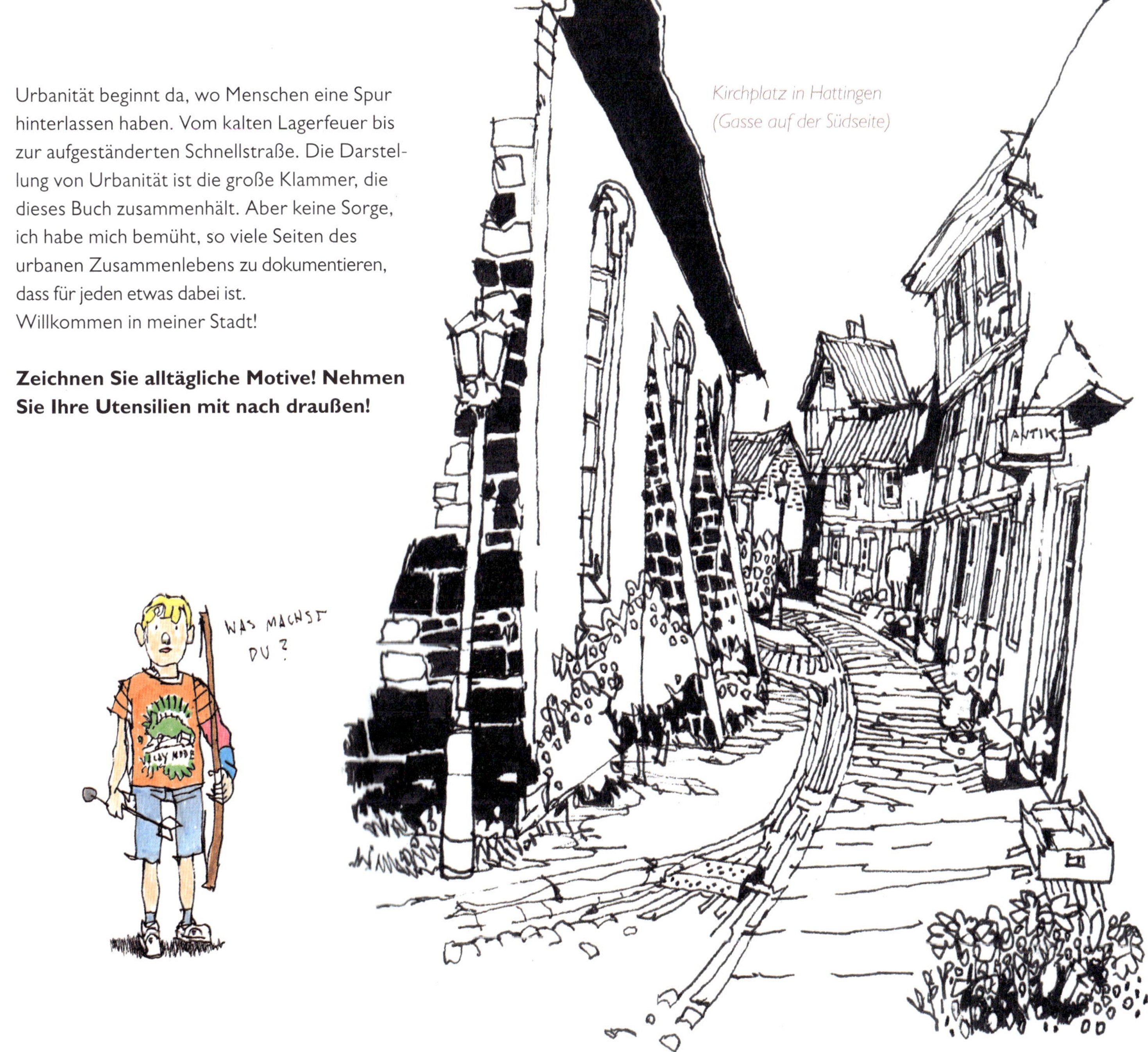

Kirchplatz in Hattingen (Gasse auf der Südseite)

WIE FÜHRE ICH EIN GEZEICHNETES TAGEBUCH?

„Liebes Tagebuch..."[3] (Daisy Duck)

Ihr Alltag ist nicht interessant genug für ein Tagebuch? Sagen Sie das nicht. Ich habe gerade das „Tagebuch eines Buchhändlers" von Shaun Bythell mit großem Vergnügen gelesen. Kein Vergleich? Was ist mit dem Buch „Die Entdeckung der Faulheit", das von einer Angestellten des französischen Energiekonzerns EDF geschrieben wurde, oder mit „Die Leiden einer jungen Kassiererin" von Anna Sam? Alles Texte über Alltag und Beruf, die nicht unbedingt Hollywood auf den Plan rufen, aber trotzdem sehr erfolgreiche Bücher sind, die sich leicht und interessant lesen lassen. Sie ahnen schon, worauf ich hinaus will. Es kommt nicht auf den Alltag an, sondern die Sicht darauf. Dann lässt es sich unterhaltsam schreiben und damit auch zeichnen. So waren auch meine ersten Skizzenbücher eigentlich Tagebücher. Sie wissen schon, mit der Floskel „Liebes Tagebuch..." eingeleitet und dann kamen wahlweise stakkatoartig oder unregelmäßig die Tagebucheinträge. Obwohl meine ersten Versuche der schriftlichen Selbstreflexion ziemlich naiv waren, hat es gut getan, sich beim Schreiben Luft zu machen. Die ersten Zeichnungen kamen ganz von selbst dazu, meist aus Faulheit, um Dinge nicht mit Worten beschreiben zu müssen, aber auch, weil ich schnell merkte, dass mir Zeichnen mehr lag als Schreiben.

Neben dieser kreativen Selbstreflexion mag ich es, meinem Alltag eine Ordnung zu geben. Ich vergesse einfach zu viele wichtige Sachen, weshalb mein Tagebuch gleichzeitig mein Jahresplaner ist – mit Telefonnummern, Adressen und Geburtstagskalender. Diesen schnöden Informationen muss ich eine illustrative Form geben, um sie mir besser merken oder zumindest leichter abrufen zu können. Wie merken Sie sich die wichtigen Dinge im Alltag? Eingetippt im Handy? Handgeschrieben auf Post Its? In die Hand geschrieben? Oder eine Mischung aus allen Möglichkeiten? Ich für mich habe gerne immer alles an einer Stelle: Ohne Akku und Spiderapp im gezeichneten Tagebuch.

Zeichnen statt Schreiben.

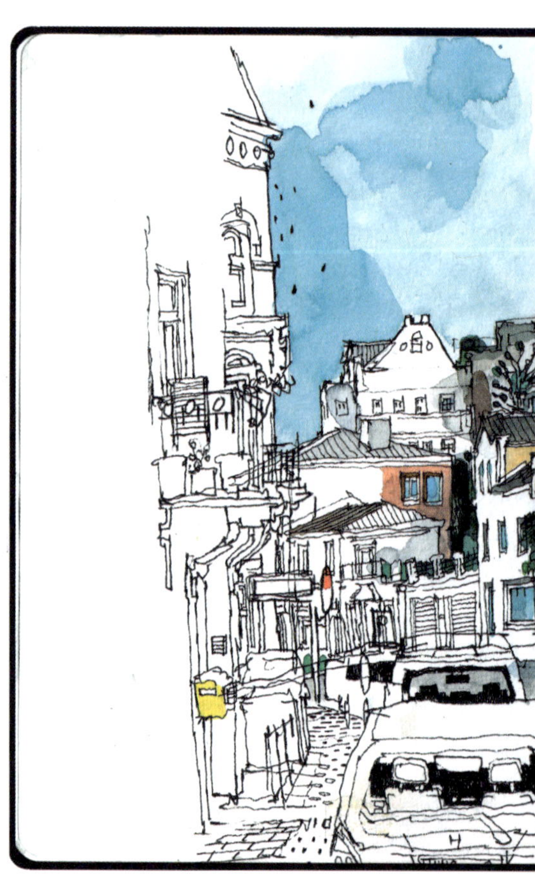

Zu Besuch bei Freund T.

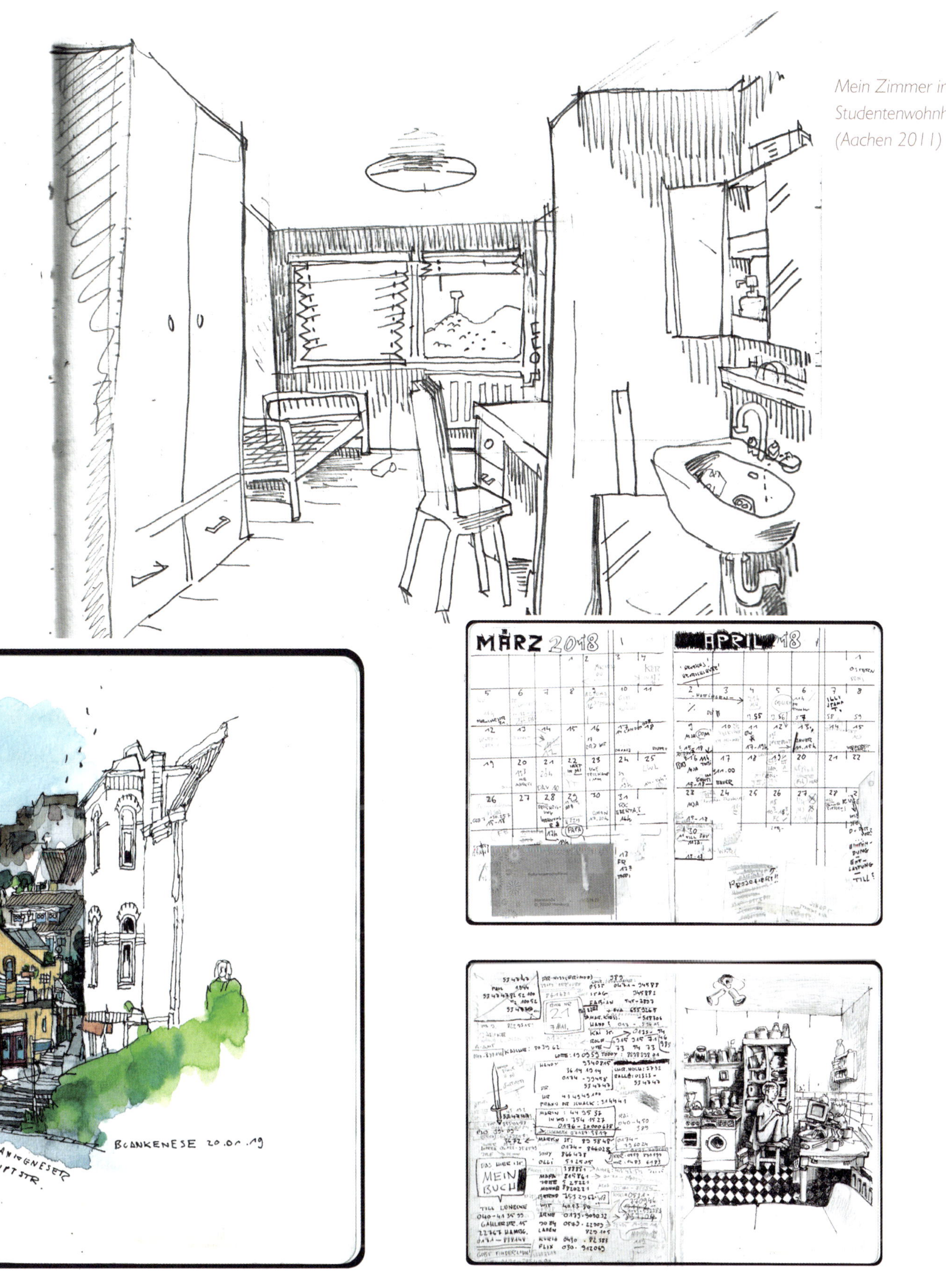

Mein Zimmer im Studentenwohnheim (Aachen 2011)

Oben: Kalender

Unten: Telefonnummern (ungültig)

Portsmouth auf Dominica (Karibik)

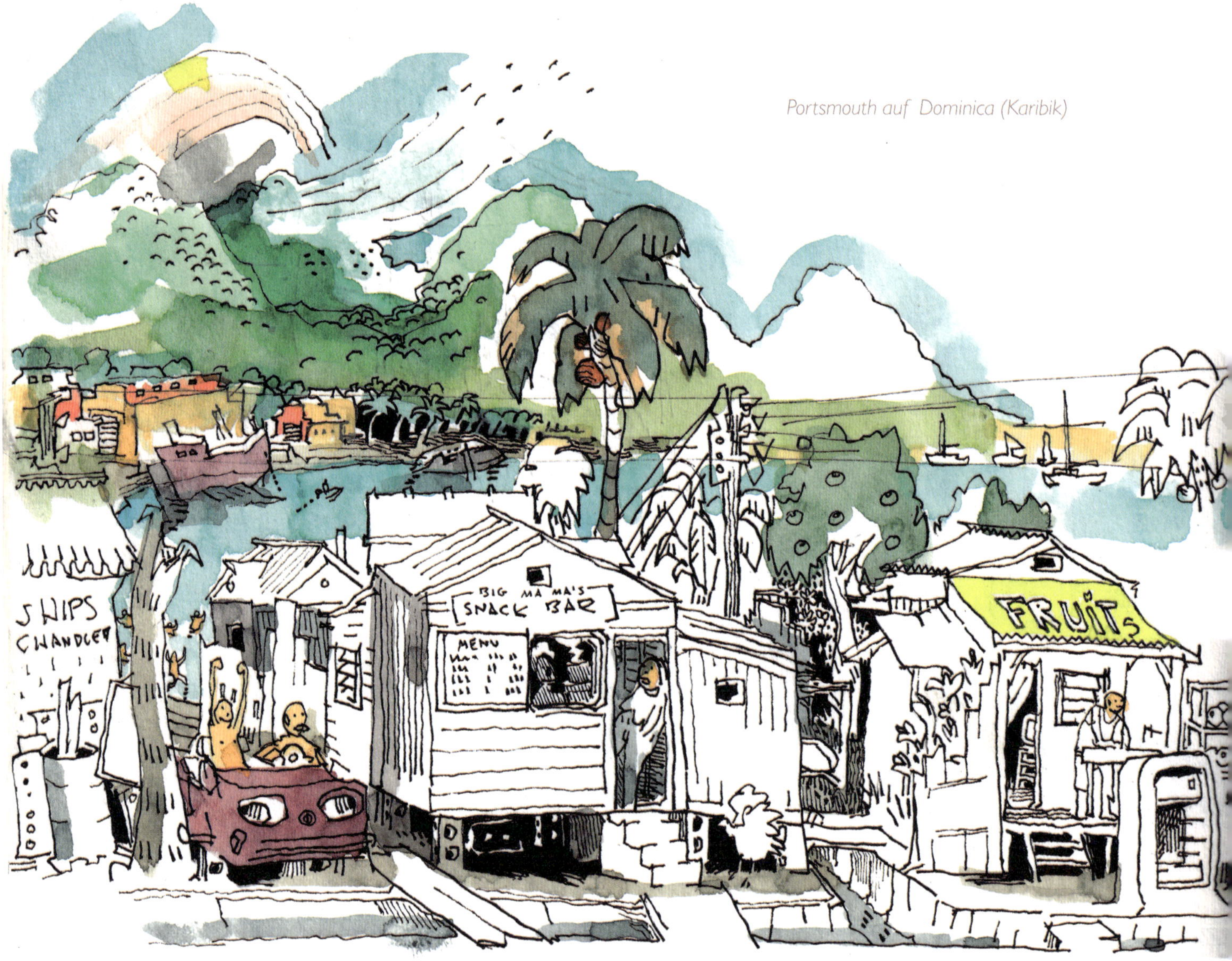

Die Alexander von Humboldt II

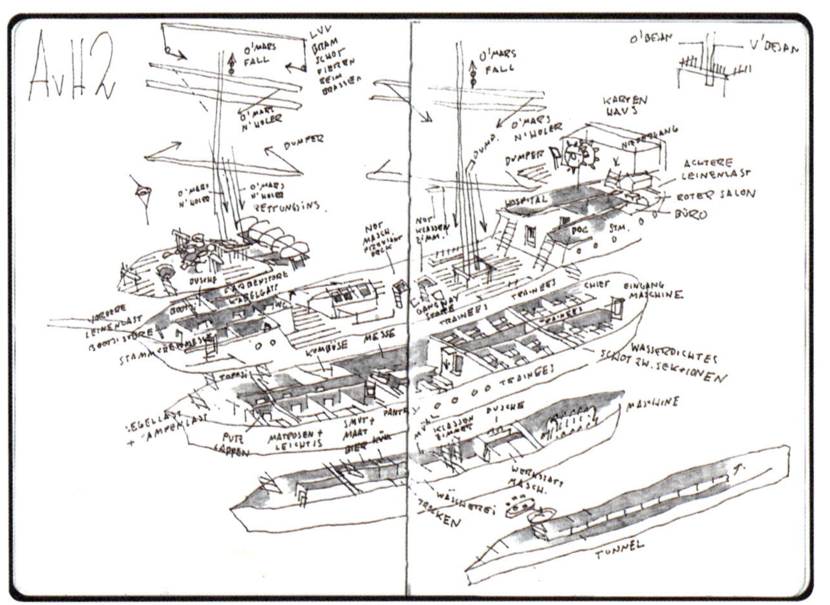

WIE MACHE ICH REISE-SKIZZEN?

„Ich geh im Urwald für mich hin -
Wie schön, dass ich im Urwald bin:
(...)
Und an den Bäumen, Blatt für Blatt,
hängt Urlaub. Schön, dass man ihn hat.“[4]
(Heinz Erhardt)

Weg vom Alltag, rein in den Urlaub – das bedeutet, Zeit zu haben und Neues zu sehen. Wie schön, wenn man das Neue mit dem Skizzenbuch einfangen kann. Gerade Erinnerungen aus dem Urlaub haben für uns einen großen Wiedererkennungswert. Wir müssen in der Zeichnung nur wenige Details treffen und schon wird die Erinnerung „getriggert“. Sie brauchen also für diese Art des Skizzenbuchs noch nicht so viel Handwerk. Mich interessieren an einem Urlaubsort immer die elementaren Dinge: Wo schlafe ich? Wo wird gegessen? Wo gehe ich auf die Toilette? Aber natürlich auch die Umgebung, Sehenswürdigkeiten... Hauptsache es ist nicht so wie zuhause. Um Reiseskizzen zu machen, müssen Sie keinen dreiwöchigen Jahresurlaub nehmen. Es reicht der Wochenendtrip nach Rom, Barcelona oder zur Weiterbildung nach Witten. Sie finden überall genug Motive, um das halbe Skizzenbuch voll zu bekommen. Je nach Fahrzeug nutze ich die Hin- und Rückfahrt genauso für ein paar Reiseskizzen: in der Bahn auf dem Weg zum Flughafen, beim Warten am Bahnsteig auf den verpassten Anschluss oder auch beim Umstieg in den Schienenersatzverkehr. Sie kennen das. Aber Halt, ist das nicht schon wieder Urban Sketching? Ja! Aber Sie werden häufig erleben, dass diese Arten des Zeichnens viele Gemeinsamkeiten haben. Sie entscheiden, wie viele Arten von Skizzenbüchern geführt werden sollen. Notfalls machen Sie alle drei Arten von Skizzen (Urban Sketching, Tagebuch und Reiseskizzen) in einem Buch. Das ist dann auch gleich schneller voll.

Zeichnen statt Fotografieren.

Auffälliger Laden in Philipsburg, Sint Maarten

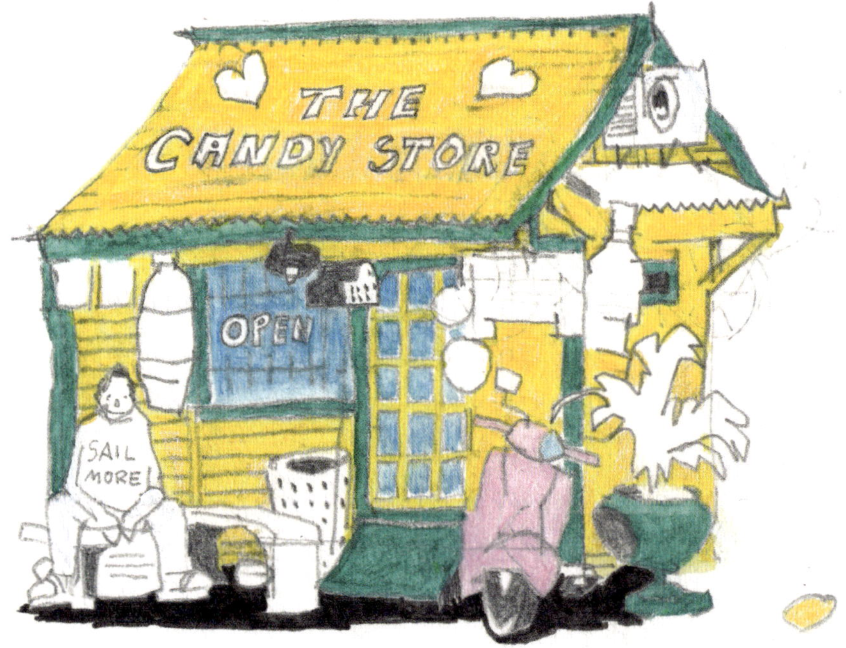

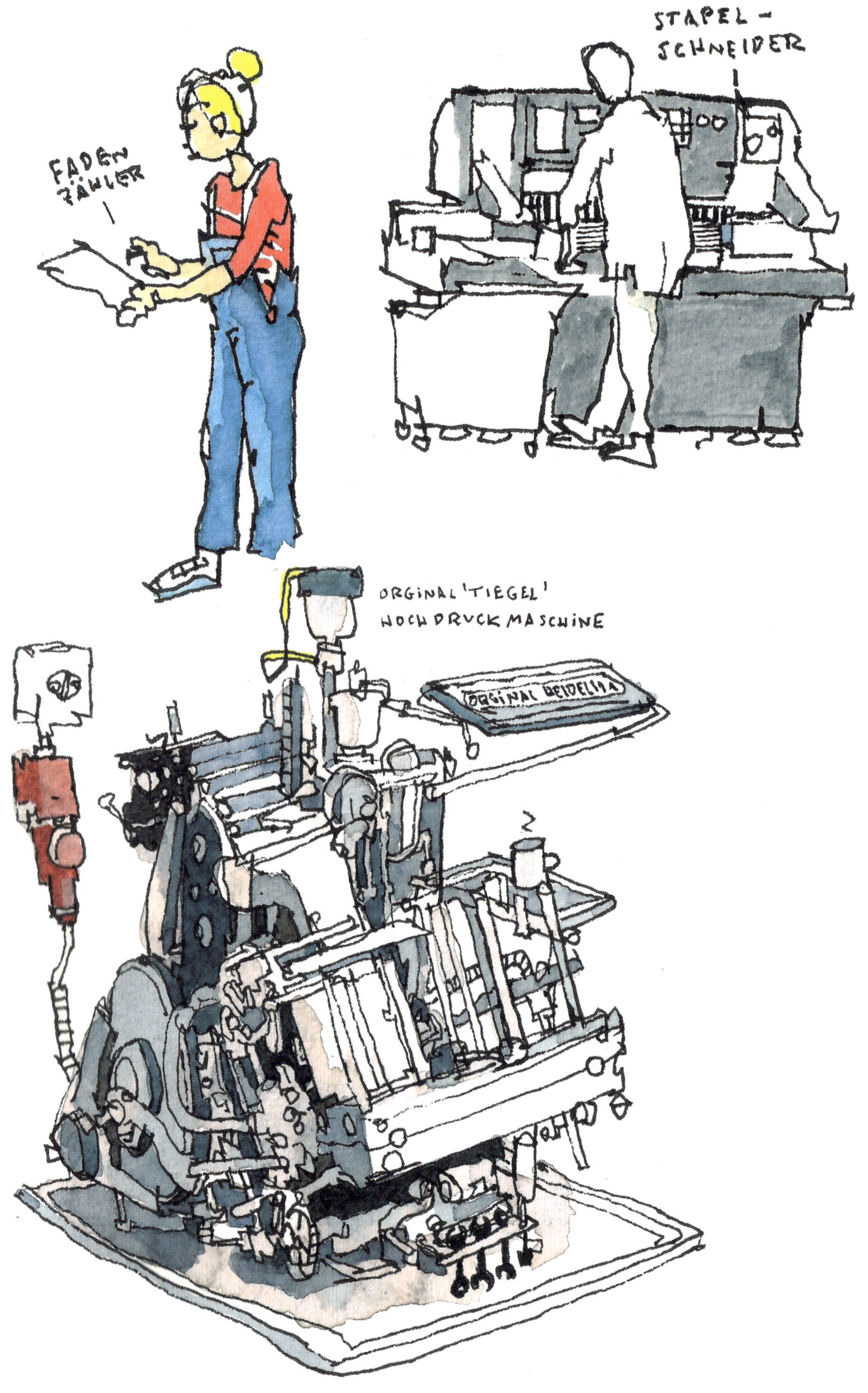
FADEN ZÄHLER
STAPEL-SCHNEIDER
ORGINAL 'TIEGEL' HOCHDRUCKMASCHINE

IST ZEICHNEN EIN HANDWERK?

Frühzeitliche Druckerpresse aus dem Museum für Hamburgische Geschichte

„Kunst kommt von Können.“[5] (Unbekannt)
„Kunst kommt von Wissen.“[6] (Ebenfalls unbekannt)

Kunst gleich Malerei. Das könnte man meinen, wenn man auf der Straße nach bekannten KünstlerInnen fragt. Doch was, wenn ich nicht malen kann? Kann ich dann auch eine KünstlerIn werden? Die Definitionen von Kunst folgen häufig äußeren Begleitumständen wie der Künstlerbiografie und den Meinungen und Bewertungen des dazugehörigen Werkes (und nicht selten dem Bild, wie KünstlerInnen in der Popkultur dargestellt werden). Sind Sie eine KünstlerIn, wenn Ihre Werke in den großen Museen und Galerien der Welt ausgestellt werden? Werden Ihre Arbeiten gesammelt und als aufwendig gestaltete Bücher verkauft? Bringt Ihr Artwork auf Auktionen horrende Summen ein? Dann sind Sie nach derzeit gültigen Parametern eine KünstlerIn, so angreifbar sich diese Definition auch anfühlt. Oder handelt es sich bei Ihnen um eine KünstlerIn, wenn ich Ihr Werk für mich persönlich als besonders wertvoll erachte? Welche Definition auch immer die richtige ist, tatsächlich gibt es nicht viele Illustratoren, die durch ihr gezeichnetes Werk als KünstlerIn anerkannt werden. Damit meine ich zum Beispiel Albrecht Dürer, Wilhelm Busch, Alfons Mucha, Tomi Ungerer, Horst Janssen, Nikolaus Heidelbach oder Axel Scheffler. Dazu ein kurzer Exkurs: Illustration gehört zum Fachbereich des Kommunikationsdesigns („dessiner“ ist das französische Verb für „zeichnen“). Im Kommunikationsdesign sind alle Gestaltungsformen gemeint. Neben dem Zeichnen gibt es noch Typografie, Grafikdesign, und Animation. Sie alle sollen kommunizieren, etwas „rüberbringen“. Wir machen einen Versuch: Zeichnen Sie eine Telefonzelle. Wenn Sie jemandem die Zeichnung zeigen und dieser Jemand sagt: „Ah, eine Telefonzelle!“, hat Ihr Design erfolgreich kommuniziert. Wenn Sie auch zu der Aufzählung weiter oben gehören wollen, muss Ihr Zeichenstil etwas von Ihrer Persönlichkeit enthalten. Ihr Stil sollte neu, schnell wiedererkennbar und trotzdem flexibel sein. Zusätzlich muss Ihre Kunst modern sein, dabei den Zeitgeist überstehen und nach Jahrzehnten oder noch länger frisch und „catchy“ aussehen. Es ist also möglich, als Zeichner auch als Künstler wahrgenommen zu werden. Das kann aber auch ein Musiker, Architekt oder Möbeltischler mit seinem Handwerk erreichen.

Zeichnen ist ein Handwerk, das bei außerordentlicher Leistung zur Kunst werden kann.

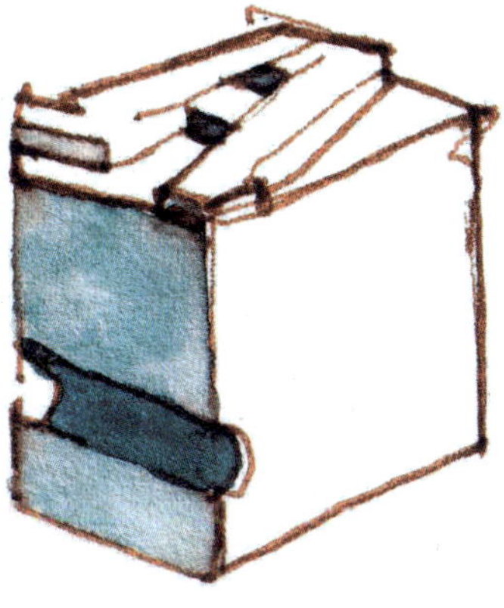

Bewegliche Bleiletter aus dem Buchdruck

BRAUCHE ICH TALENT?

„Erfolg ist kein Glück“[7] (Kontra K)
„Amateure warten auf Inspiration. Profis setzen sich hin und arbeiten.“[8] (Philip Roth)

Es ist eine große Sehnsucht, erfolgreich zu sein, ohne etwas dafür tun zu müssen. Da kommen wir ganz schnell auf die Idee von Talent. Talent wird als eine Art vorinstallierte Fähigkeit verstanden. Als ein Programm, das ich einfach nur starten muss, um zum Könner zu werden. Demzufolge ist Talent also eine Abkürzung, um schneller zum Ziel zu kommen? Da muss ich eben sortieren: Das Wort „Talent“ wird verstanden als „Begabung, die jemanden zu ungewöhnlichen bzw. überdurchschnittlichen Leistungen auf einem bestimmten, besonders auf künstlerischem Gebiet befähigt“[9]. Das würde ich gerne anders formulieren: In meinen Augen gleicht Talent nicht einer Abkürzung, sein Ziel zu erreichen, sondern ist die Fähigkeit zum Durchhalten. Vielleicht noch mit der Chance, sein Interesse am Handwerk des Zeichnens schon früh zu entdecken. Die Lehrzeit beginnt damit früher, wird dadurch aber nicht kürzer und das ist vielleicht ganz gut so. Wie soll man sonst sein eigenes Können zu schätzen lernen, wenn einem alles einfach so zufällt? Talent ist Üben ohne Zeugen.

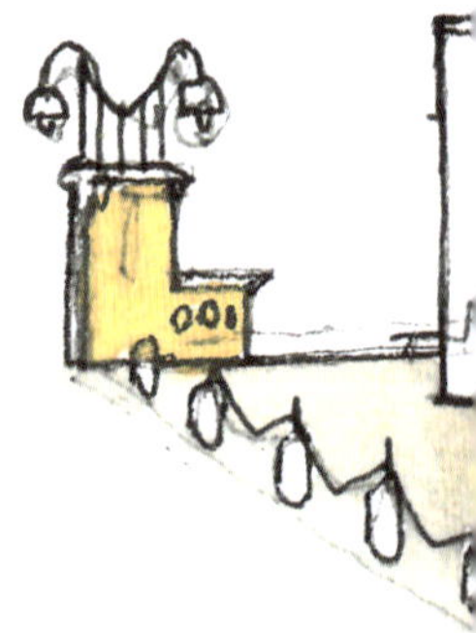

EDMUND-SIEMERS-ALLEE

Menschen mit Talent können auch eine Zeichnung verhauen. Menschen ohne Talent können genauso gut zeichnen.

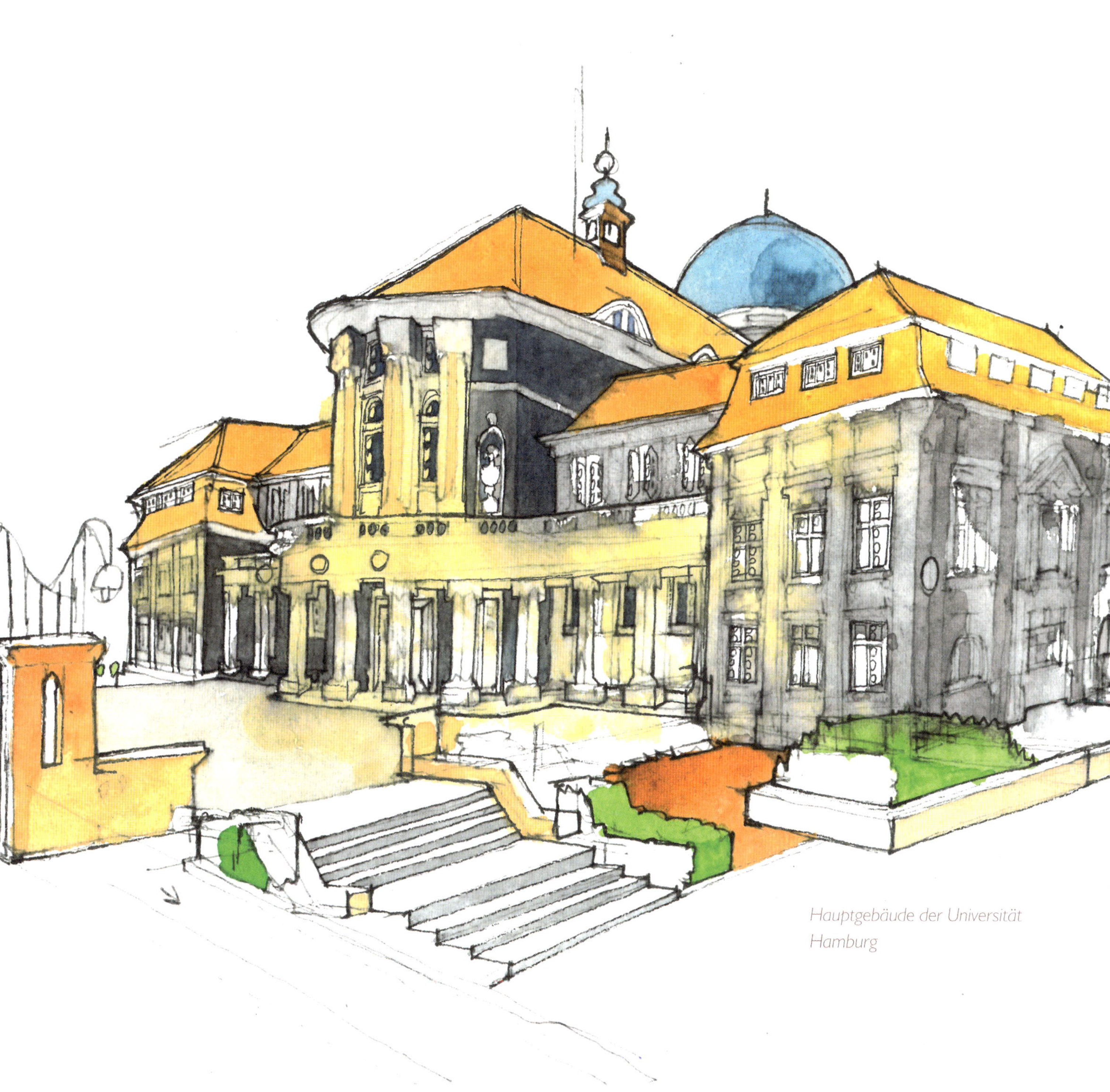

Hauptgebäude der Universität Hamburg

LOHNT ES SICH FÜR MICH, NOCH MIT DEM ZEICHNEN ANZUFANGEN?

„Und jedem Anfang wohnt ein Zauber inne, der uns beschützt und der uns hilft, zu leben."[10]
(Hermann Hesse)

Wir sollten die Anfänge nicht allein den Jungen überlassen. Natürlich ist es bemerkenswert, wenn Menschen nicht nur mit Jugend, sondern auch noch mit Können gesegnet sind. Nicht umsonst besitzen die erfolgreichen Castingformate im Fernsehen zusätzlich noch eine Kids-Version. Der äußere Eindruck, also die Reaktion von ZuschauerInnen, wenn ein Kind am Klavier sitzt, fällt ungleich größer aus, als wenn ich mit meinem Skizzenbuch in der Stadt unterwegs bin. Nach innen ist der Eindruck aber derselbe, wenn nicht bei einem Erwachsenen sogar intensiver: „Ich fühle dann (beim Zeichnen, Anm.) so etwas wie Liebe zu den Menschen"[11], hat sogar Robert Crumb behauptet, der nicht gerade für kitschige Selbstbeschreibungen bekannt ist. Zeichnen gehört zu den wenigen Tätigkeiten, die mir ausnahmslos immer Spaß machen. Egal, wie das Wetter oder meine Laune gerade ausfallen. Zurück zur Frage: Ergibt es Sinn, im fortgeschrittenen Alter etwas Neues anzufangen? Absolut!

Älter werden wir sowieso. Nutzen Sie die Zeit, um etwas Neues zu lernen.

Hochschule für Bildende Künste in Dresden

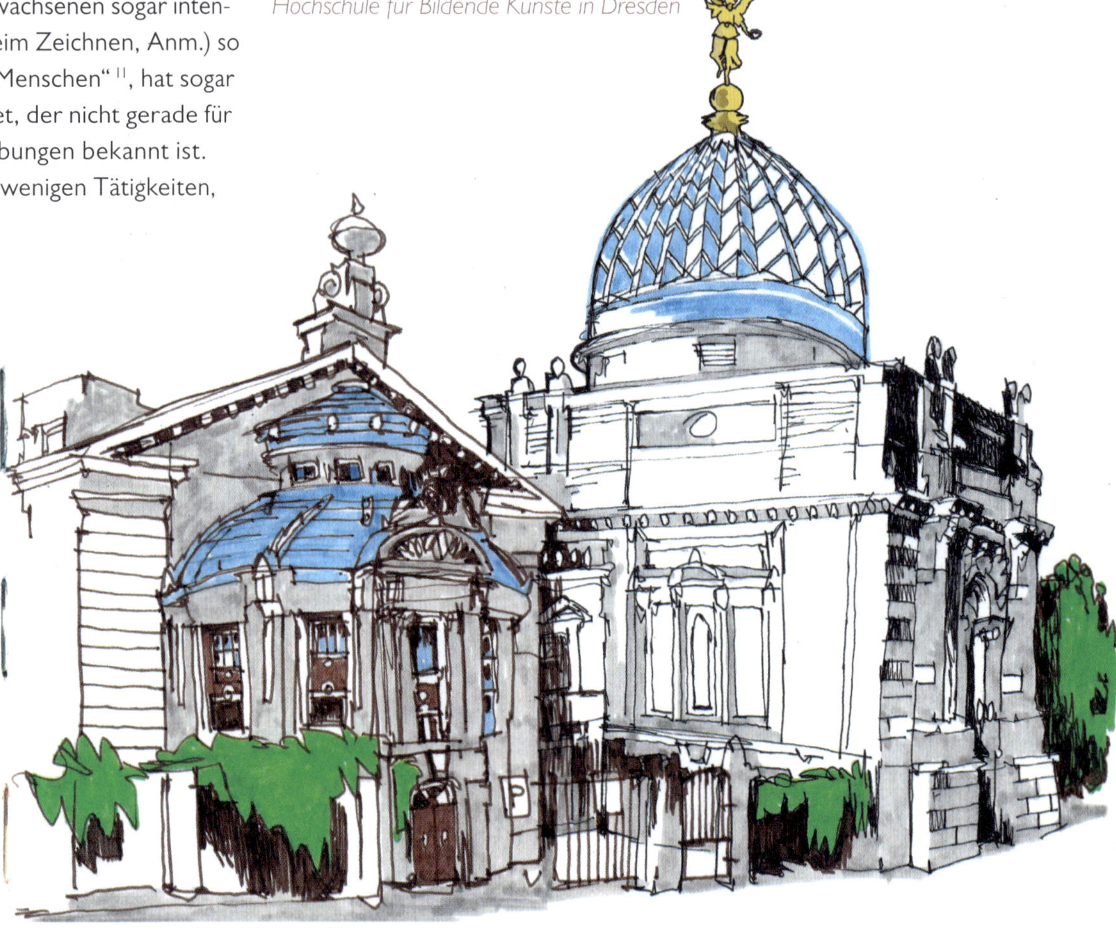

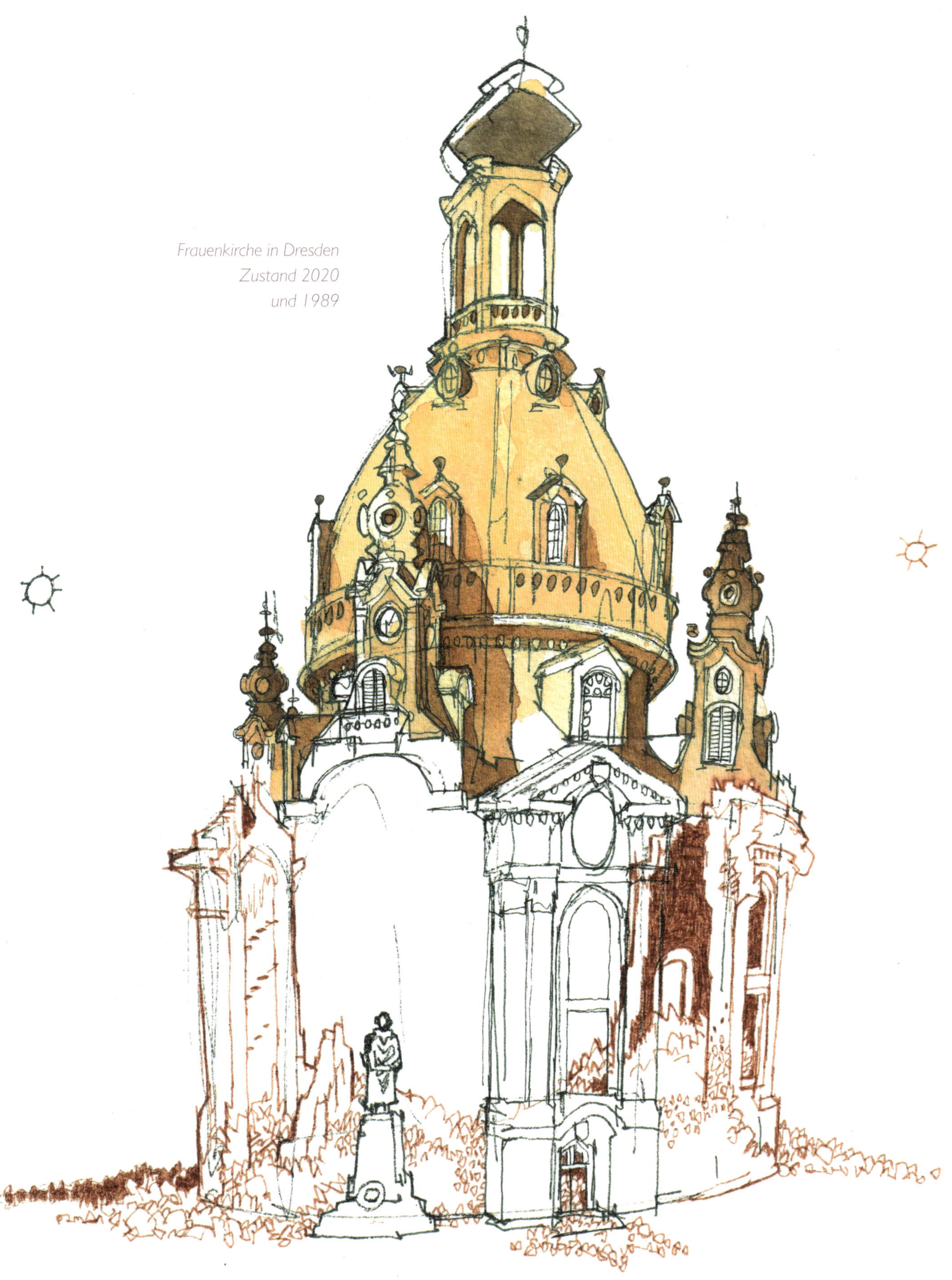

Frauenkirche in Dresden
Zustand 2020
und 1989

WAS MUSS ICH KÖNNEN?

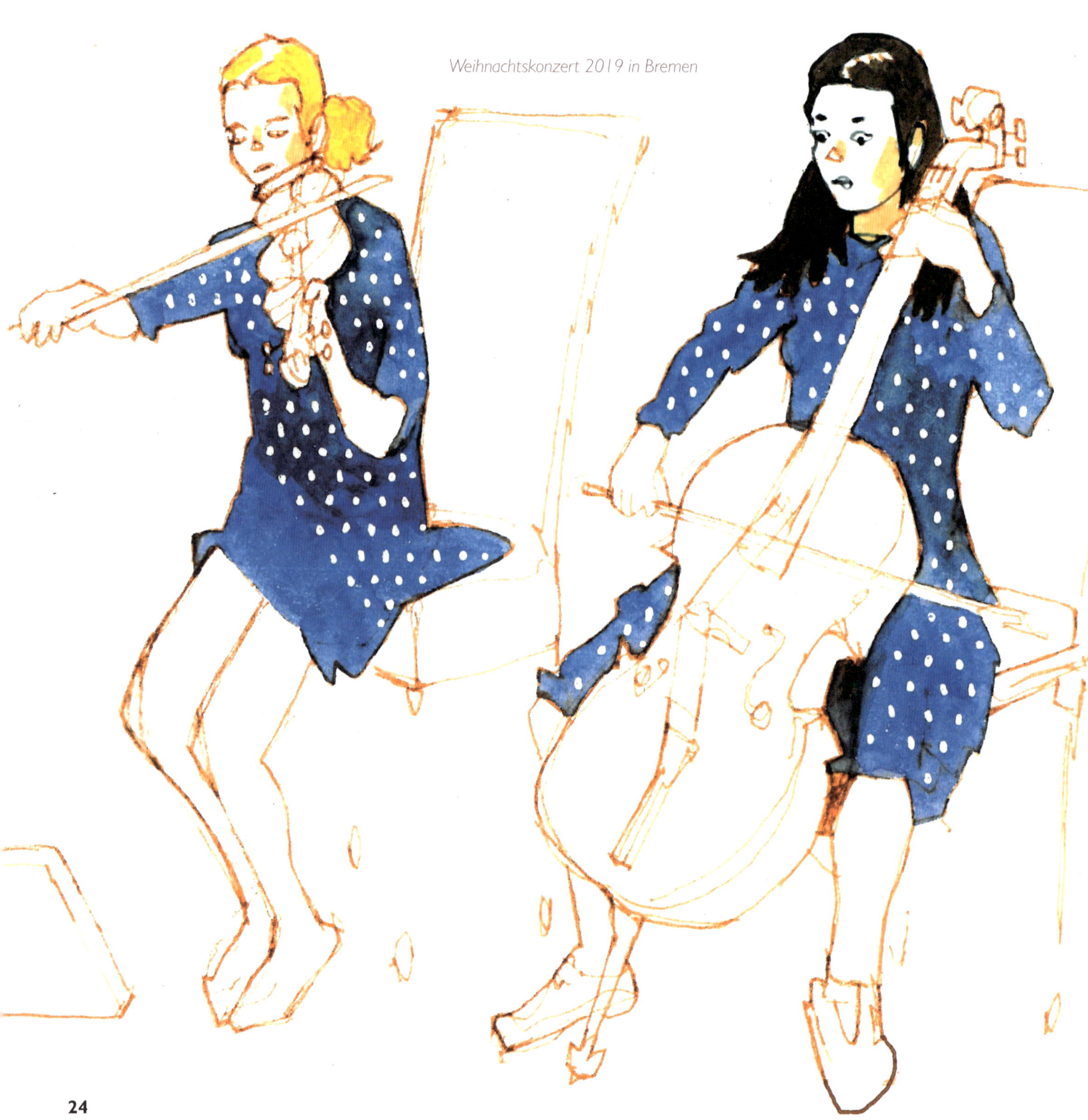

Weihnachtskonzert 2019 in Bremen

„Es ist genauso schwer, etwas richtiges zu lernen, wie etwas falsches.“[12] (Justus Jonas in „Die drei ??? und der Superpapagei“)

Auf meinen Workshops erlebe ich häufig, dass TeilnehmerInnen mit wenig Vorkenntnissen besonders schnell vorankommen. Logisch, wer das erste Mal einen Zeichenworkshop besucht, hat noch jede Menge Reserven für die Didaktik des Kursleitenden. Was aber, wenn der Teilnehmer schon bei verschiedenen Dozenten war und jeder von ihnen etwas anderes behauptet, wie man am besten den Stift nutzt?

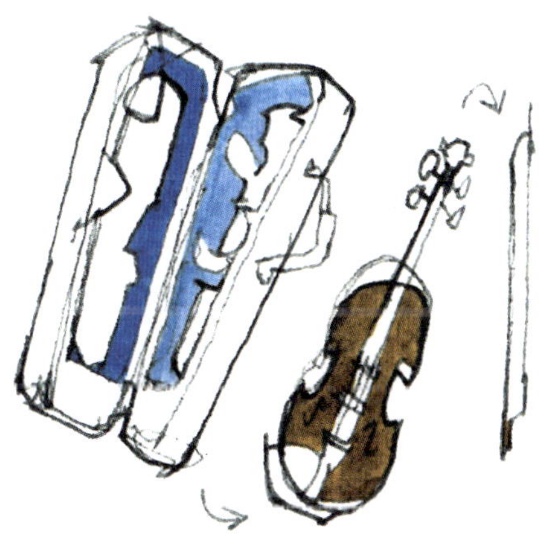

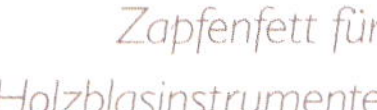

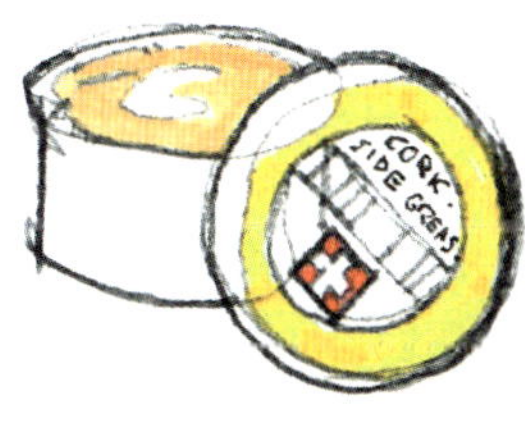

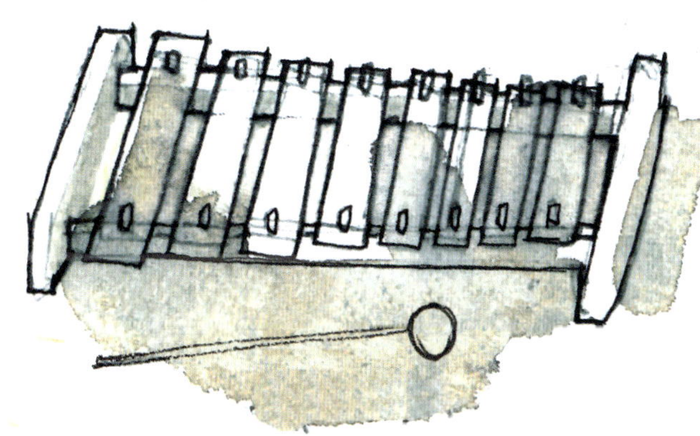

Dann muss ich als TeilnehmerIn die Tipps meiner Lehrenden irgendwie miteinander kompatibel machen. Das kann während eines Workshops schon wertvolle Zeit kosten. ZeichnerInnen sind große Zweifler. Sie zweifeln, vergleichen und bewerten pausenlos sich und ihr Handwerk. Je mehr sie können, desto mehr zweifeln sie. Fortgeschittene fürchten in jedem Workshop um ihr bisher erworbenes Wissen und das geht meistens nicht gut aus.

Ein Anfänger hingegen besitzt noch kein Wissen, an dem er zweifeln könnte. Sie sehen also, dass Vorkenntnisse nicht nur Vorteile haben. Beginnen Sie mit so wenig Prägung wie möglich. Sie brauchen keine Vorkenntnisse, außer die Fähigkeit zum Lernen.

Sie dürfen Vorkenntnisse haben, müssen es aber nicht.

IST ES MÖGLICH, MIT EINEM BUCH ZEICHNEN ZU LERNEN?

„Wenn Du nicht schwimmen kannst, ist selten die Badehose schuld."[13] (Unbekannt)

Im Folgenden zähle ich die verschiedenen Möglichkeiten auf, wie man Zeichnen lernen kann. Ohne Wertung. Die Reihenfolge sagt nichts über die Qualität der Methoden aus. Sie können

...an einer Fachhochschule Illustration studieren.
...an Workshops von bekannten DozentInnen teilnehmen.
...sich mit Gleichgesinnten treffen und gemeinsam an Ihren Skills arbeiten.
...sich Tutorials über das Zeichnen und Malen auf YouTube anschauen.

Oder Sie versuchen es mit einem Lehrbuch wie diesem hier. Von den oben aufgezählten Möglichkeiten habe ich während des Studiums alle durchprobiert. Wobei ich Lehrfilmen sehr kritisch gegenüber war und Lehrbüchern überhaupt gar nichts abgewinnen konnte. Für mich musste der Lernprozess immer unter Menschen stattfinden. Bis mir im letzten Teil des Studiums ein besonderes Lehrbuch mit dem Titel „Wasserfarbe für Gestalter" in die Hände fiel. Die Verarbeitung und Aufmachung dieses Buches sprachen mich extrem an. Die Texte waren gut, aber vor allem betörten mich die Illustrationen. Ich brauchte das Buch nur in die Hand zu nehmen, und es war klar: So etwas schönes wollte ich selber schaffen (ein weiterer Grund für mein Ehrgeiz war, dass ich das Buch geschenkt bekam). Die erste Zeit reichte ein Blick auf das noch ungelesene Buch, um mich zum Zeichnen zu bringen. Dann las ich das Lehrbuch und mein Flow riss nicht ab. Bis heute zehre ich von dem, was ich in diesen Buch sehe und daraus gelernt habe. Ein Ende ist nicht in Sicht. Sie sehen, die Triebfedern der Inspiration sind immer von sehr privater Natur.

Das Lehrbuch ist eine Möglichkeit von vielen, Zeichnen zu lernen.

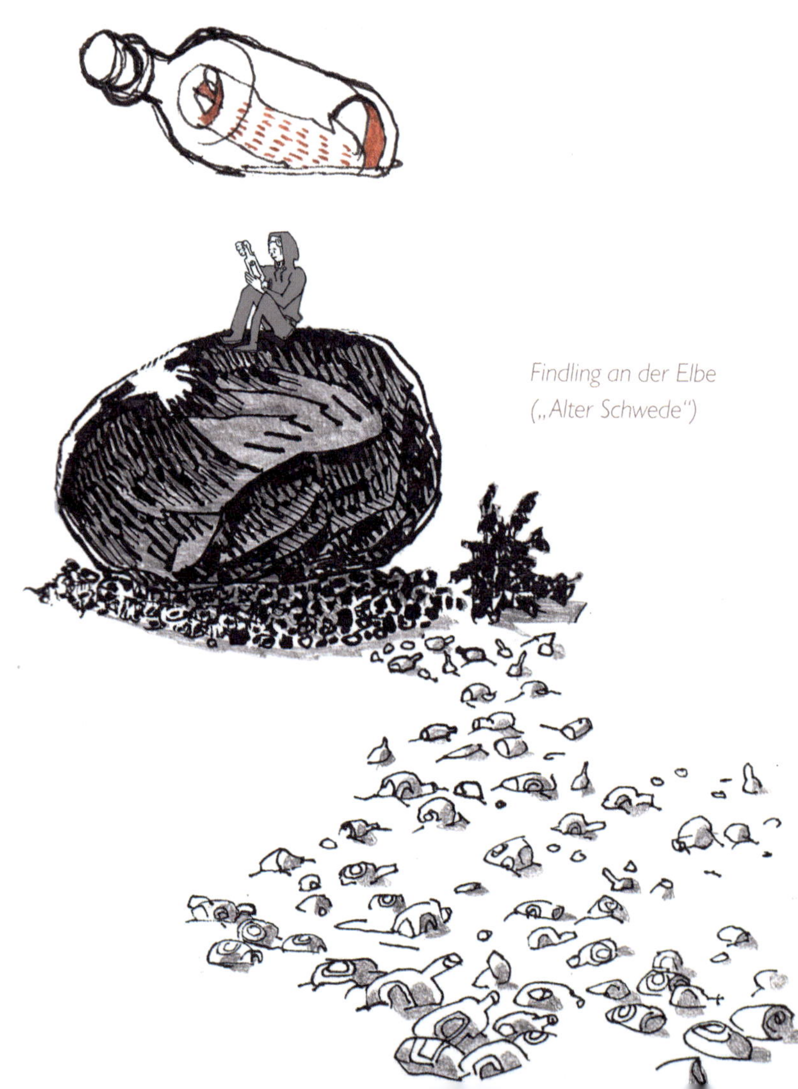

Findling an der Elbe („Alter Schwede")

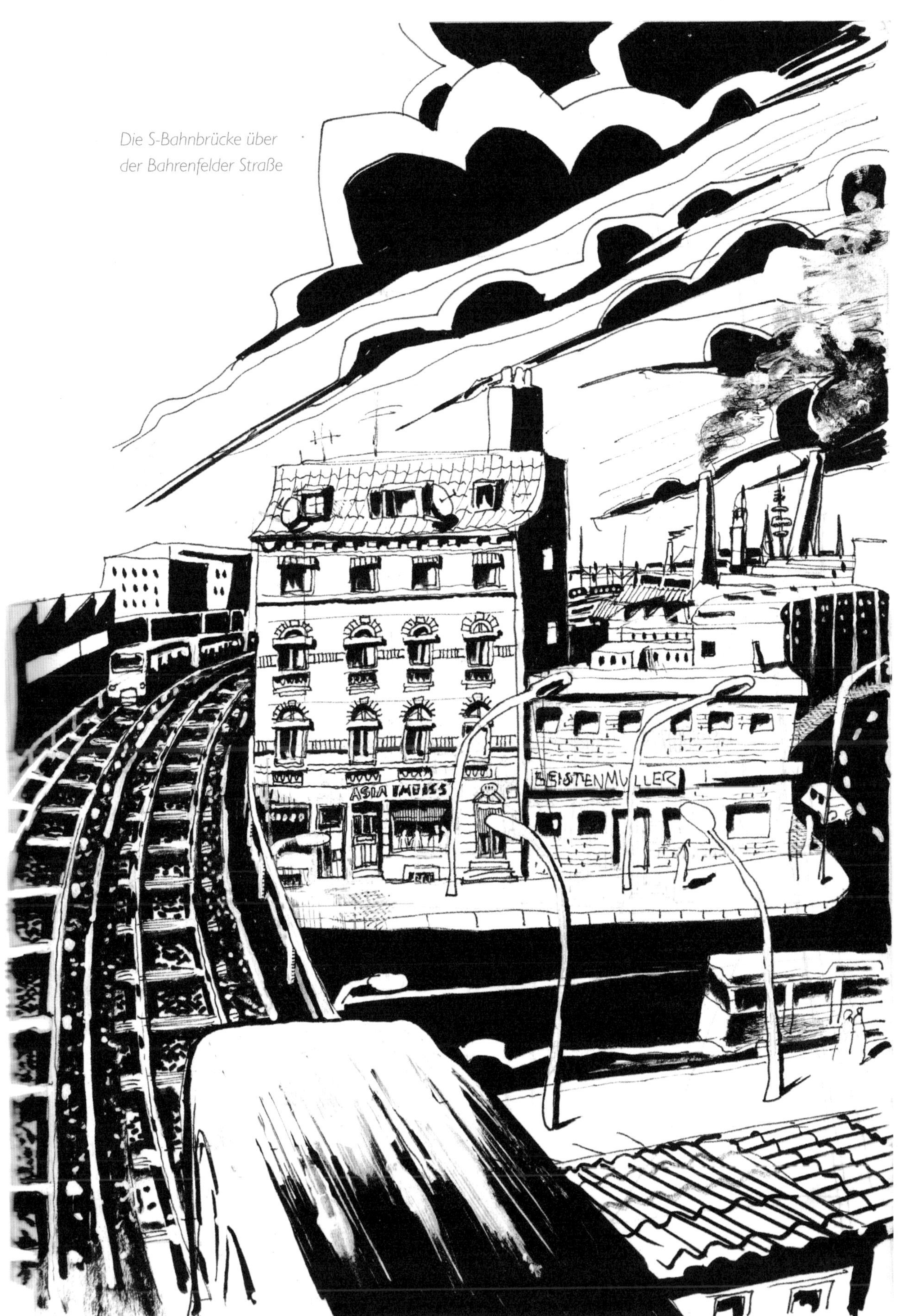

Die S-Bahnbrücke über der Bahrenfelder Straße

WELCHES MATERIAL SOLL ICH KAUFEN?

BILLIG ODER TEUER?

„Ich kann es mir nicht leisten, sparsam zu sein."[14] (Unbekannt)

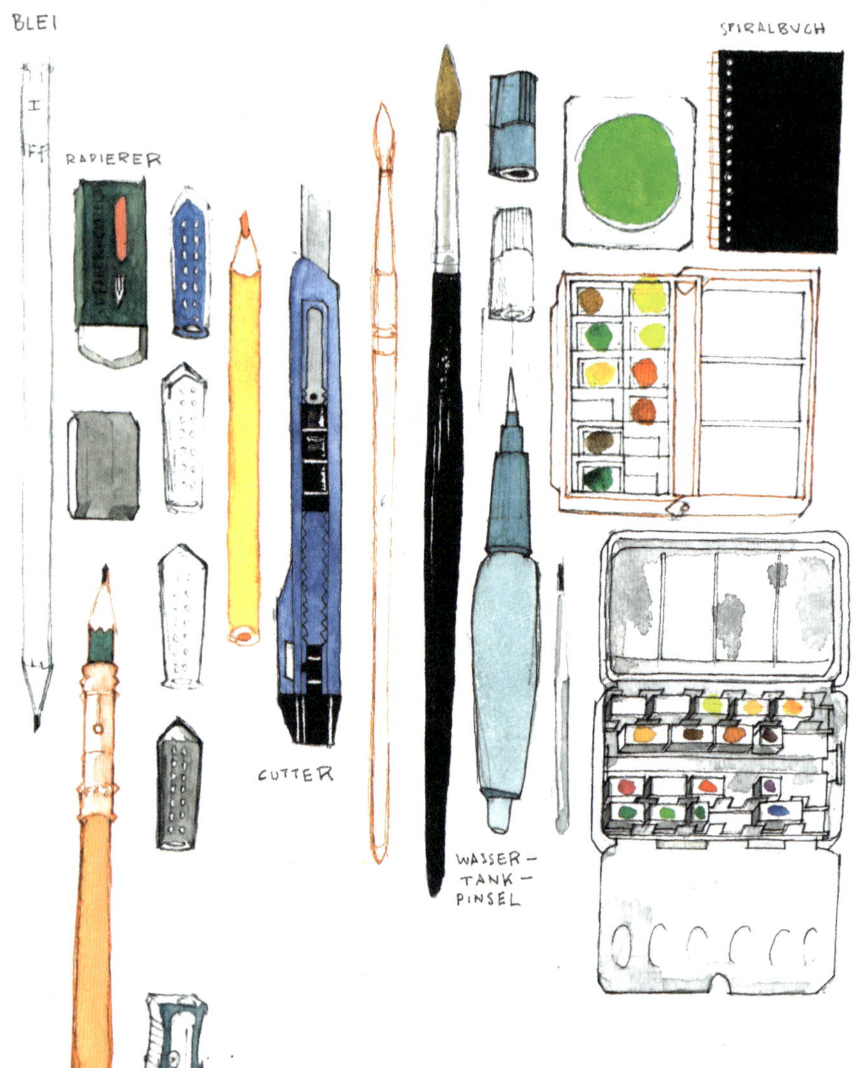

Kurze Hose und Turnschuhe hat jeder. Stift und Papier auch. Zeichnen ist das „Joggen der Kunst". Man braucht nicht viel Ausrüstung, um zu starten. Zusammen wiegt das Material weniger als eine Kamera und ist dabei noch stoßsicher und wasserfest. Teures Material nutze ich erst, seitdem ich vom Zeichnen lebe. Teilweise kaufe ich es mir, teilweise bekomme ich es von großzügigen Herstellerunternehmen zum Ausprobieren, teilweise bekomme ich es von Freunden oder Bekannten, die ihr Handwerk als Zeichner aufgegeben haben. Klar ist das teure Material besser. Gerade, wenn Sie beim Malen mit Aquarell optimale Ergebnisse erreichen möchten, dürfen Sie nicht auf den Euro schauen. Ich verkaufe beispielsweise relativ viele Originale, da müssen die Farben lichtecht sein. Aber lassen Sie sich Zeit, bevor Sie zu Horodam-Farbe, DaVinci-Pinsel und Schoellershammer-Papier greifen. Achten Sie darauf, dass das Material mit Ihrem Können schritthält und nicht andersherum. In meiner Freizeit nutze ich gerne Billigskizzenbücher, dann bin ich beim Zeichnen mutiger als mit dem teuren Kram. Sonst denke ich beim Skizzieren: „Oh nein, das gute Papier. Da darfst du dir keinen Fehler erlauben!" Doch, darf man :-)

Neues auszuprobieren, fällt mit preiswerten Materialien häufig leichter.

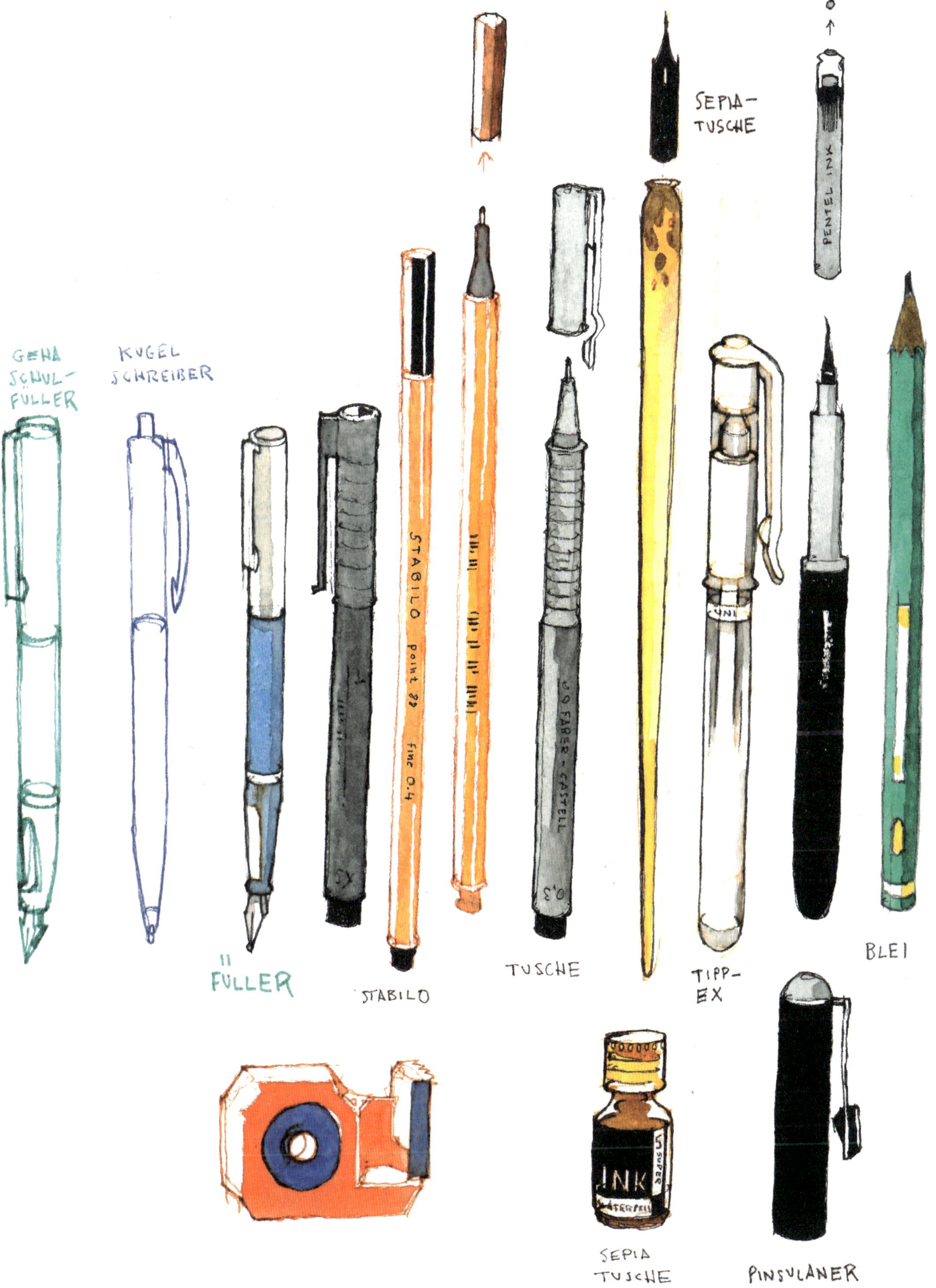

GEHA SCHUL-FÜLLER
KUGEL SCHREIBER
FÜLLER
STABILO
TUSCHE
SEPIA-TUSCHE
TIPP-EX
BLEI
SEPIA TUSCHE
PINSULANER
STABILO point 88 fine 0.4
FABER-CASTELL
PENTEL INK
INK

WIE LANGE DAUERT ES, ZEICHNEN ZU LERNEN?

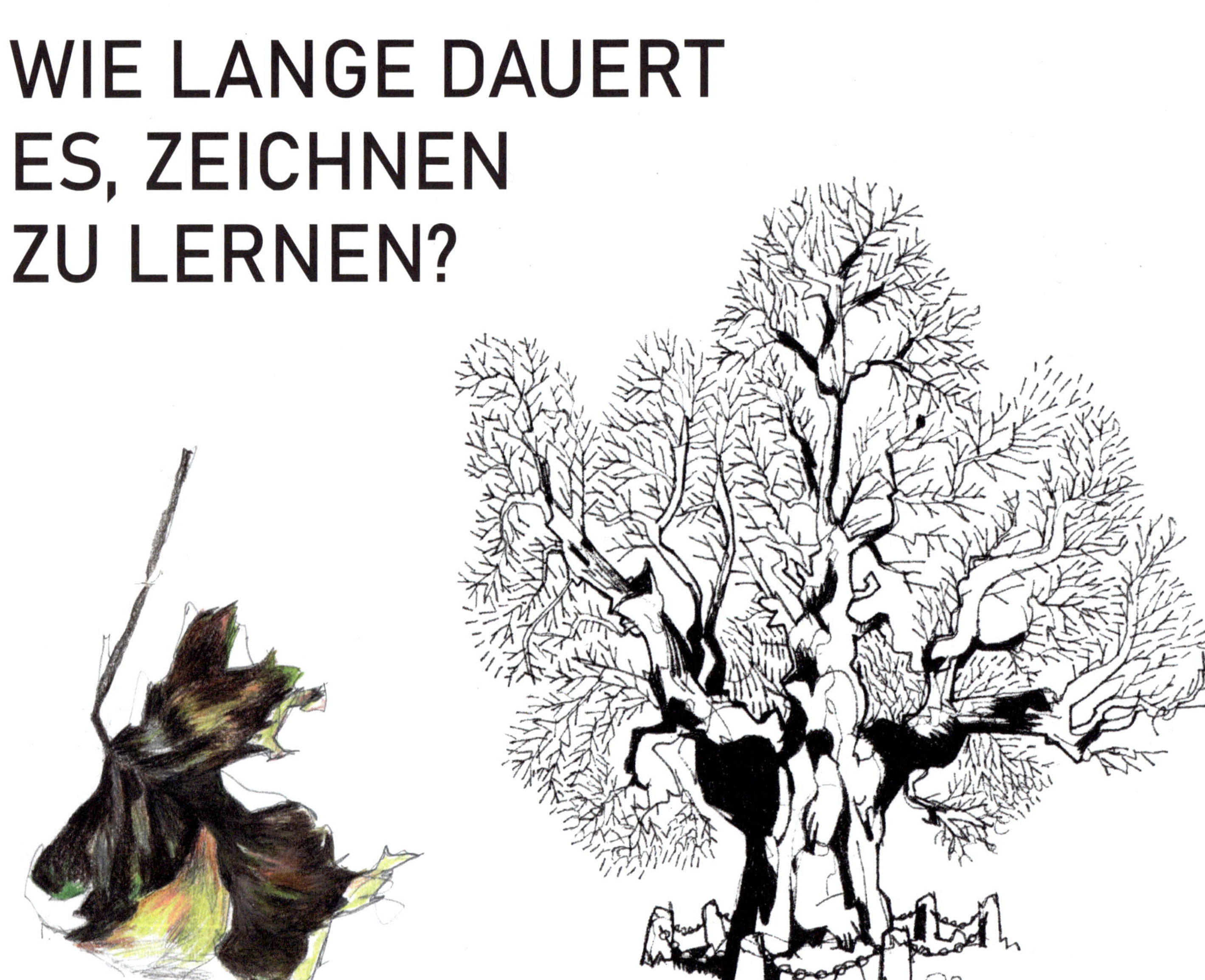

„Die Weiterfahrt verzögert sich auf unbestimmte Zeit."[15] *(Ansage im ICE zwischen Altona und Dammtor)*

Können Sie sich daran erinnern, wie Sie Fahrradfahren gelernt haben? Lesen und schreiben? Schwimmen? Das war eine sichere Sache. Man lernt, erreicht das Lernziel und ist – schwups – um eine Kompetenz reicher. Alles war klar umrissen und bestens organisiert. Das Handwerk des Zeichnens erweist sich da leider als weniger greifbar. Im Gegensatz zu den oben benannten Lernzielen ist Zeichnen keine klar umrissene Fähigkeit. Ob jemand zeichnen kann, ist, ähnlich wie bei der Frage, ob ein Bild schön ist, Geschmäckern und Meinungen unterworfen. Woran macht man es fest, wann die Ausbildung zur ZeichnerIn beendet ist? Sie ahnen die Antwort: Das Lernen hat nie ein Ende. Trotzdem gibt es Zwischenziele, an denen Sie Ihre Erfolge als ZeichnerIn messen können. Zur Wiederholung: Illustration ist ein Zweig des Kommunikationsdesigns. Wenn Ihr Design (die Zeichnung) mit dem Betrachtenden kommuniziert, funktionieren Ihre Zeichnungen. Gestalten Sie zum Beispiel eine Doppelseite, die eine bestimmte Jahreszeit kommunizieren soll. Ich mache den Anfang :-)

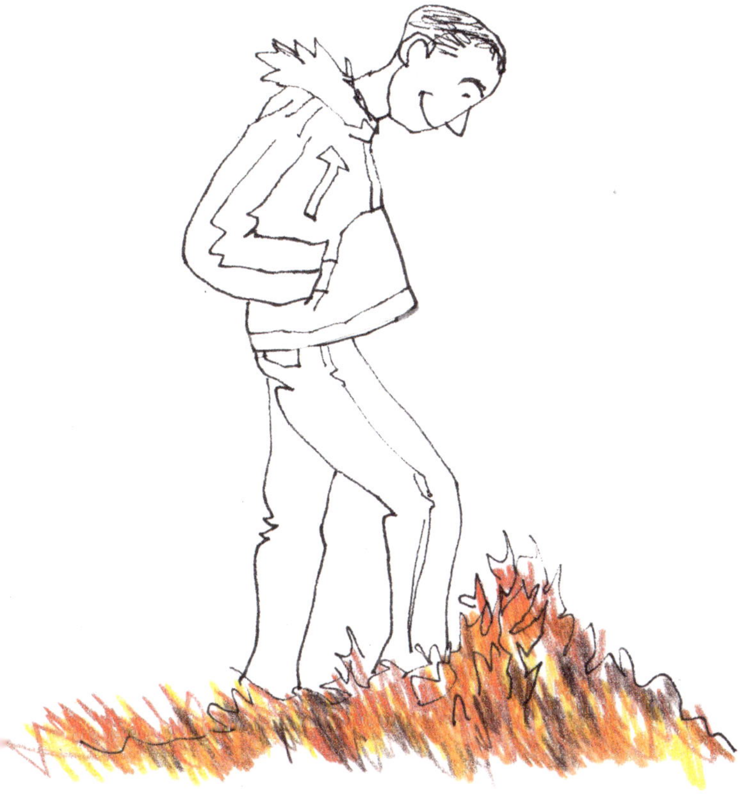

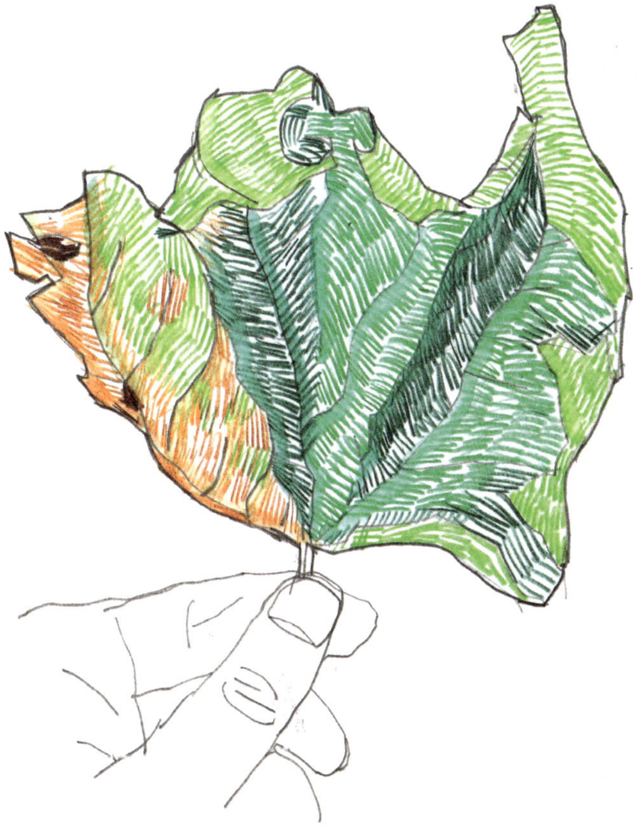

Wenn Ihre Zeichnung für Sie die Bildbeschreibung übernimmt, funktioniert das Design.

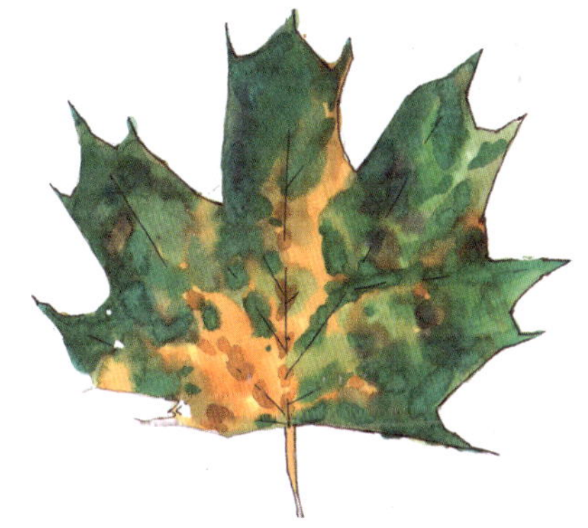

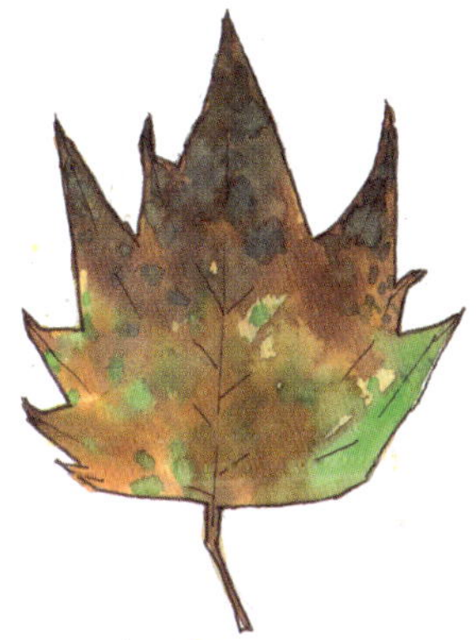

WIE FANGE ICH MIT DEM ZEICHNEN AN?

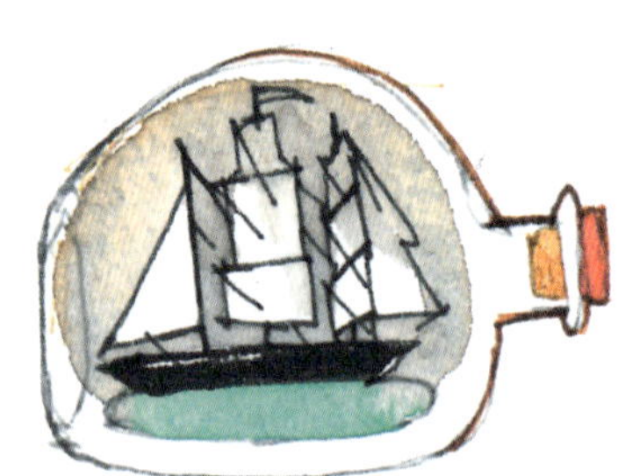

„Wer die Wahl hat, hat die Qual."[16] *(Sprichwort)*

Machen Sie die ersten Zeichenversuche zuhause. Dort agieren Sie in einem geschützten Raum, wo Ihnen kein Unbekannter über die Schulter schauen, geschweige denn Sie ansprechen kann. Nehmen Sie dazu Motive, zu denen Sie eine persönliche Bindung haben. Motive, die klein sind und keine Angst machen. Ich besitze in meiner Wohnung zum Beispiel mehrere Zeitkapseln, die ich teilweise seit Jahrzehnten mit mir rumschleppe. Die ältesten wurden in den 70er Jahren von mir befüllt, verschlossen und nie wieder verändert, die aktuellsten stammen aus der Zeit kurz vor dem Auszug bei meinen Eltern. Die Gefäße dazu sind Setzkästen, Stifthalter und Zigarrenkisten. Vielleicht haben Sie in Ihrer Wohnung eine ähnliche Kapsel mit Krimskrams. Werden Sie zum Sachensucher und durchleuchten Sie die vergessenen Ecken Ihrer Wohnung. Ich garantiere, auch in Ihren vier Wänden findet sich irgendwo eine Dose mit faszinierendem Inhalt. Das können alte Münzen, Spielzeugautos oder vielleicht eine Armbanduhr ohne Armband sein. Krimskrams, der immer knapp am Wegschmeißen vorbeigeschlittert ist. Zeichnen Sie die Gegenstände ab. Vielleicht kommt Ihnen beim Zeichnen wieder in den Sinn, wann und von wem Sie den betreffenden Schatz bekommen haben, warum Sie den betreffenden Gegenstand so lange aufbewahrt haben. Schreiben Sie die Erinnerung in ein bis zwei Sätzen neben die Zeichnung. Gleichzeitig werden auch die Zeichnungen wieder zu Erinnerungsstücken an den Beginn Ihrer Zeichenkarriere.

Fangen Sie so klein wie möglich an.

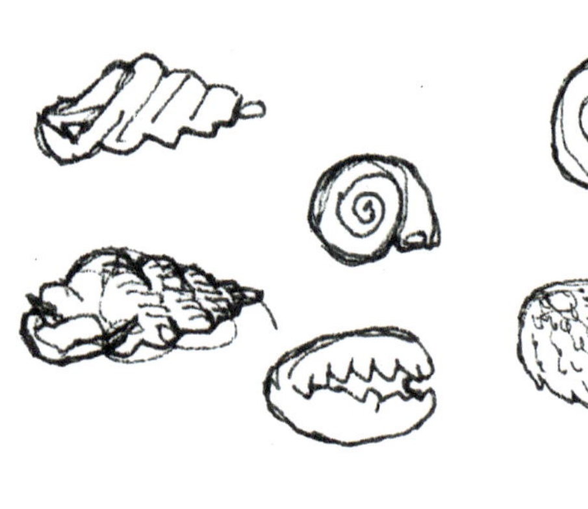

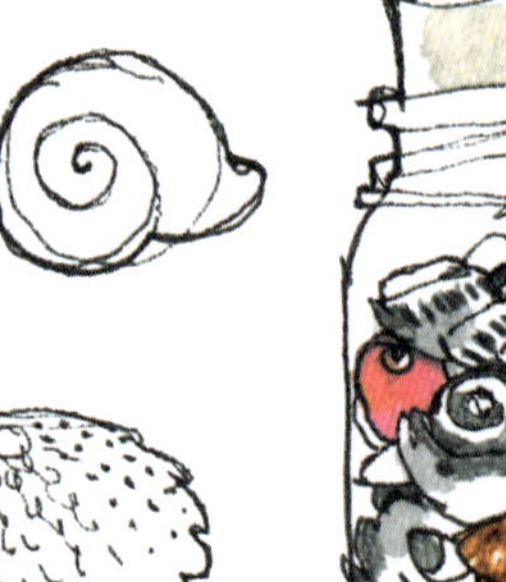

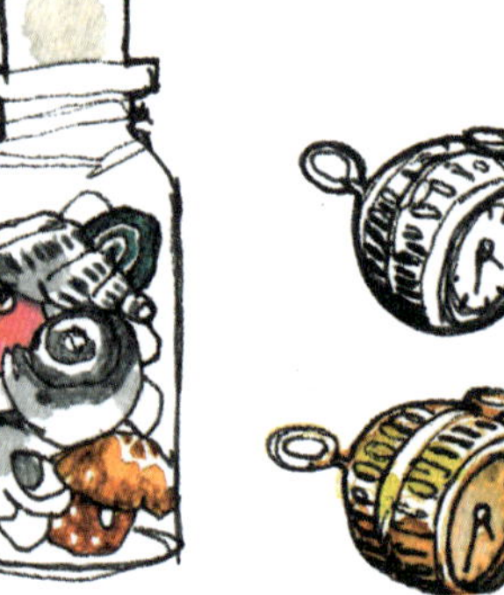

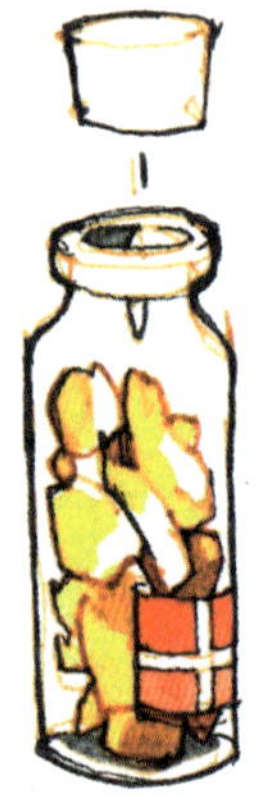

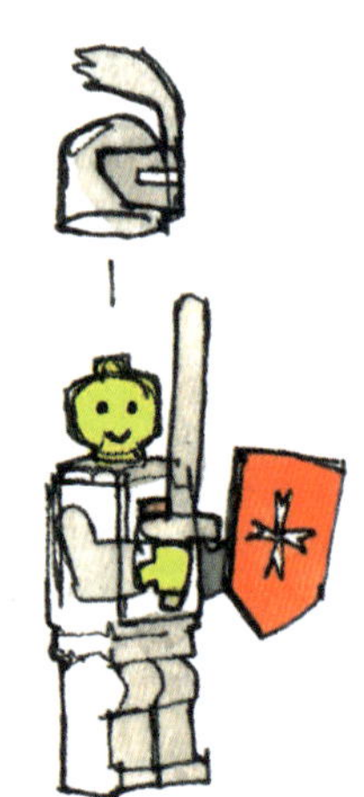

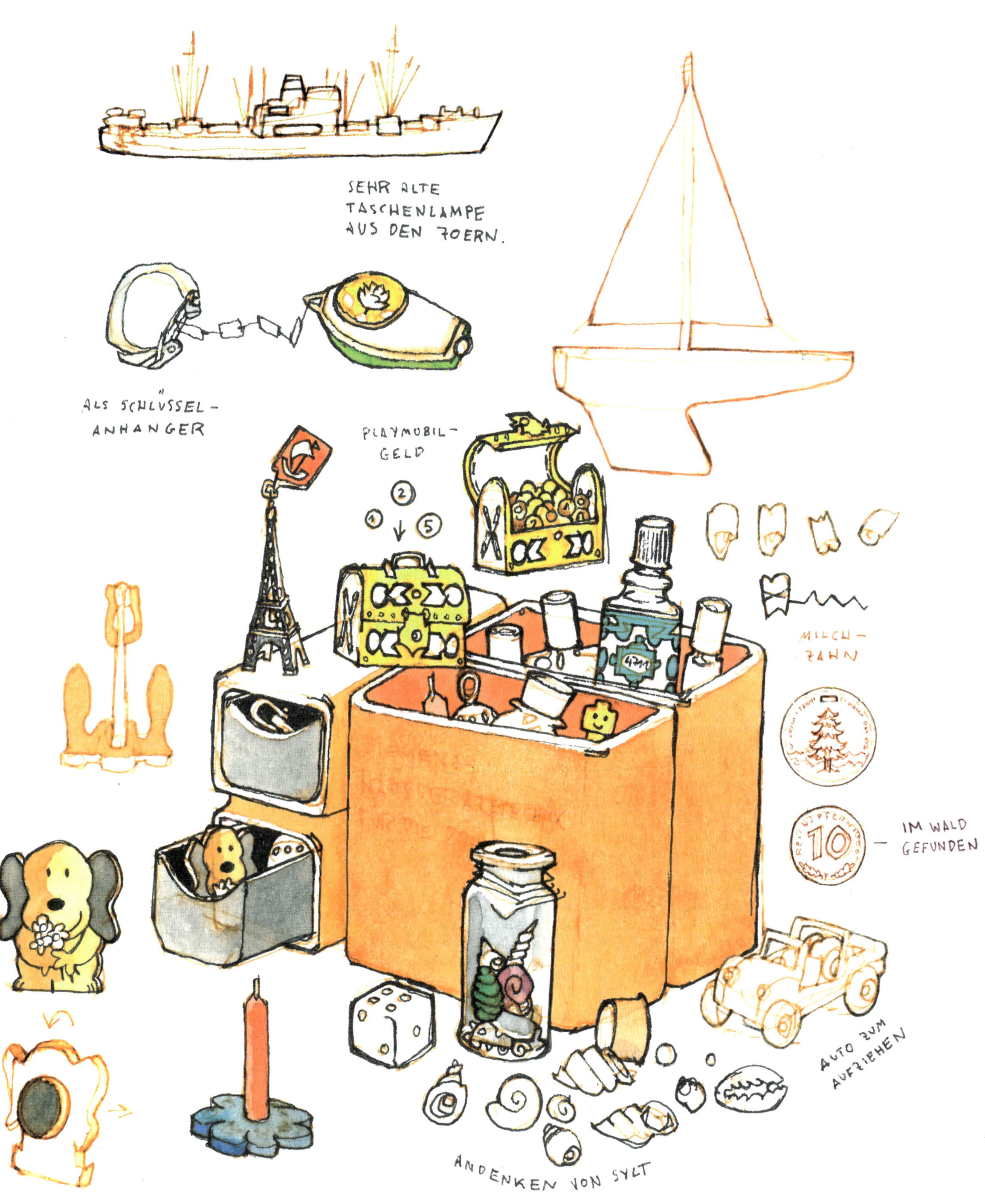
SEHR ALTE
TASCHENLAMPE
AUS DEN 70ERN.
ALS SCHLÜSSEL-
ANHÄNGER
PLAYMOBIL-
GELD
2
1
5
4711
MILCH-
ZAHN
IM WALD
GEFUNDEN
AUTO ZUM
AUFZIEHEN
ANDENKEN VON SYLT

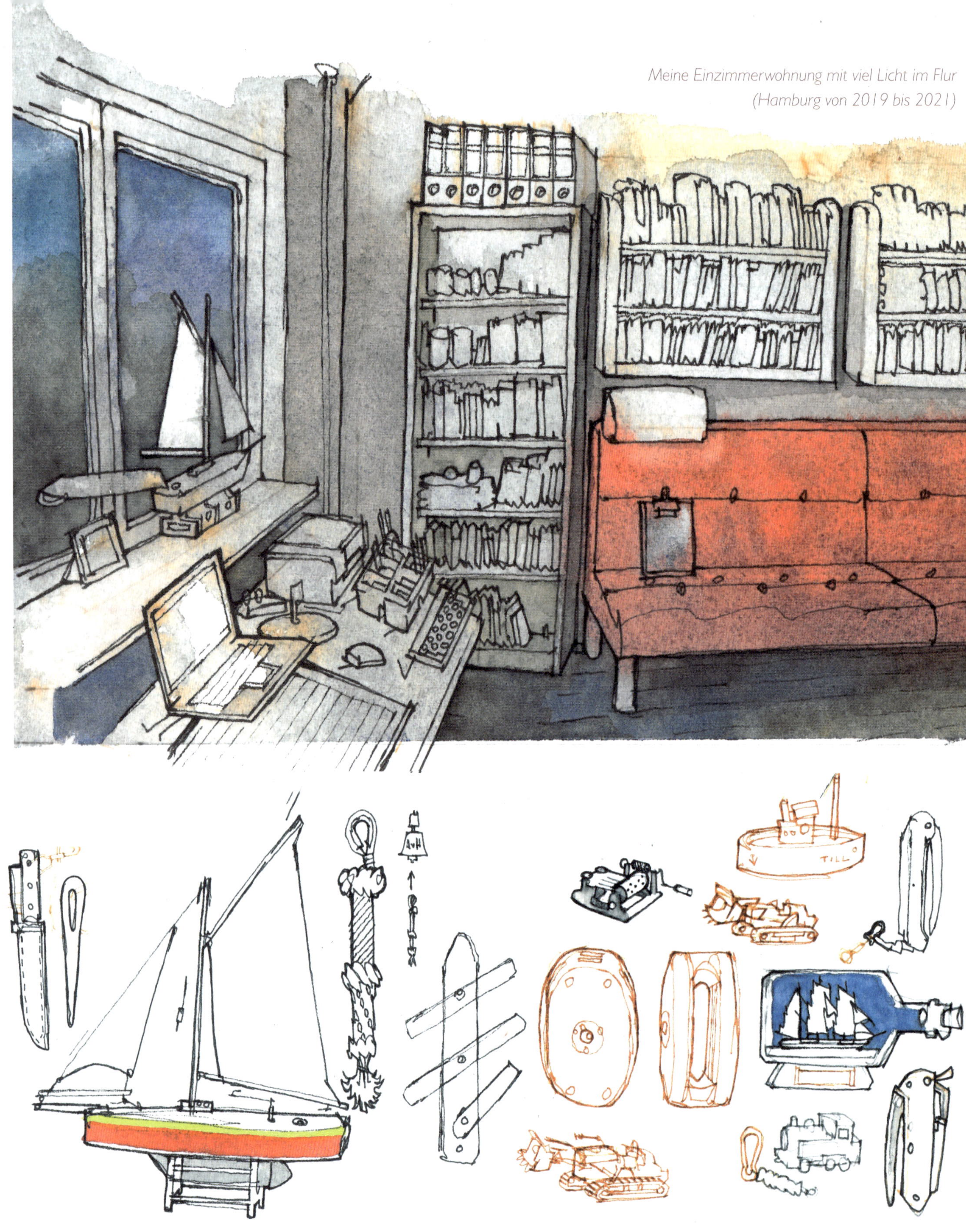

Meine Einzimmerwohnung mit viel Licht im Flur
(Hamburg von 2019 bis 2021)

WAS KANN ICH DRINNEN ZEICHNEN?

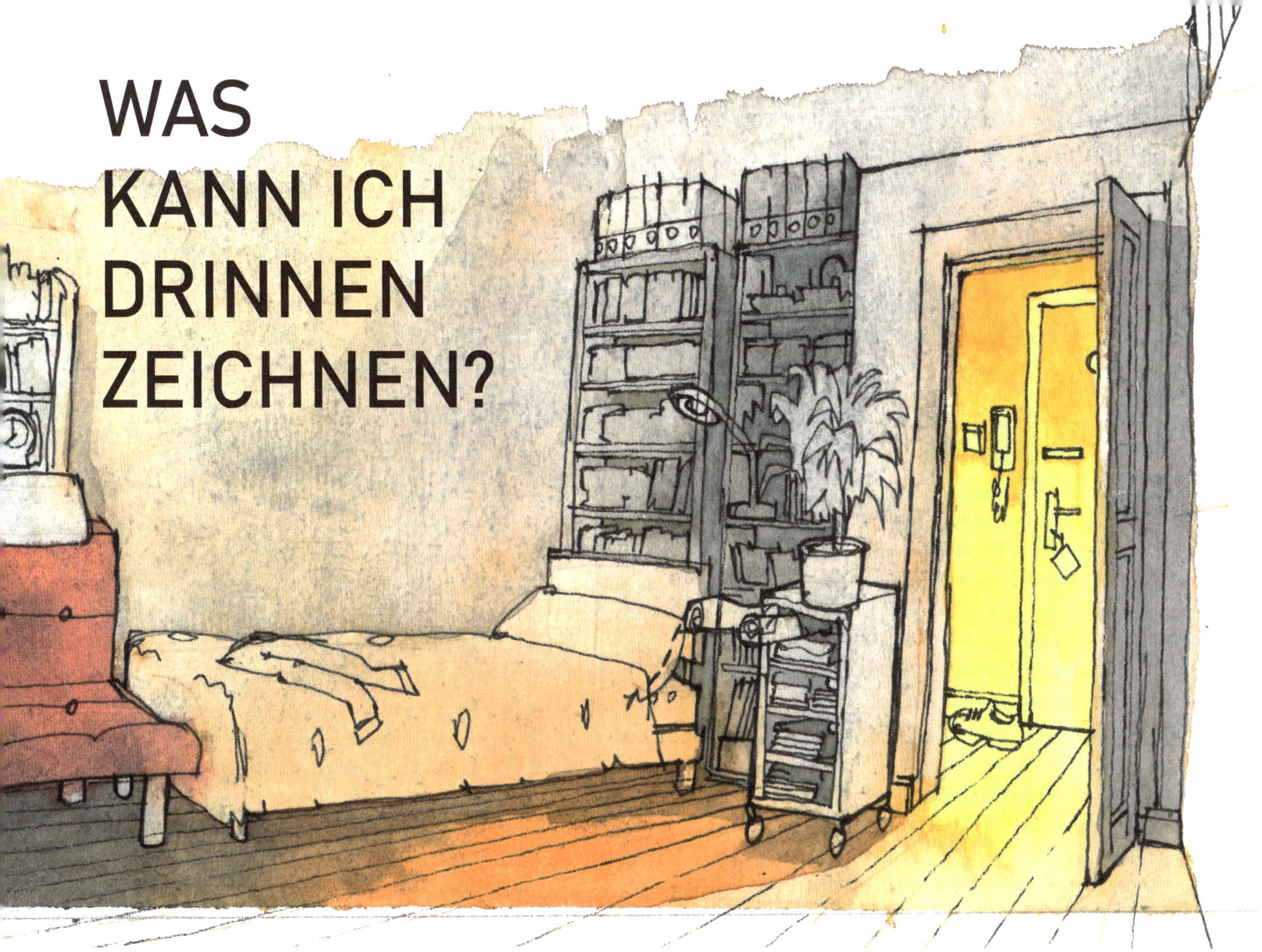

„Zuhause ist, wo man mindestens zweimal renoviert hat."[17] *(Horst Evers zugeschrieben)*

Ich bedauere es, nicht von jeder Wohnung, in der ich gelebt habe, eine Serie von Bildern in mein Skizzenbuch gezeichnet zu haben. Bedenken Sie: Heute erscheint uns vielleicht die Idee, die eigene Wohnung zu zeichnen, als langweiligstes Motiv der Welt. Aber in ein paar Jahren und etliche Mietverträge später kann man sich nur noch schwer an das Setting der alten Behausung erinnern. Also gehen Sie, wenn Sie genug davon haben, Krimskrams zu zeichnen, mit dem Skizzenbuch durch die Wohnung. Machen Sie sich keinen Kopf wegen der Perspektive, zeichnen Sie einfach drauflos. Beginnen Sie die Roomtour im Flur und

IM KÜHLSCHRANK:

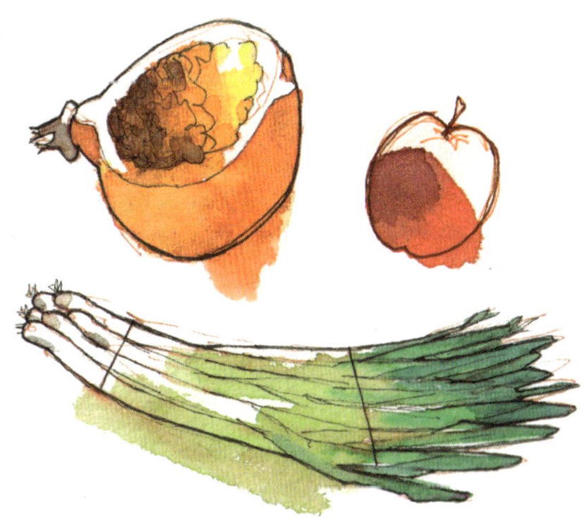

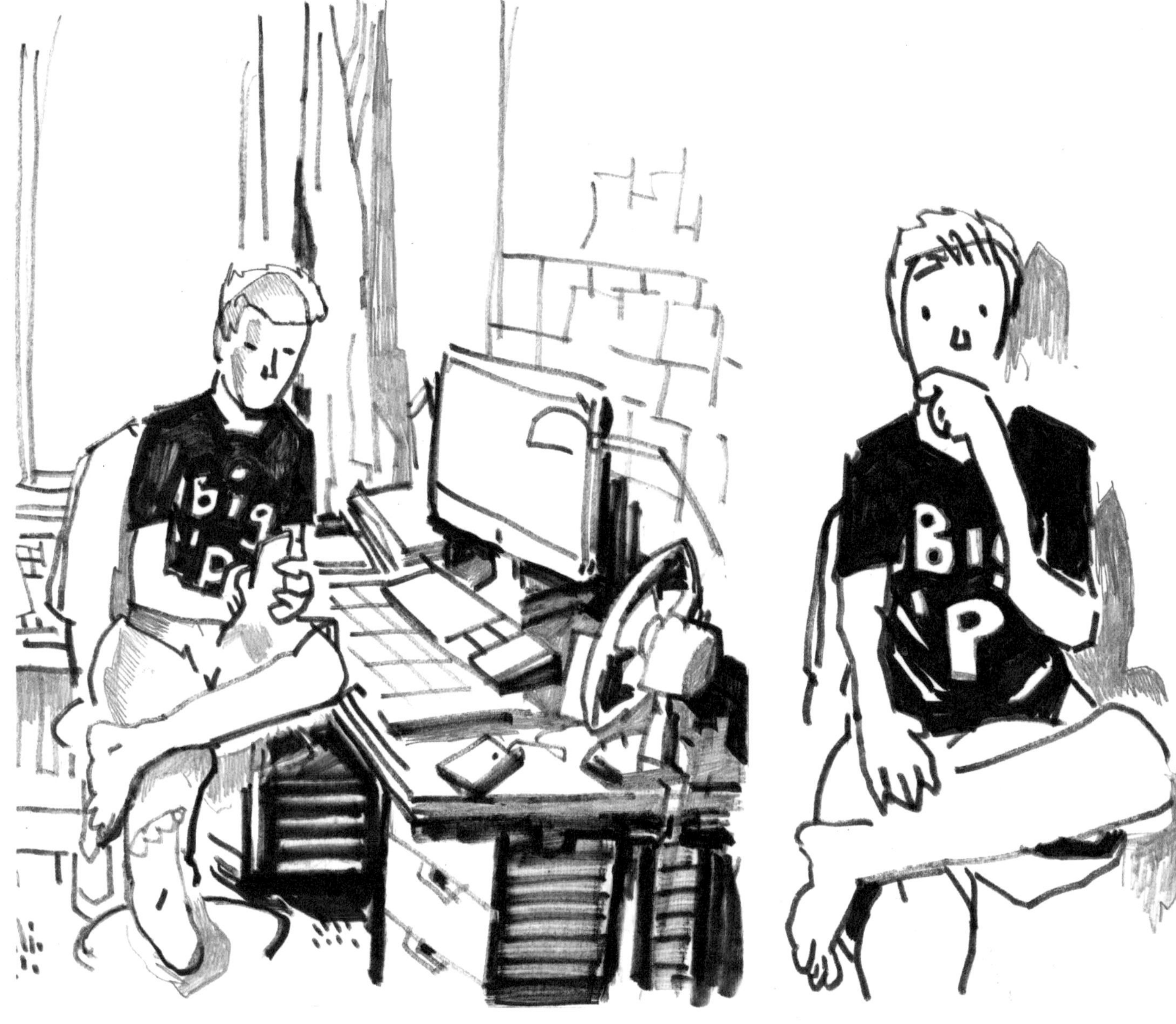

Zu Besuch bei Kommilitone P.
(Aachen 2012)

klappern Sie die Wohnung ab. Wenn Sie immer noch nicht wissen, was Sie konkret zeichnen sollen, stellen Sie sich Fragen wie: Warum haben Sie sich für dieses Zuhause entschieden? Gibt es etwas, das Sie stört? Wo ist mein Lieblingsplatz? Was habe ich im Kühlschrank? Wie sieht mein Schreibtisch aus? Besonders gerne zeichne ich Küche und Badezimmer. Zuletzt, bevor wir die Wohnung verlassen, prüfen Sie den Blick aus dem Fenster oder vom Balkon aus.

Dokumentieren Sie, was Ihre Wohnung erst richtig gemütlich macht.

Von Mai bis Dezember 2018 war ich Stadtzeichner in Hannover.

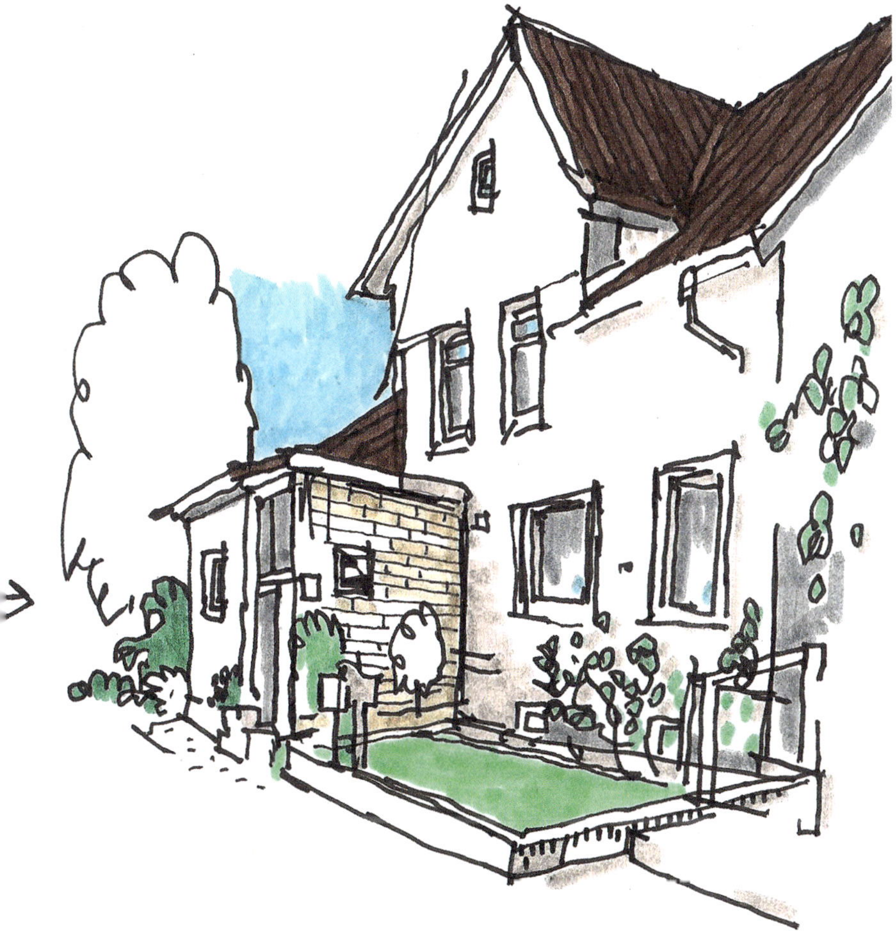

Das Bad hatte leider keine Duschwand. Jede Brause sorgte für eine Überschwemmung.

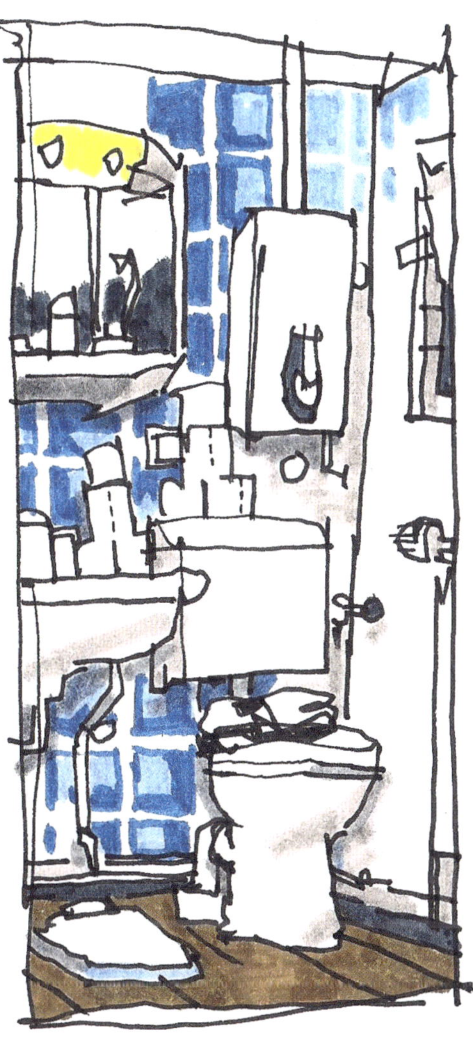

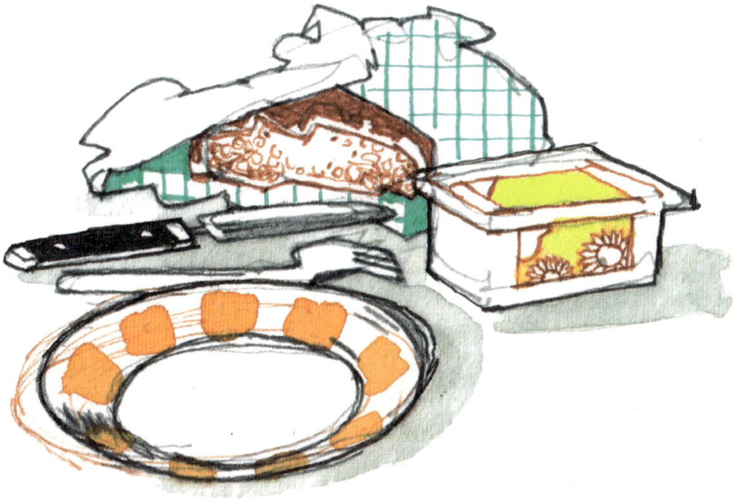

ALS BÜCHERSCHRANK
IN DER ANTONISTRASSE
IN MÜNSTER

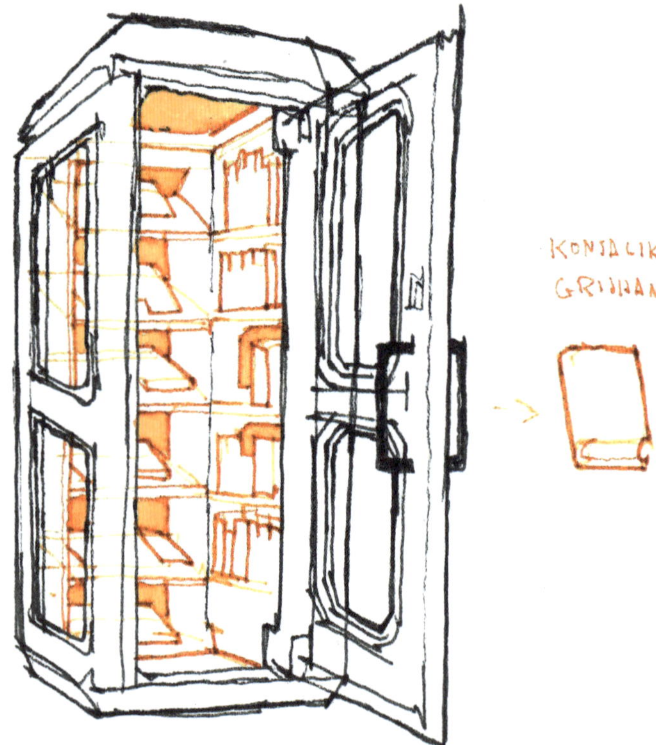

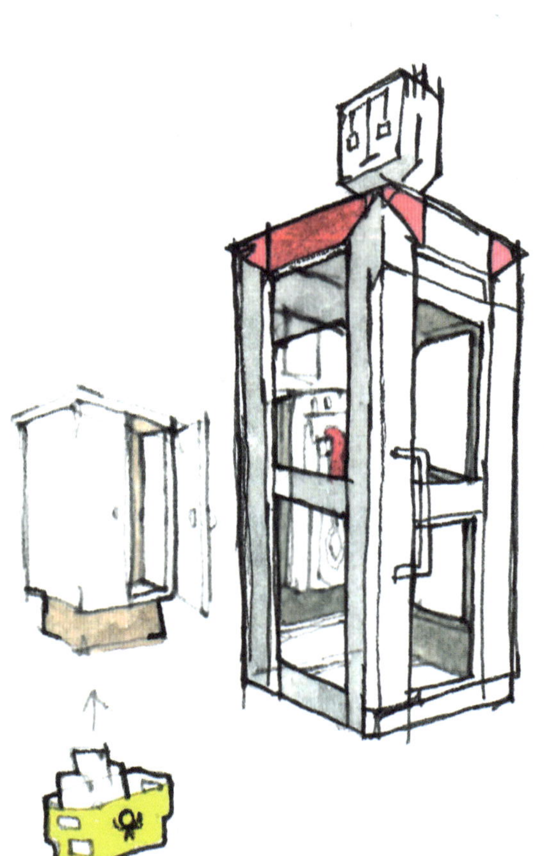

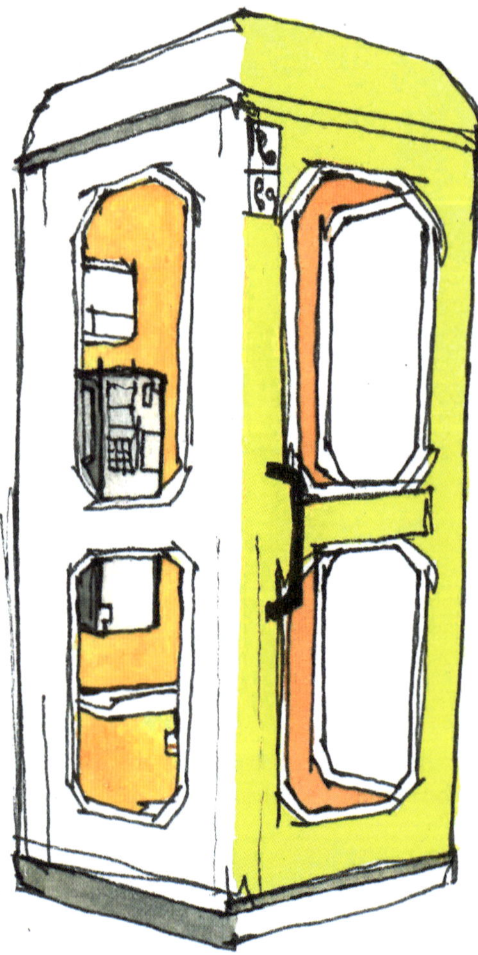

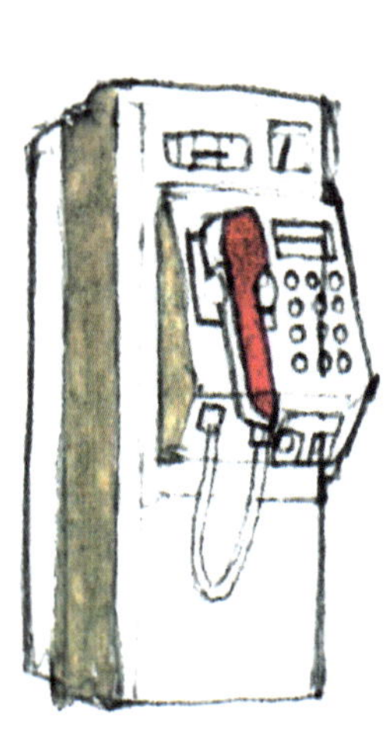

WAS KANN ICH DRAUßEN ZEICHNEN?

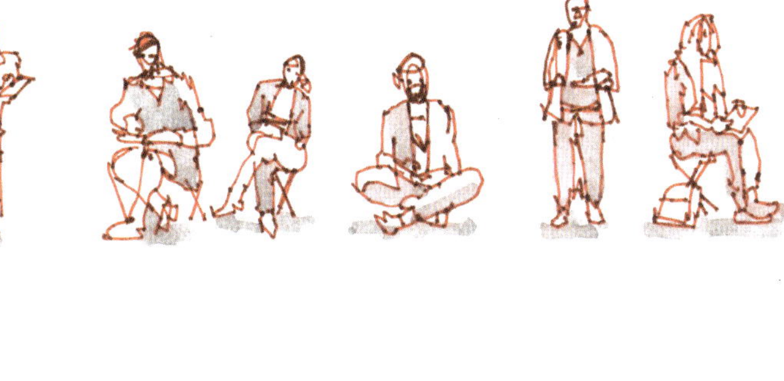

„Alltag ist nur durch Wunder erträglich." [18]
(Max Frisch)

An einem schönen Ort will ich immer die erlebte Schönheit in die Tasche stecken und einfach mitnehmen. Das ist für einen Zeichner nicht besonders schwierig. Er muss nur das, was ihm gefällt, in sein Skizzenbuch zeichnen und schon hat er das Motiv in der Tasche. Aber wie entscheidet man sich für das richtige Bild? Die Auswahl an Schönem in unserer Welt kann einen ungeübten Zeichner schon erschlagen. Wo fange ich an und was bedeutet das, „etwas Schönes"? Für mich sind Städte interessant und damit schön. Gerne finde ich Kontraste in der Stadt zwischen alt und neu, schön und hässlich. So wird für mich ein interessantes Motiv daraus. Dafür muss ich aber nicht gleich Stadtpanoramen zeichnen. Es reichen Miniaturen, die jeder leicht skizzieren kann. Um warm zu werden, zeichne ich gerne Stadtmöblierungen. Sie wissen schon, das sind die Dinge, die man im Stadtbild gerne übersieht, wie Bänke, Laternen oder jede Art von Automaten. Mir ist bewusst, dass diese Art von Aufgabe nicht bei allen zu Begeisterungsstürmen führt... Vor Jahren war ich in Hamburg mit dem Fahrrad unterwegs und fand am Hafen einen seltsamen Ort. Von weitem sah es aus, als ob unzählbare gelbe U-Boote übereinandergestapelt worden seien. Es waren alte gelbe Telefonzellen, die in riesigen Mengen auf dem Schrottplatz gelandet waren. Leider war ich nicht geistesgegenwärtig genug, das Motiv festzuhalten. Dafür zeichne ich seitdem jede verbliebene gelbe Telefonzelle, die ich

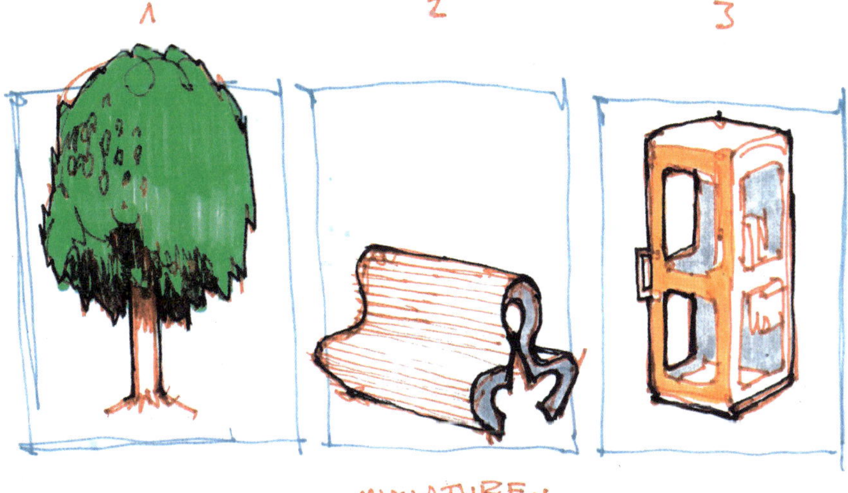

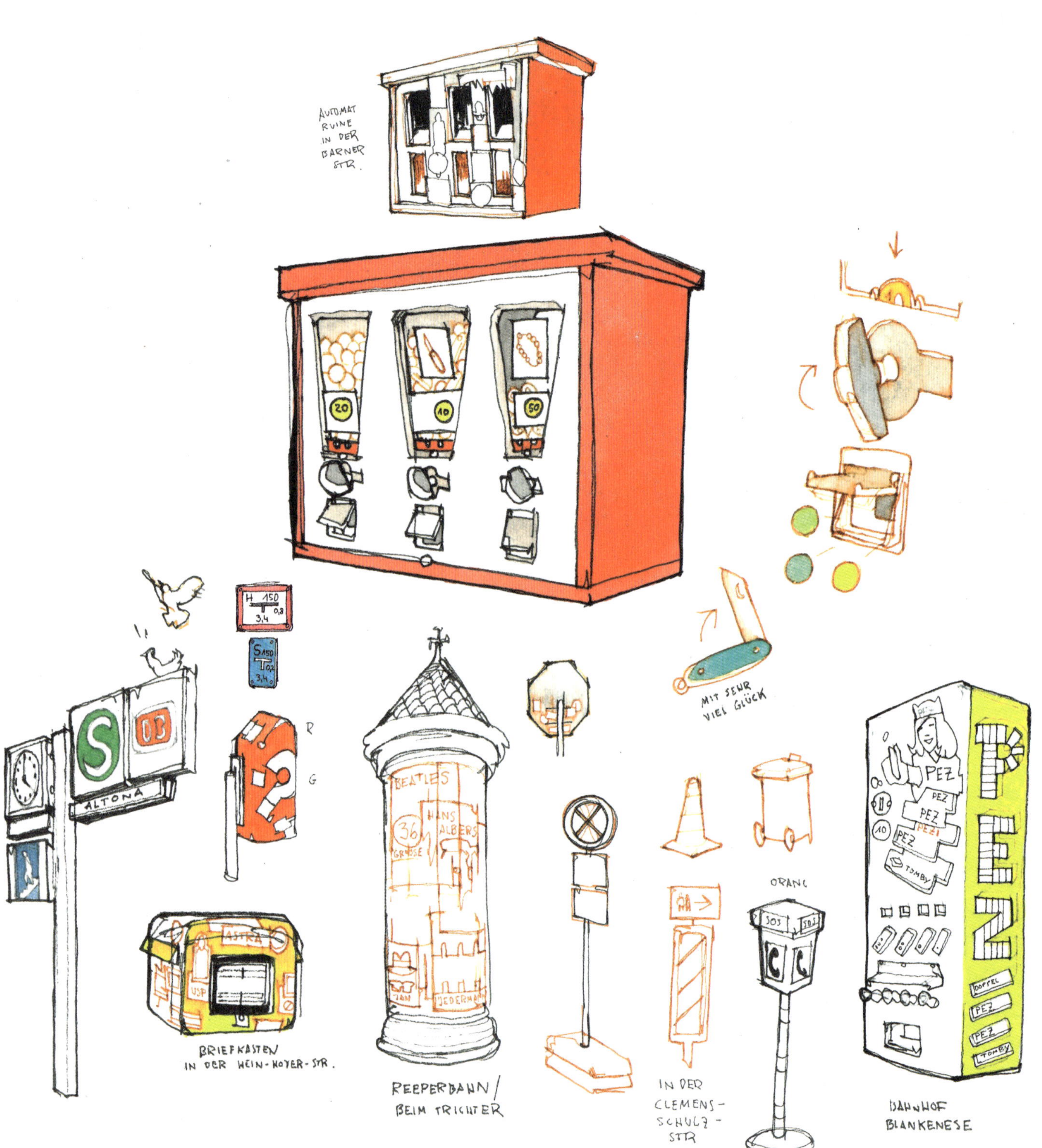
AUTOMAT
RUINE
IN DER
BARNER
STR.
MIT SEHR
VIEL GLÜCK
ALTONA
BEATLES
HANS
ALBERS
PEZ
BRIEFKASTEN
IN DER HEIN-HOYER-STR.
REEPERBAHN /
BEIM TRICHTER
IN DER
CLEMENS-
SCHULZ-
STR
ORANG
BAHNHOF
BLANKENESE

finden kann, einschließlich des Innenraums. Dazu noch zwei Groschen ins Skizzenbuch gemalt und fertig ist die Erinnerung. Die Entdeckung des alten Telefonzellenfriedhofes ließ mich die Dinge mit anderen Augen sehen. Ich nahm wahr, dass selbst das Selbstverständliche Änderungen unterworfen ist. Also Telefonzellen, Parkuhren, Hydranten, Laternen, Trinkwasserbrunnen und vieles mehr. In Zukunft achte ich darauf, Altes oder leicht zu Übersehendes zu entdecken und zu dokumentieren. Gibt es in Ihrer Gegend noch diese alten Automaten mit Drehgriff, bei denen Kaugummikugeln oder kleine Spielzeuge herauskommen? Vielleicht sogar eine Maschine für PEZ-Kaubonbons? Diese Dinger sind sehr rar geworden. Zeichnen Sie sie, bevor der Letzte verschwunden ist. Wenn der Automat noch funktioniert: Stecken Sie die richtige Münze in den Schlitz und drehen Sie kräftig am Griff. Die Süßigkeit sollten sie besser nicht essen, aber in Ihr Buch zeichnen. Diese Motive sind klein und überschaubar und jeder, der in Ihr Skizzenbuch schaut, wird sich über das Wiedersehen mit einem alten Bekannten freuen.

Kaugummikugeln, Ampelmännchen, Telefonzellen: Mehr braucht es nicht zu einem guten Motiv.

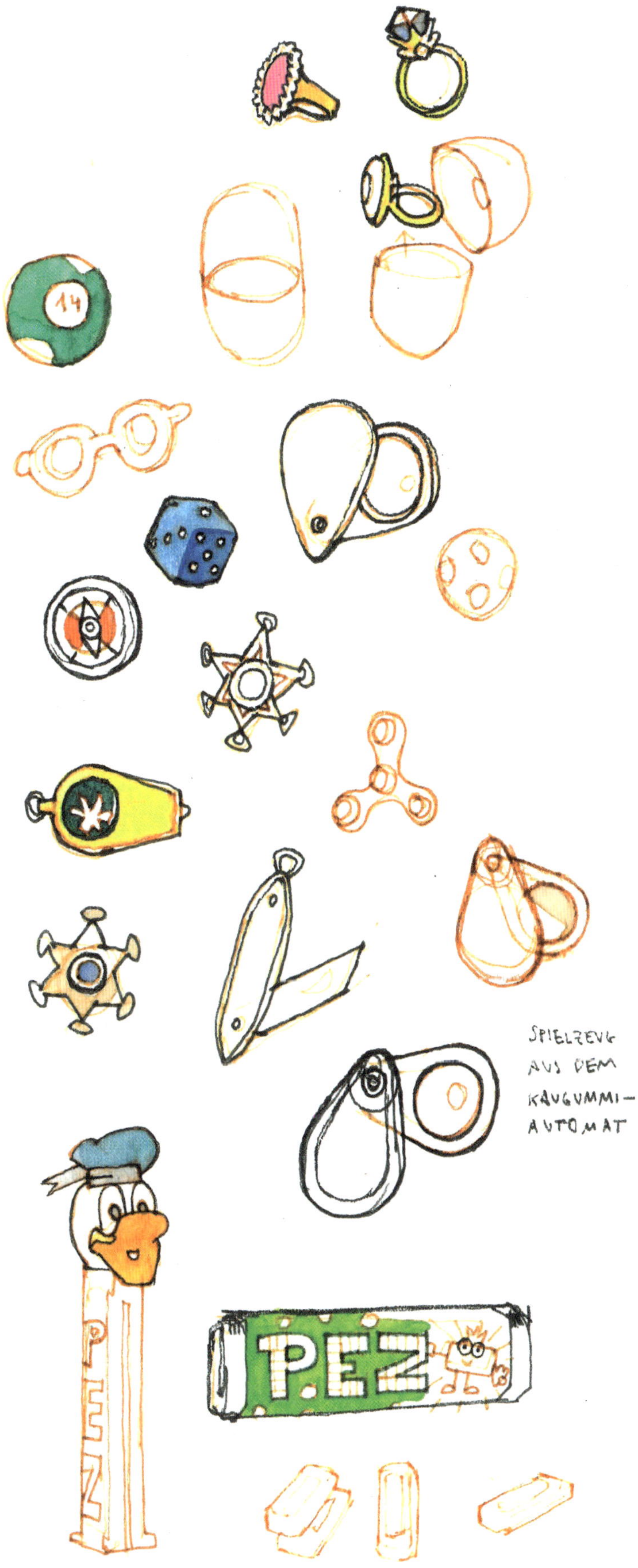

WAS KANN ICH NOCH DRAUßEN ZEICHNEN?

„In New York, Rio, Tokyo"[19] von Trio Rio

Genug Hocker und Bänke gezeichnet. Jetzt geht es an die richtigen Motive. Was macht einen Ort besonders? Seine Sehenswürdigkeiten, denn sie sprechen eine klare Sprache. Was fällt Ihnen zu Paris, Brüssel und Rom ein? Wenn die Antwort der Eiffelturm, das Atomium und das Kolosseum gewesen sind, haben die Sehenswürdigkeiten ihren Zweck erfüllt. Okay, es ist nicht gerade originell, die Attraktionen aufzusuchen und ins Skizzenbuch zu zeichnen. Man könnte argumentieren, dass die Top-Attraktionen längst zu Tode abgebildet wurden, auch wenn die Abbildungen mit einem Fotoapparat und nicht mit einem Stift erzeugt worden sind.

Als ZeichnerIn haben Sie noch die Chance, einem populären Touristenhotspot eine neue Seite abzugewinnen. Komponieren Sie die Attraktion in Ihrer Zeichnung auf eine neue Weise. Selbst, wenn es keinen Winkel mehr gibt, aus der die Sehenswürdigkeit noch nicht abgebildet wurde, bleibt immer noch ihr persönlicher Duktus, mit dem Sie die Striche ziehen und die Farben setzen. Sehenswürdigkeiten verlieren an Reiz, wenn sie zu überlaufen sind. Sie gewinnen, wenn ihr Level an Attraktivität und Originalität hoch, doch die Bekanntheit niedrig ist. Damit kommen wir in den Bereich der Geheimtipps. Suchen Sie sich eigene Sehenswürdigkeiten. Lassen Sie das Smartphone ausnahmsweise mal in der Tasche und laufen ohne Plan los. Natürlich mit Stiften und Skizzenbuch.

Inszenieren Sie eine etablierte Sehenswürdigkeit auf neue und interessante Weise.

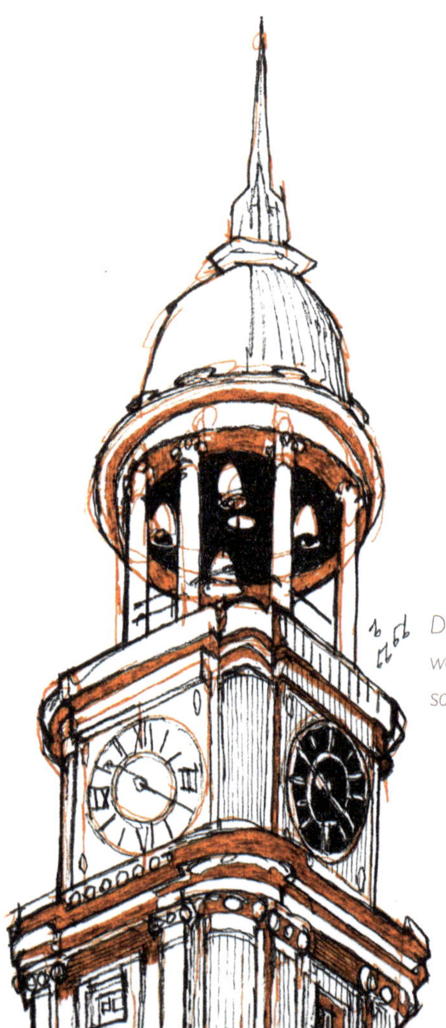

Der Trompeter vom Michel spielt werktags 10 Uhr und 21 Uhr, sonntags 12 Uhr.

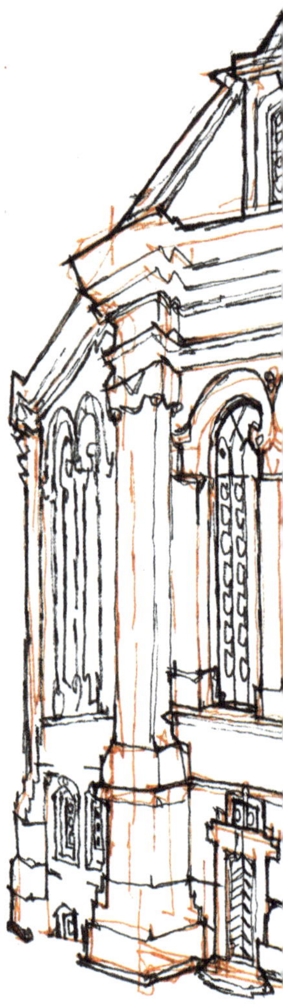

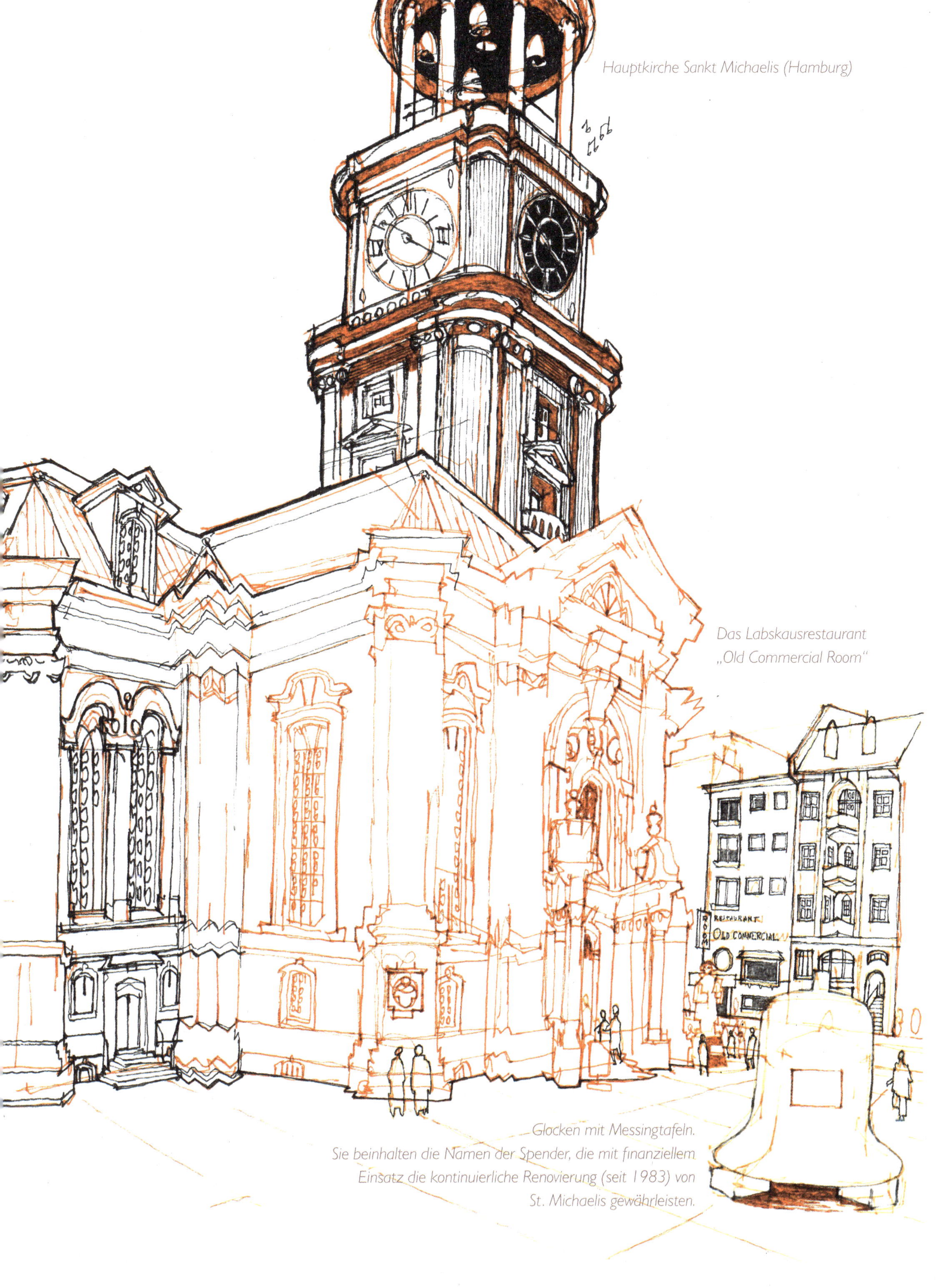

Hauptkirche Sankt Michaelis (Hamburg)

Das Labskausrestaurant „Old Commercial Room"

*Glocken mit Messingtafeln.
Sie beinhalten die Namen der Spender, die mit finanziellem Einsatz die kontinuierliche Renovierung (seit 1983) von St. Michaelis gewährleisten.*

WAS IST SCHÖN? WAS IST HÄSSLICH?

„Schönheit liegt im Auge des Betrachters.“[20]
(Unbekannt)

Klar ist das Empfinden von Schönheit subjektiv und unendlich vielfältig. Trotzdem scheint es bei schönen Motiven einen gemeinsamen Nenner zu geben. Warum sonst sind Orte wie Neuschwanstein, Rotenburg/Tauber oder Greetsiel von Touristen überlaufen? Lassen Sie uns aber von Plätzen außerhalb dieser Schnittmenge reden. Ich hatte schon immer ein großes Interesse am Verfall. Ist es nicht faszinierend, wie sich fortschreitende Zeit äußert? Verfall, also die Veränderung von Materie durch Oxidation und Feuchtigkeit, sorgt dafür, dass Lebensmittel schimmeln und die Tapete sich von der Wand pellt. Okay, in meiner Wohnung will ich das nicht haben, aber in leeren Häusern, Fabriken oder Bahnhöfen kann ich nicht genug davon bekommen. „Lost Places“ sind ein Thema, das in den letzten Jahrzehnten an Fahrt aufgenommen hat. Man kann regelrecht von einer Ästethik des Verfalls sprechen, die immer mehr Anhänger findet.

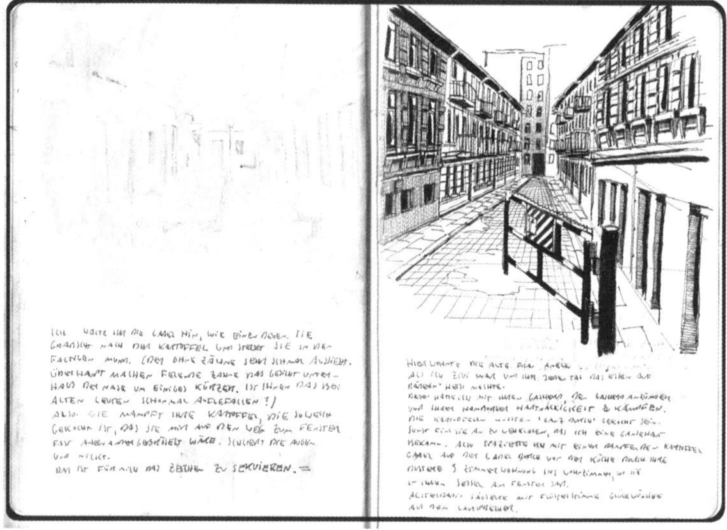

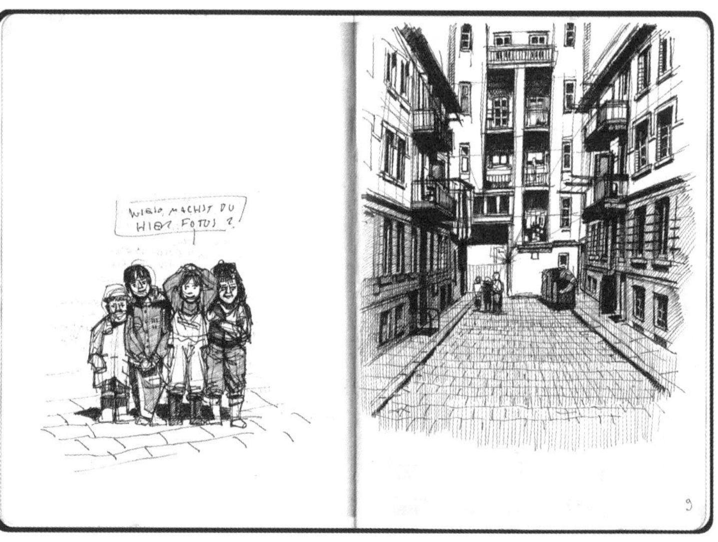

Zwei urbane Nischen:
Die Karolinenpassage (oben) und die Kreters Passage (unten)

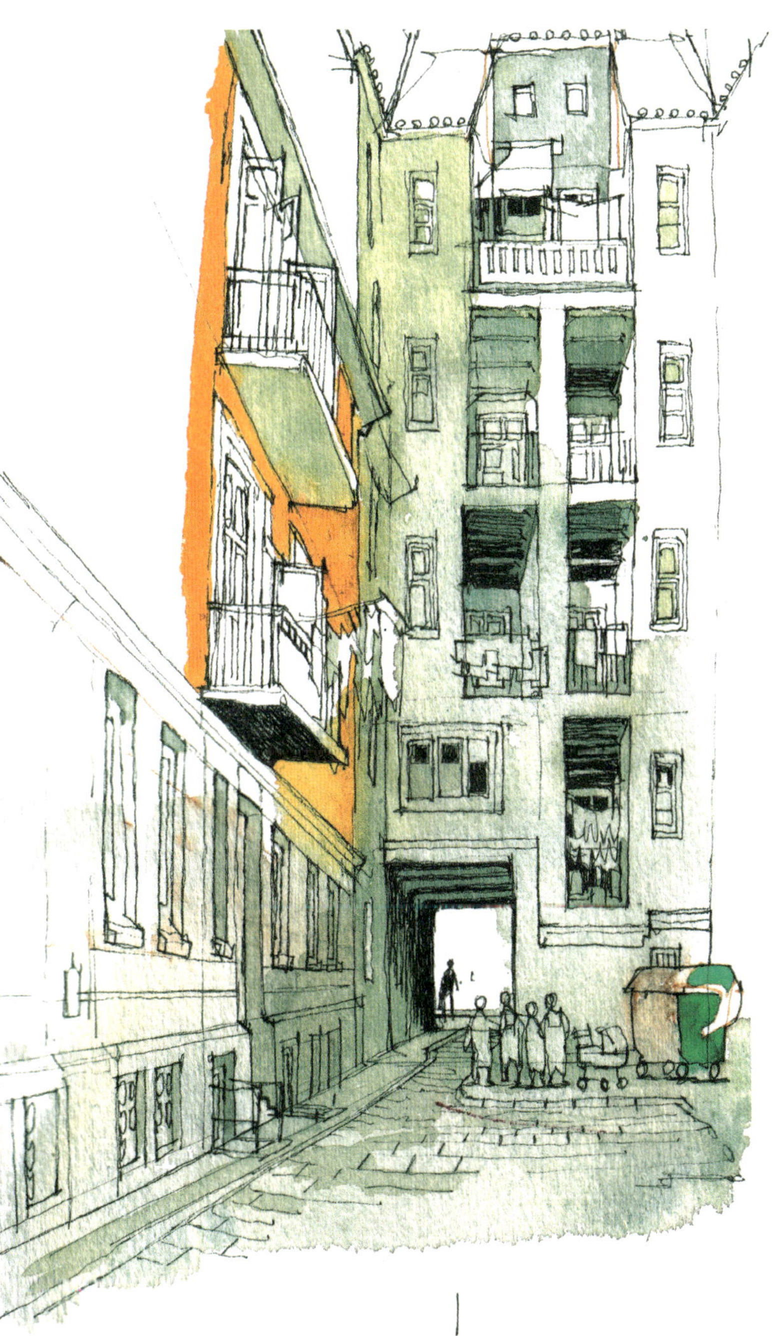

DIE 'KRETER'S PASSAGE' 1888
IN ST. GEORG

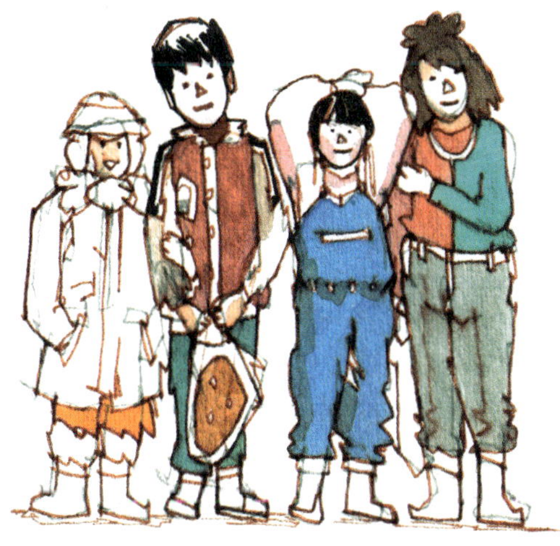

KINDER IM HOF

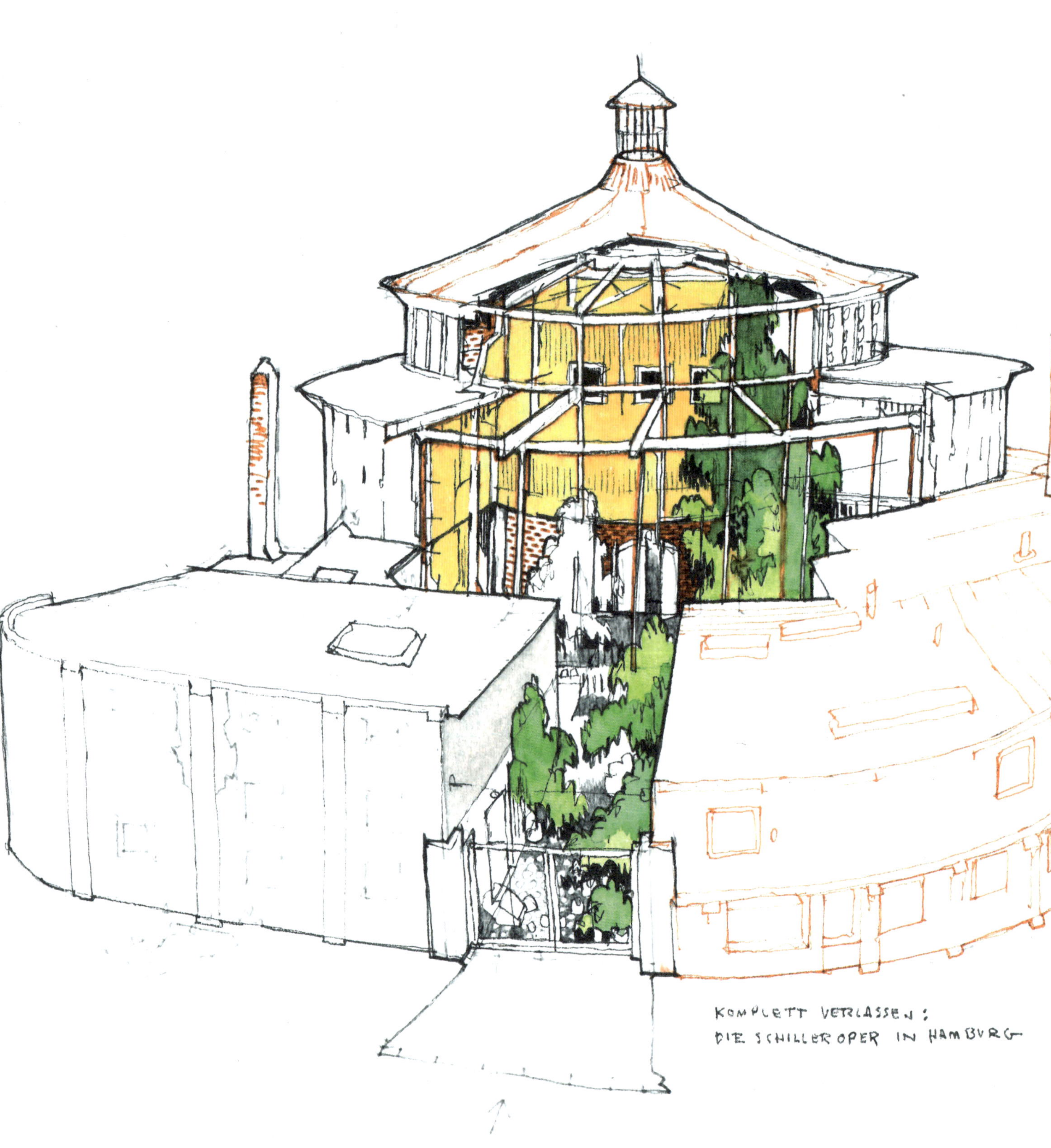
KOMPLETT VERLASSEN:
DIE SCHILLEROPER IN HAMBURG

Geben Sie auf YouTube „Lost Places“ ein und Ihnen werden eine Unmenge von Expeditionen in alte Bergwerke, geschlossene Krankenhäuser und malerisch verfallene Heilstätten angeboten. Zurück zum Zeichnen. Vor meinem Studium besorgte ich mir eine Karte Hamburgs aus der Vorkriegszeit. Mich interessierte, wie sehr sich die Stadt nach dem Krieg verändert hatte. Dass unzählige Gebäude durch Krieg und Stadtplanung verloren waren, wusste ich schon und hatte es auch zähneknirschend akzeptiert. Doch auch das Straßennetz wurde sehr den Bedürfnissen und dem Geschmack der Nachkriegszeit angepasst. Das bedeutete, dass viele schmale Straßen wenigen sehr breiten Autowegen weichen mussten. Ich wollte nach den überbauten Straßen suchen, vielleicht gab es ja ein paar kleine Überreste, die ich zeichnen konnte. Wie überrascht war ich, als ich auf Gänge und Passagen stieß, die im aktuellen Stadtplan fehlten. Es lohnt sich, bei Spaziergängen in der Stadt genau hinzugucken. Hinter Toreinfahrten führen Passagen mit Häusern an beiden Seiten weit in den Block rein. Oder verbinden durch das „Quarree“ hindurch sogar zwei Straßen miteinander und sorgen so für eine Abkürzung.

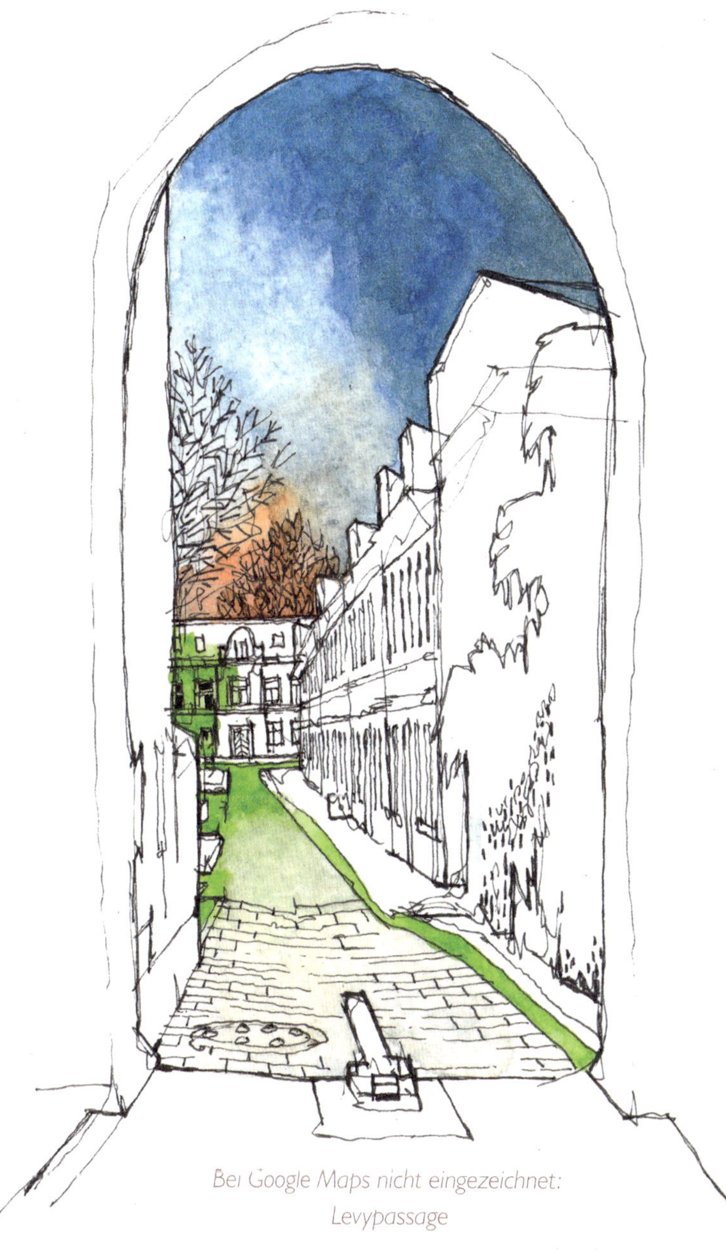

Bei Google Maps nicht eingezeichnet: Levypassage

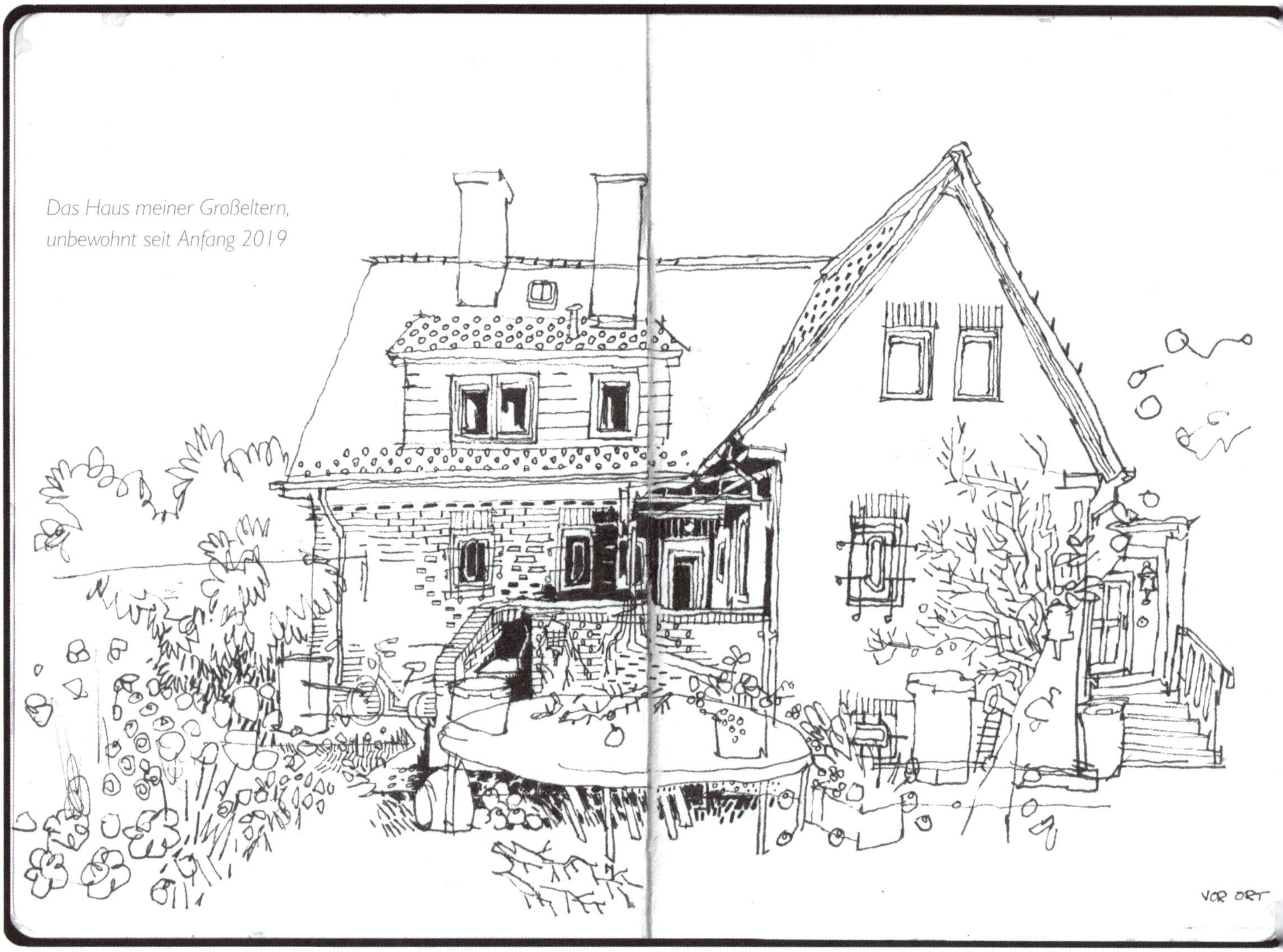

Das Haus meiner Großeltern, unbewohnt seit Anfang 2019

VOR ORT

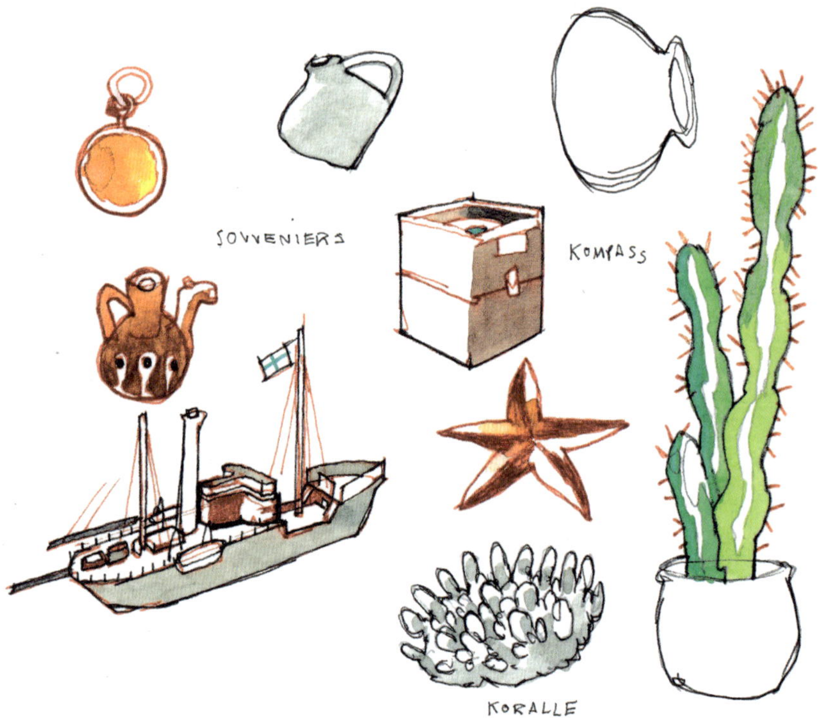

Für den gelegentlichen Fußgänger sind diese Passagen fast unsichtbar oder zumindest unauffällig. Bei diesen Wegen handelt es sich nicht um klassische „Lost Places". Sie sind etwas versteckt, aber nicht verloren. Eine urbane Nische. Häufig bewohnt und der Albtraum für jeden Bringdienst.

Ein „Lost Place" ist nach strenger Definition ein Platz, der nicht nur noch existent, aber unbewohnt ist, sondern ein Ort, der idealerweise als Zeitkapsel fungiert. Also keine Veränderung aufweist, seitdem der Ort verlassen wurde (und bitte keine Zerstörung durch Vandalismus). Das trifft manchmal noch bei Privatwohnungen oder

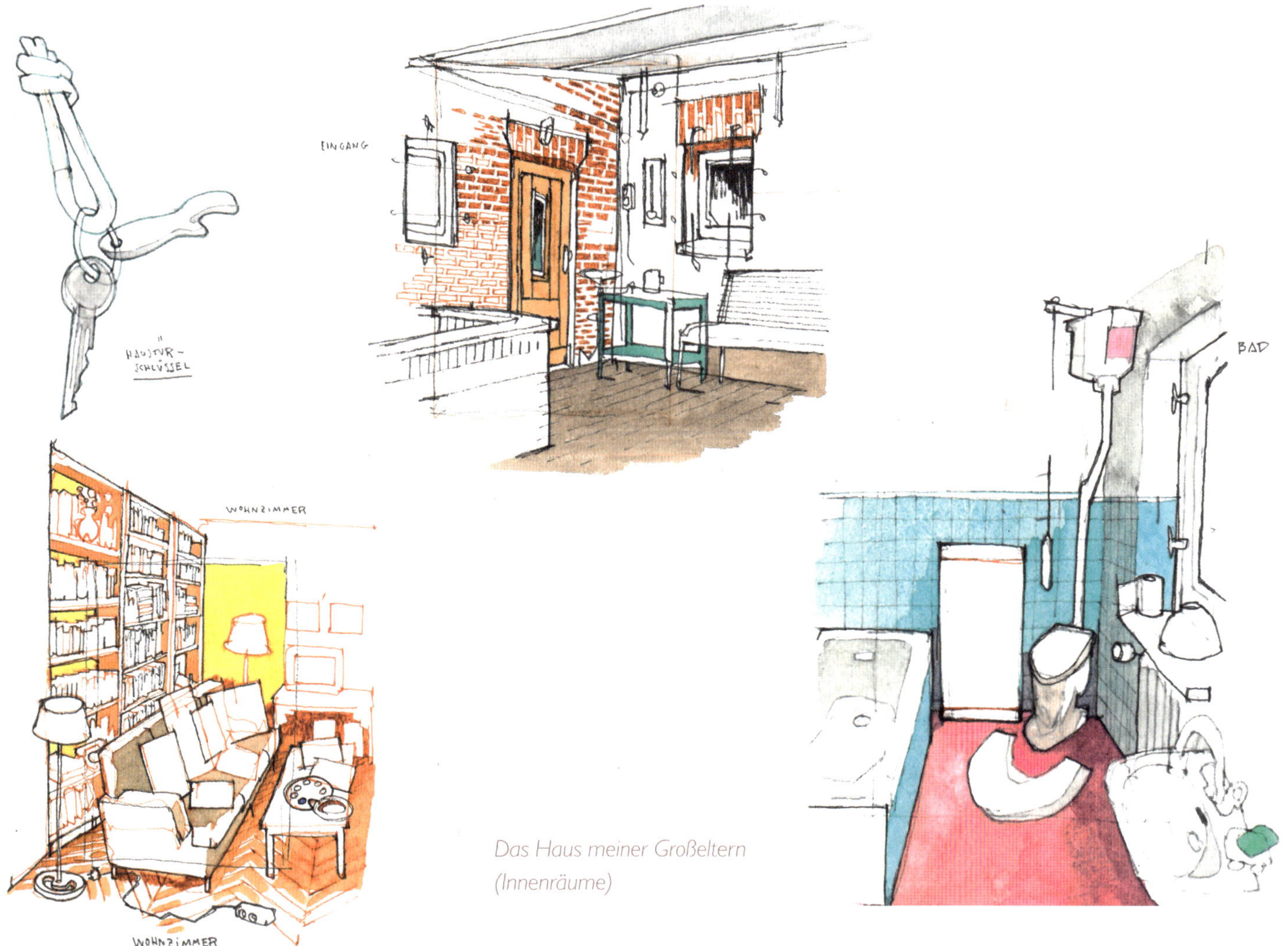

Das Haus meiner Großeltern (Innenräume)

(besser) Privathäusern zu. Sehr selten zu finden in einer Stadt mit teuren Mieten wie Hamburg. Aber es gibt sie.

Achten Sie darauf, wo Ihr Auge hängenbleibt. Entscheiden Sie, was schön und was sehenswürdig ist.

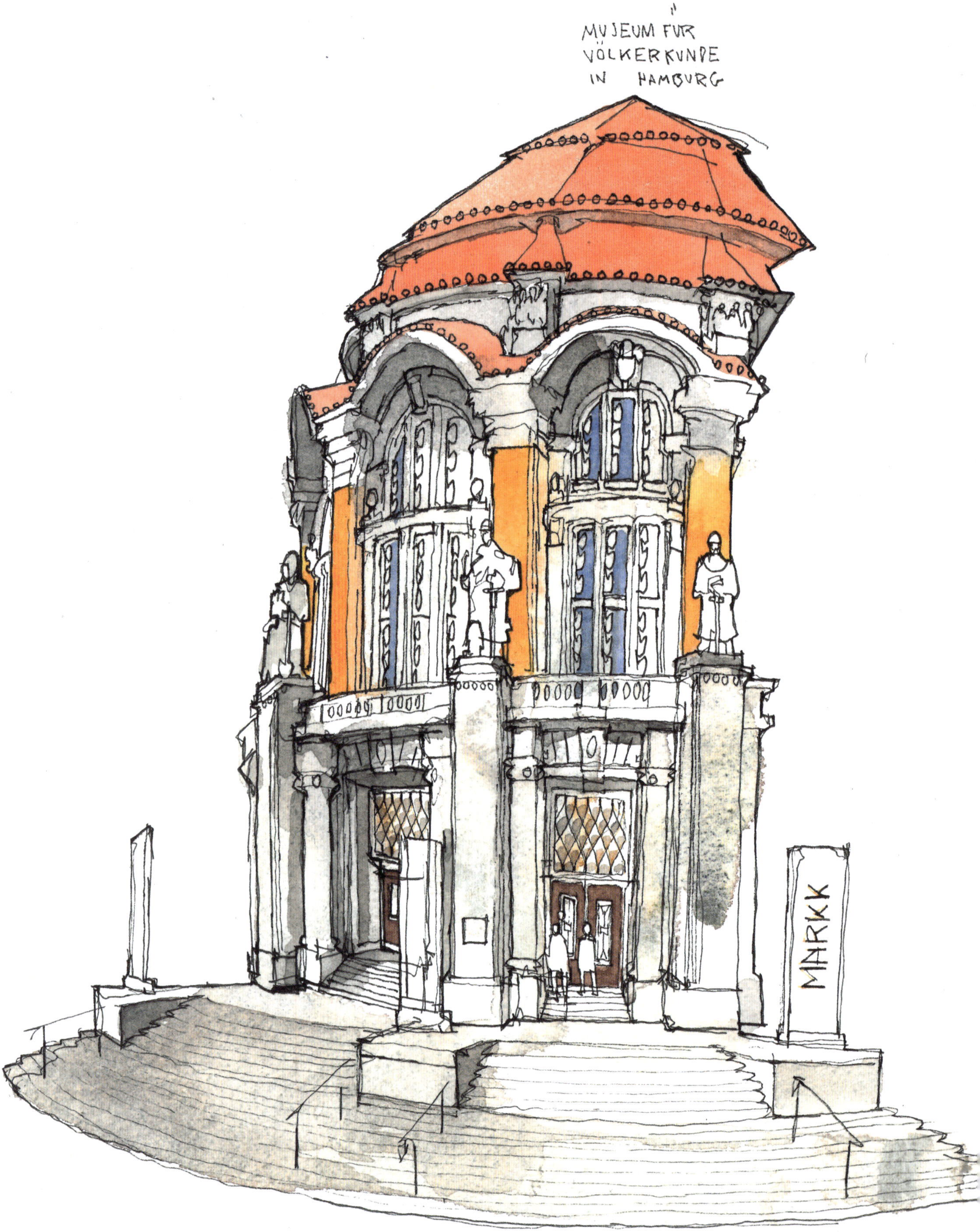

MUSEUM FÜR
VÖLKERKUNDE
IN HAMBURG

MARKK

WAS MACHE ICH, WENN ES DRAUSSEN REGNET?

„Seemann oder Eierkarton?“[21] (Unbekannt)

Machen Sie die Ausübung Ihres Handwerkes nicht vom Wetter abhängig. Gehen Sie trotzdem zum Zeichnen raus und suchen Sie sich ein Motiv. Dann halten Sie Ausschau nach einem trockenen Platz, von dem Sie ihr Motiv gut sehen können. Unsere Städte wurden auf schlechtes Wetter ausgelegt, darum gibt es überall auskragende Dächer, Eingänge, Durchgänge oder Brücken, unter denen Sie vor der Witterung sicher sind. Falls es nichts zum Unterstellen gibt, müssen Sie sich Ihr eigenes Dach mitbringen: Ein Regenschirm kostet fast nichts und passt in jede Tasche. Geöffnet klemmen Sie sich den Regenschirm unter die Achsel. Die Hände brauchen Sie ja zum Zeichnen. Falls Ihr Blatt doch etwas Regen abbekommt, macht es nichts. Lassen Sie ruhig den einen oder anderen Regentropfen auf Ihr Bild fallen. In Maßen genossen hilft die Witterung, der Zeichnung die richtige Stimmung zu verleihen.

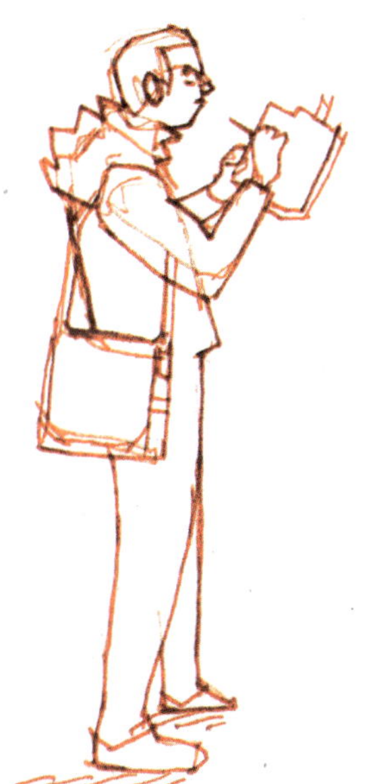

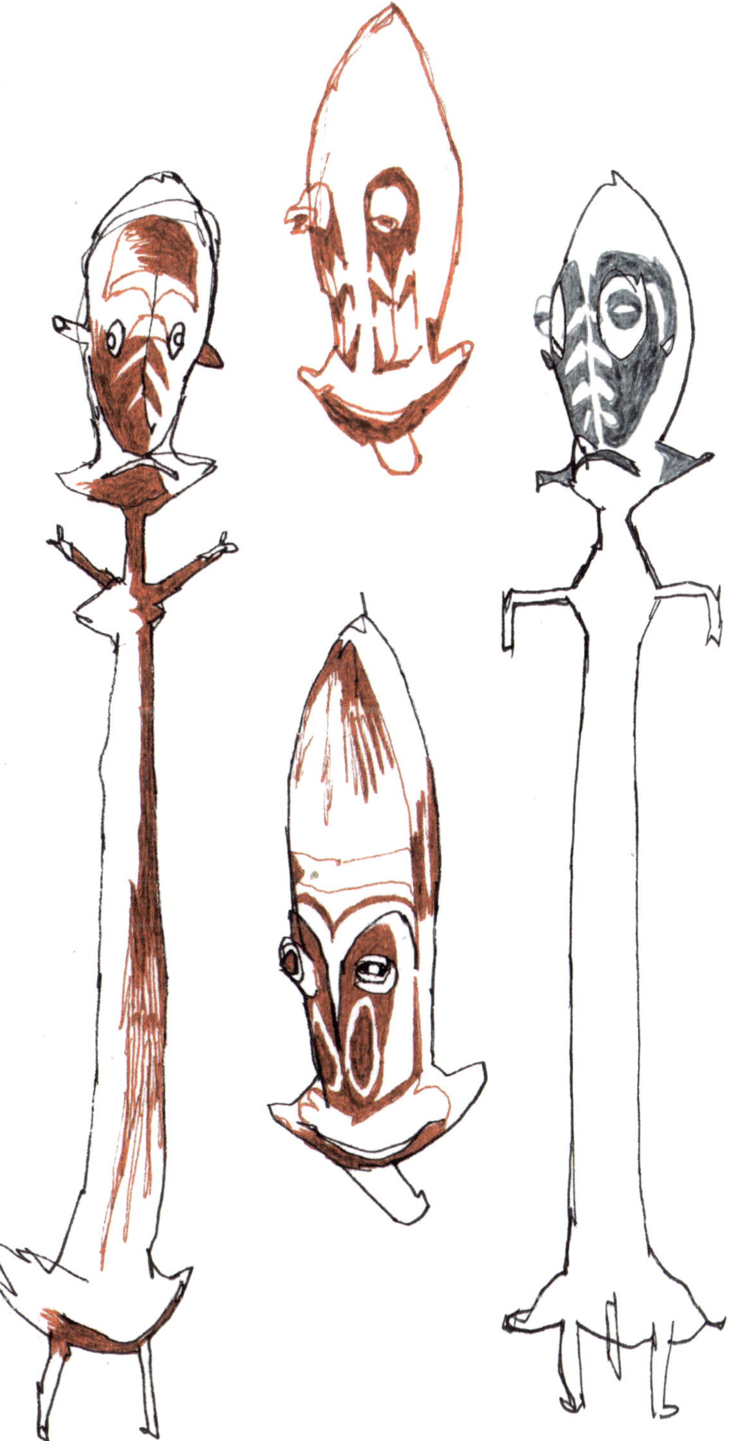

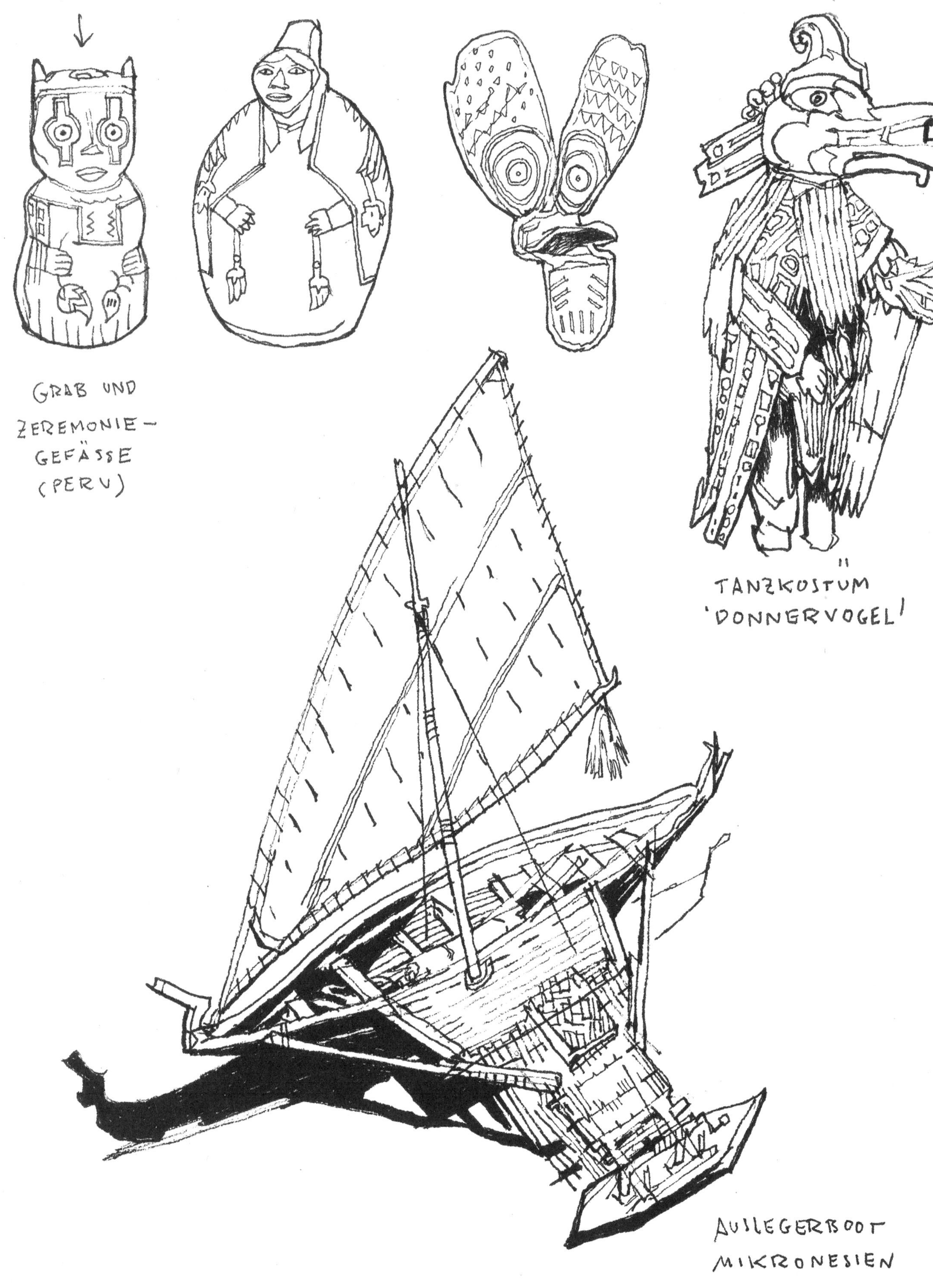
GRAB UND
ZEREMONIE-
GEFÄSSE
(PERU)
TANZKOSTÜM
'DONNERVOGEL'
AUSLEGERBOOT
MIKRONESIEN

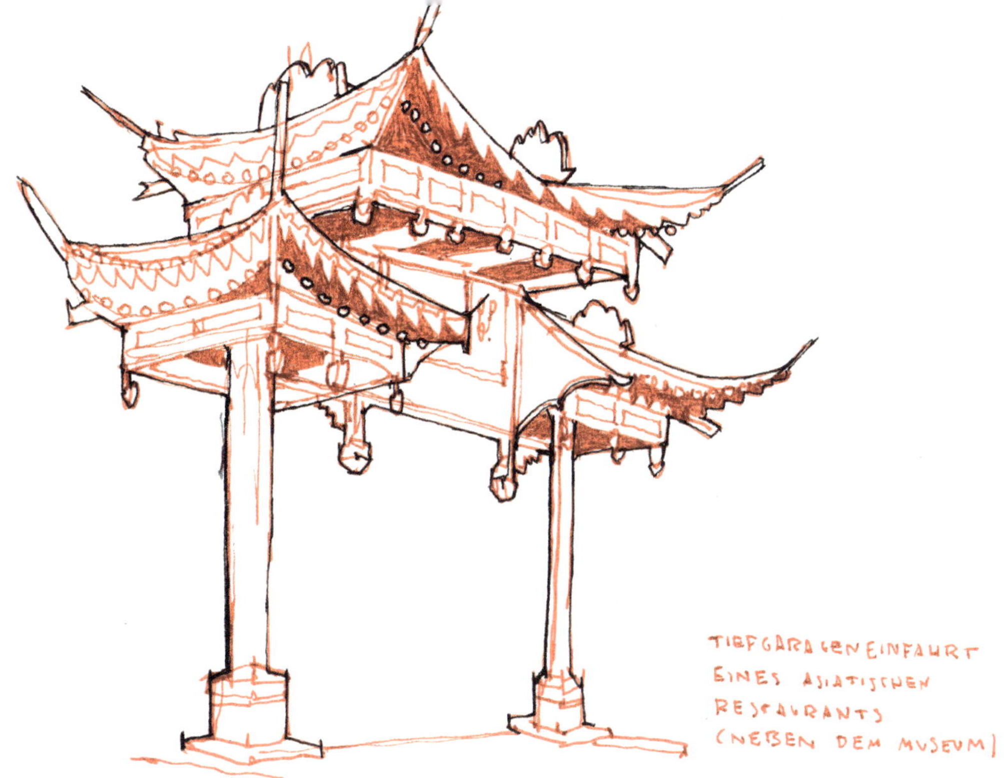

Wie weit Sie den Regen mitgestalten lassen, ist natürlich Ihre Entscheidung. Zugegeben, im Regen zeichnen ist nicht jedermanns Sache. Bei Workshops ist es bei Nässe und Kälte schwierig, die gute Laune aufrechtzuerhalten. Aber dann ist es ein wenig wie ein Segeltörn bei Sturm: Nachher hat es dann doch allen Spaß gemacht. Wenn es wirklich mal richtig schüttet, weichen Sie in ein Café aus oder gehen ins Museum. Ich würde in kein Kunstmuseum gehen, zumindest in keine Ausstellung mit Bildern. Natürlich steht es Ihnen frei, sich von Ihren Lieblingsmalern inspirieren zu lassen. Doch beim Zeichnen liebe ich Skulpturales. Am besten in einem Völkerkundemuseum mit Objekten von Papua-Neuguinea bis ins Saarland. Wenn Sie Gestaltung interessiert und Sie wirklich etwas Neues sehen wollen, empfehle ich die Abteilung mit Gegenständen aus Ozeanien. Achten Sie darauf, am Eingang zu fragen, ob man in den Räumen zeichnen darf. Mit ein wenig Glück treffen Sie dort auf Gleichgesinnte. Zu erkennen am Skizzenbuch, Klapphocker und Federtasche.

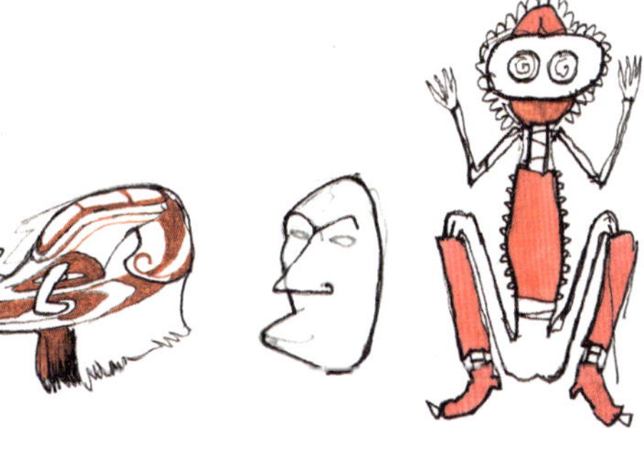

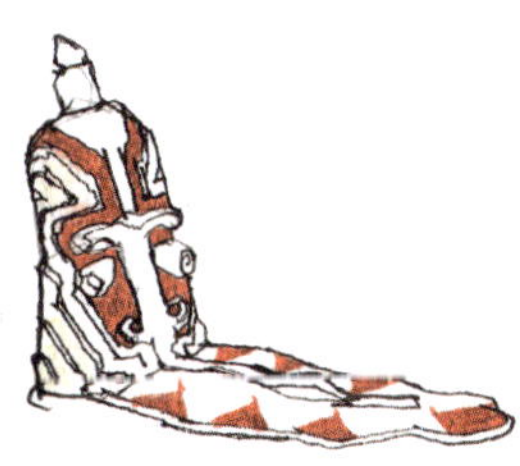

Denken Sie an einen Regenschirm und wettergerechte Kleidung. Gönnen Sie sich einen Museumsbesuch.

WELCHES THEMA IST DAS RICHTIGE FÜR MICH?

Auf dem Frachter „Clavigo" (1996)

„Ich kriege alles, was ich will! Brauch es nur zu zeichnen!" [22] *(Robert Crumb)*

Schon als Kind mussten, nachdem ich vom Spielen nach Hause kam, erst einmal Stifte und Papier her. Festgehalten wurden dann meine Abenteuer auf der „Baustelle". So nannten wir die Brachfläche, die an unsere Siedlung grenzte. Das war eine sehr frühe Reflexion meiner Erlebnisse und Ansichten. Natürlich noch krude und eher rudimentär, eben das gezeichnete Geplapper eines Kindes. Alle meine folgenden Interessen widmeten sich Themen, die irgendwie mit Gestaltung zu tun hatten: Briefmarken, Münzen und schließlich Comics. Besonders die alten Piccolohefte aus den 50er Jahren hatten es mir angetan. Falls Ihnen „Piccolos" nichts sagen: Das waren kleine schmale Hefte im Streifenformat zu Taschengeldpreisen, rührend einfach gestaltete Heftserien mit Farbcover und schwarzweiß gedrucktem Inhalt. Also begann ich, Comics zu zeichnen. Meine Comics sahen kaum besser aus als meine Versuche an Tagebucheinträgen aus Kindertagen. Doch der Zeitgeist (Nostalgie der 50er Jahre) war auf meiner Seite. Ich veröffentlichte einige Seiten und ein wenig Geld gab es dafür auch. Beim Zeichnen sollte ich bleiben, auch wenn ich mit meinen Comics lange Zeit nicht so recht vorankam. Erst als ich mit Skizzenbüchern begann, wurde mein Stil lockerer und... endlich besser. Die Skizzenbücher gaben mir die Möglichkeit, meine zeichnerischen Reflexionen aus Kindertagen weiterzuführen. Der Inhalt eines Skizzenbuchs darf so persönlich sein wie ein Fotoalbum oder (zeitgemäßer) wie der Browserverlauf Ihres Internetzuganges. Wie soll Ihr Skizzenbuch nun konkret aussehen? Zeichnen Sie in Ihr Buch die Menschen, die Sie lieben. Dazu Ihr Haus, Ihren Hund oder Ihre Katze. Füllen Sie das Buch mit gezeichneten Schnappschüssen aus Hobby und Beruf. Reflektieren Sie sowohl die schönen als auch die weniger schönen Begegnungen und Erlebnisse. Hauptsache es „fühlt sich an". Oder machen Sie es wie Robert Crumb und zeichnen Sie auf, was Sie sich wünschen, aber vielleicht nie bekommen werden: Ihre Lieblingsstücke aus Bares Für Rares oder das Auto von James Bond, Sie wissen, worauf ich hinaus will.

Wetter auf der Ostsee (1998)

Verfolgen Sie Ihre Interessen zeichnerisch. Zeichnen Sie, was Sie mögen und was Sie interessiert.

Die kleine Seejungfrau in Kopenhagen (1996)

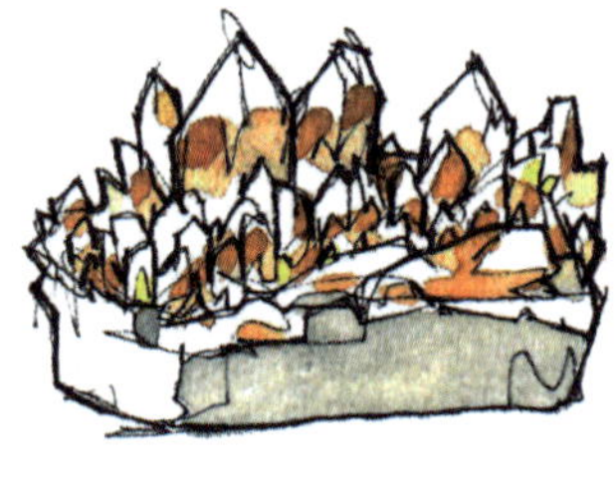

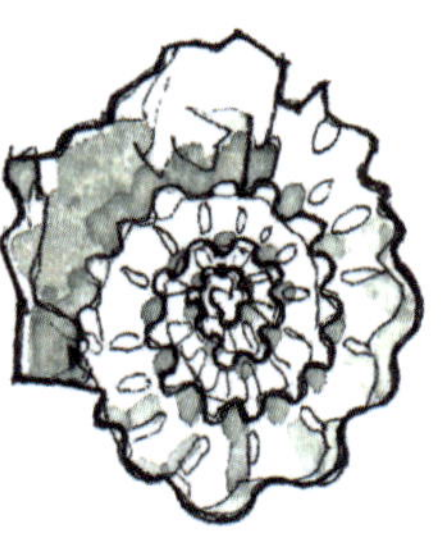

Meine Klamotten nach sechs Wochen segeln (1998)

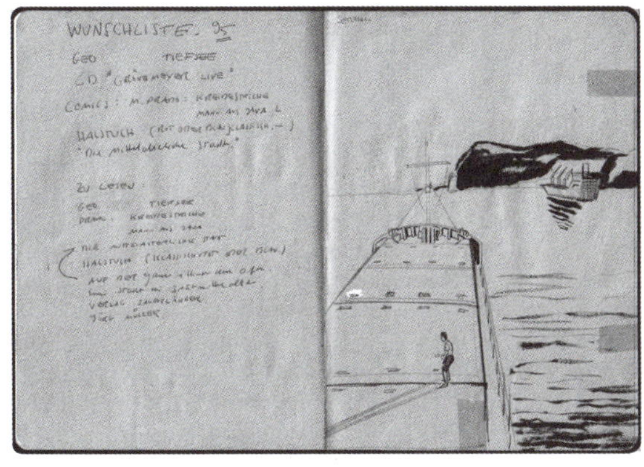

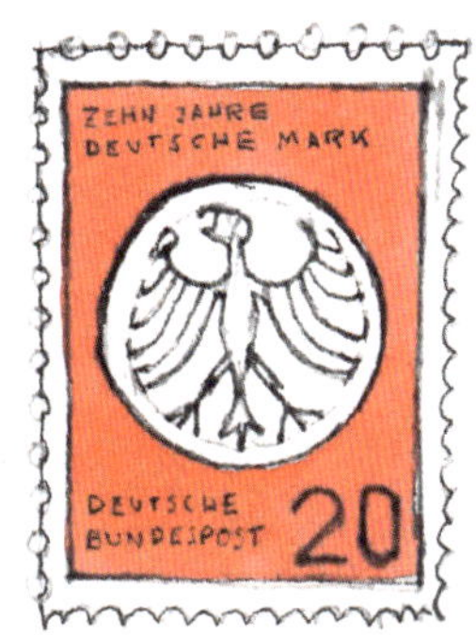

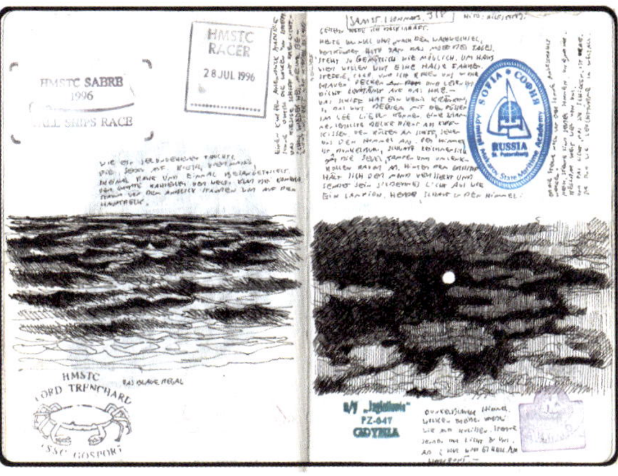

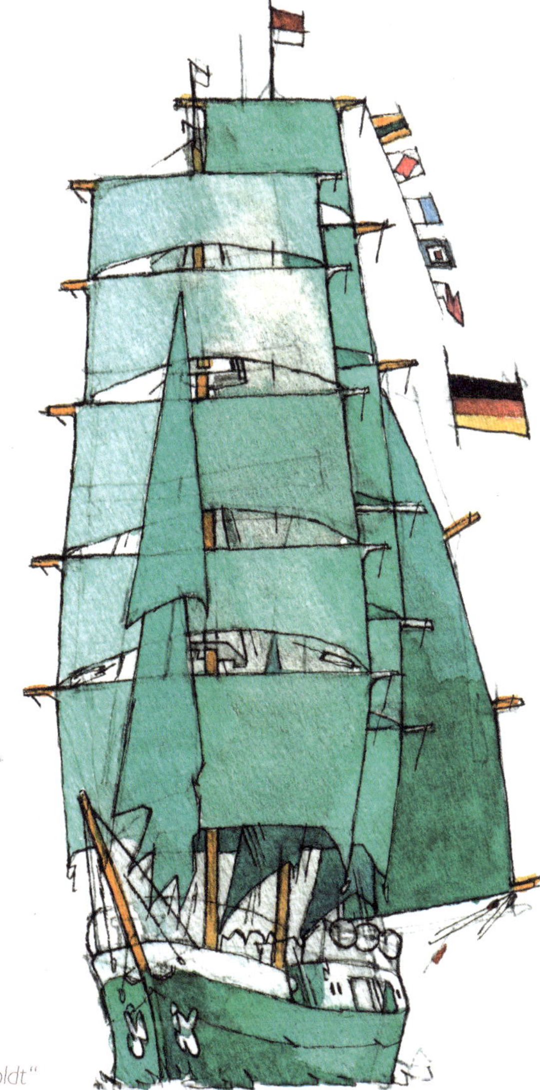

STS „Alexander von Humboldt“

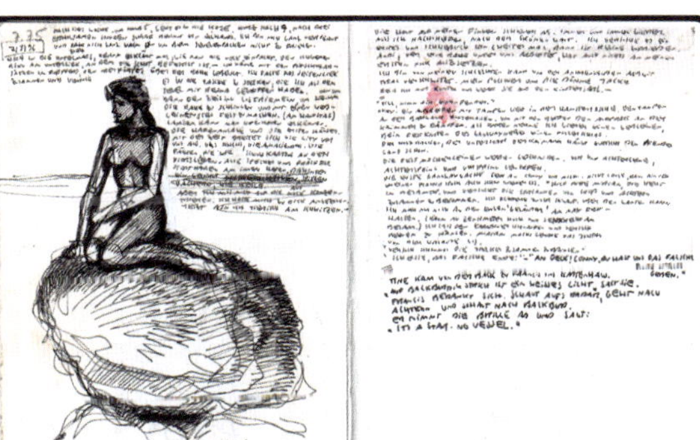

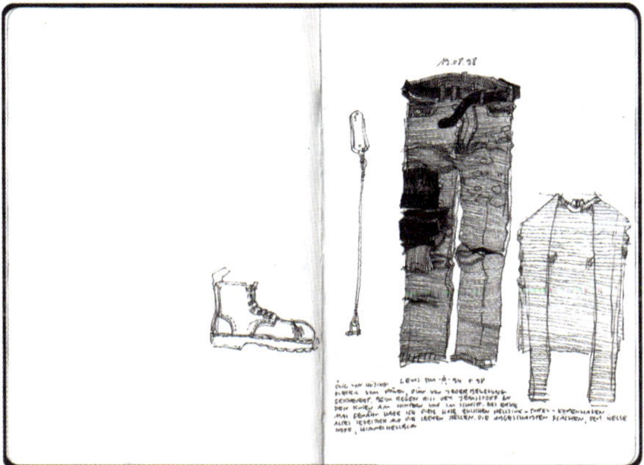

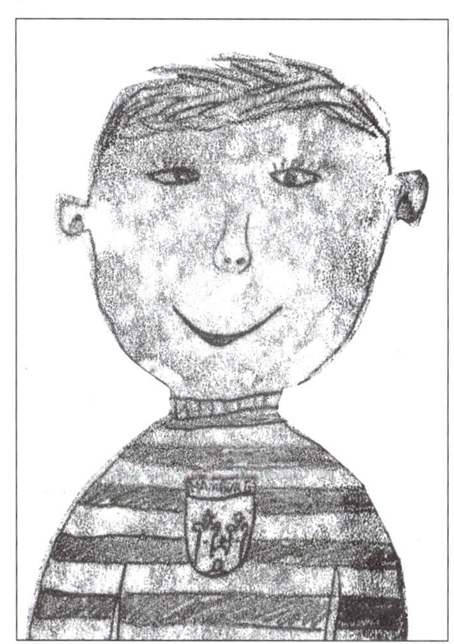

Selbstportrait (Monotypie) mit kleinen Hamburgwappen (etwa 1982)

GIBT ES EINE REIHENFOLGE BEIM ZEICHNEN?
HOCHFORMAT ODER QUERFORMAT?

WIE FANGE ICH EINE ZEICHNUNG AN?

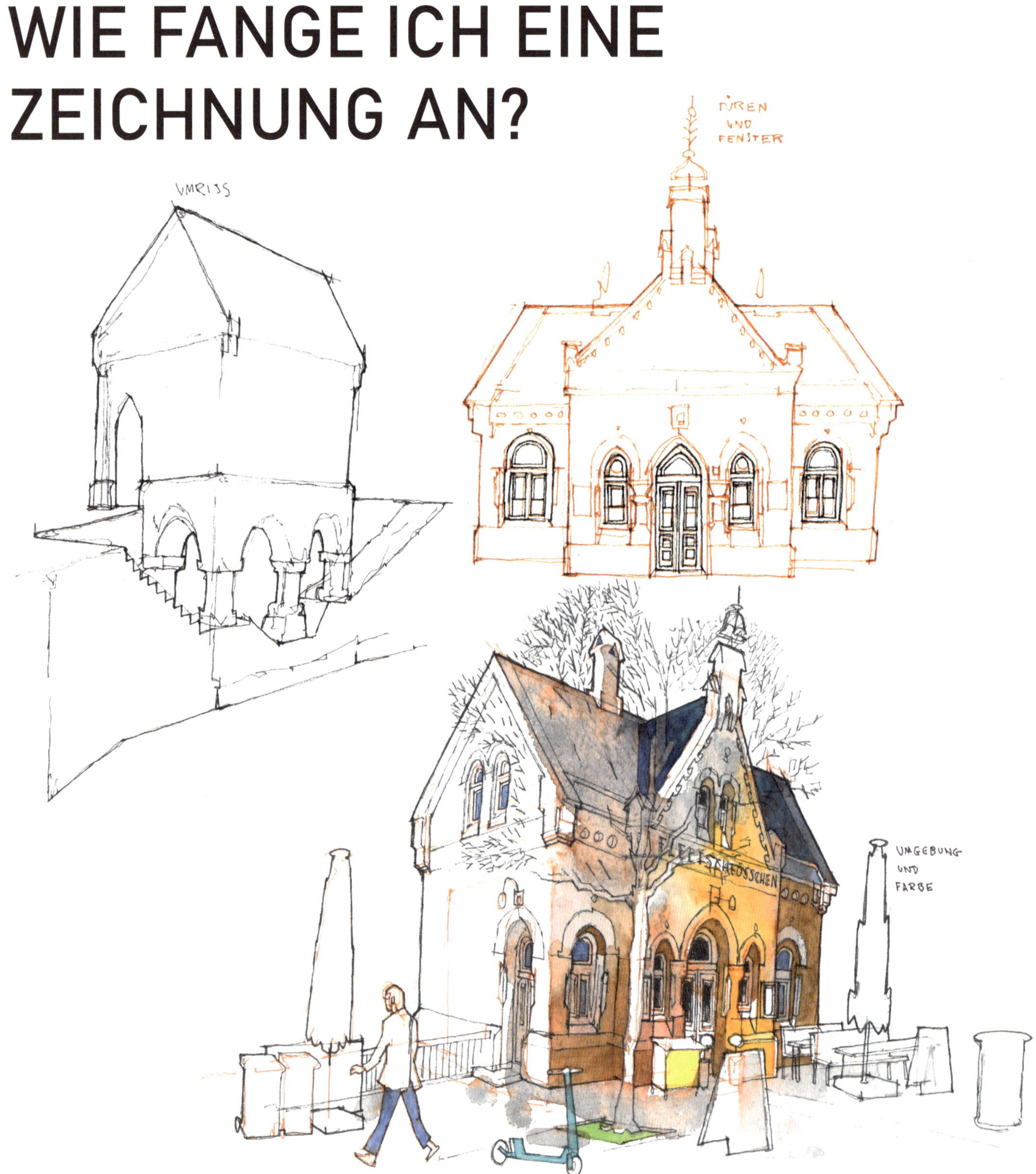

„Das - ist - das - Haus - vom - Ni-ko-laus.“ [23]
(Kinderreim)

Eine Reihenfolge hilft mir beim Zeichnen, ruhig Blut zu bewahren. Sie müssen sich eine aufwendige Zeichnung wie einen Umzug vorstellen. Es gibt wahnsinnig viel zu tun. Besser man hat eine To-Do-Liste bei der nur noch die einzelnen Punkte abgearbeitet werden müssen. Das Motiv bestimmt das Format. Grob verallgemeinert würde ich für Türme Hochformat und für alle anderen Motive Querformat empfehlen. Beim Urban Sketching beginne ich gerne mit der Eingangstür oder einem anderen zentralen Fixpunkt vom Gebäude. Sie liegt auf dem Horizont, also beginne ich im unteren Drittel meines Skizzenbuches. Dabei passe ich auf, dass ich nach allen Seiten genug Weißraum für mein Motiv habe. Wenn meine Tür fertig ist, arbeite ich im Uhrzeigersinn, beginnend bei der Tür nach außen, zunächst nur skizzenhaft, um so schnell wie möglich das Motiv sicher auf dem Blatt zu haben. Erst, wenn ich beim Umriss angelangt bin, kommen die Überarbeitung und die Details. Ganz am Ende folgen dann Textur und Schwarzflächen. Anfängern hingegen würde ich empfehlen, andersherum zu arbeiten. Beginnen Sie mit dem Umriss. Mit dem Umriss hat man das Gebiet für die Zeichnung schon einmal abgesteckt. Ab da kann nicht mehr viel schiefgehen. Dann arbeiten Sie von außen nach innen. Bei einem Haus wären die Seiten und das Dach der Umriss. Dann kämen Türen und Fenster. Erst dann dürfen Sie friggeln und Gardinen und Ziegelsteinmuster einzeichnen. Eventuell noch Details, die vor dem Haus stehen, wie Gartentor oder Pflanzen. Zuletzt Farbe, um zu retten. Das ist keine Schande, das mache ich auch so. ;-)

Machen Sie sich einen Plan, bevor Sie mit der Zeichnung beginnen.

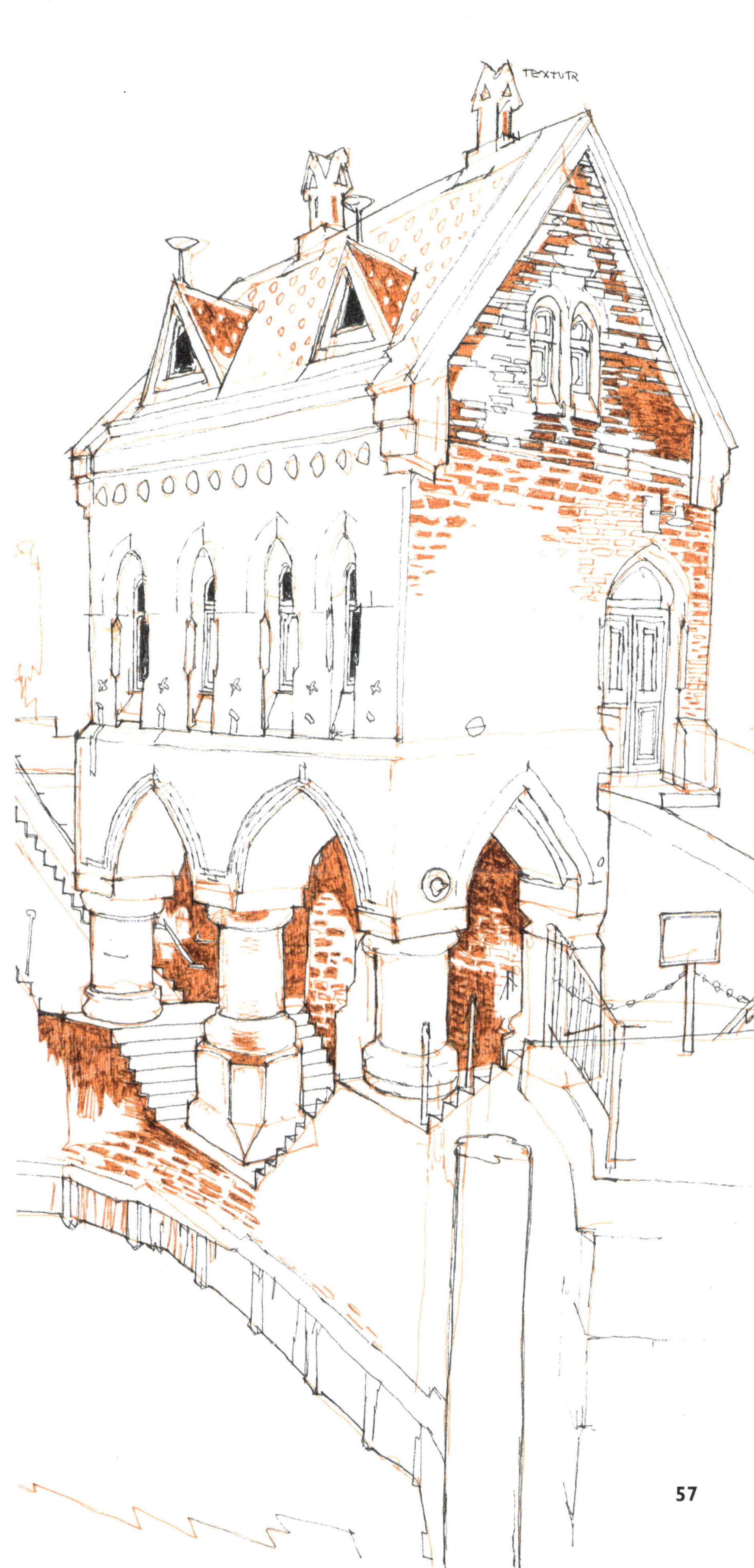

WIE WICHTIG IST PERSPEKTIVE?

„Eine Frage der Perspektive."[24] (Julian Bam)

Die Perspektive muss nicht stimmen, aber sie sollte vorhanden sein.

Die schlechte Nachricht beim Zeichnen ist, dass Sie die Perspektive brauchen. Die gute: Dazu müssen Sie nicht studiert haben.
Aufgabe 1 in meinen Workshops ist: Zeichnen Sie eine Fassade „platt von vorne" – also ohne Perspektive.
Aufgabe 2: Zeichnen Sie ein Haus mit einem Fluchtpunkt. Eigentlich beinhaltet Aufgabe 1 bereits diese Perspektive, nur verdeckt das Haus den Fluchtpunkt. Bei dieser Aufgabe soll der Punkt rechts oder links vom Motiv liegen. Mit dem Fluchtpunkt wird die Flucht des Gebäudes sichtbar.
Aufgabe 3: Zeichnen Sie ein Haus in Zweipunktperspektive. Zwei Seiten des Hauses müssen in etwa gleichen Anteilen sichtbar sein. Am liebsten lasse ich meine Teilnehmenden diese Aufgaben intuitiv machen, ohne die Erklärung, wie ein Fluchtpunkt richtig gesetzt wird. Dabei gerät die Perspektive meistens etwas flach. Kein Problem, so haben wir alle angefangen. Erst nach den drei Aufgaben erkläre ich die Logik des Fluchtpunktes und wie er richtig gesetzt wird. Man braucht aber beide Ansätze für eine gute Zeichnung, den intuitiven und den logischen. Ich kann Ihnen aber nicht im Voraus sagen, wie hoch die jeweiligen Anteile an Intuition und Logik für jedes Motiv sind. Das müssen Sie Strich für Strich selber herausfinden. Fangen Sie damit an, die Perspektive Ihres Motivs etwas zu übertreiben. Eine übertriebene Perspektive macht das Motiv dynamisch und die Komposition spannend.

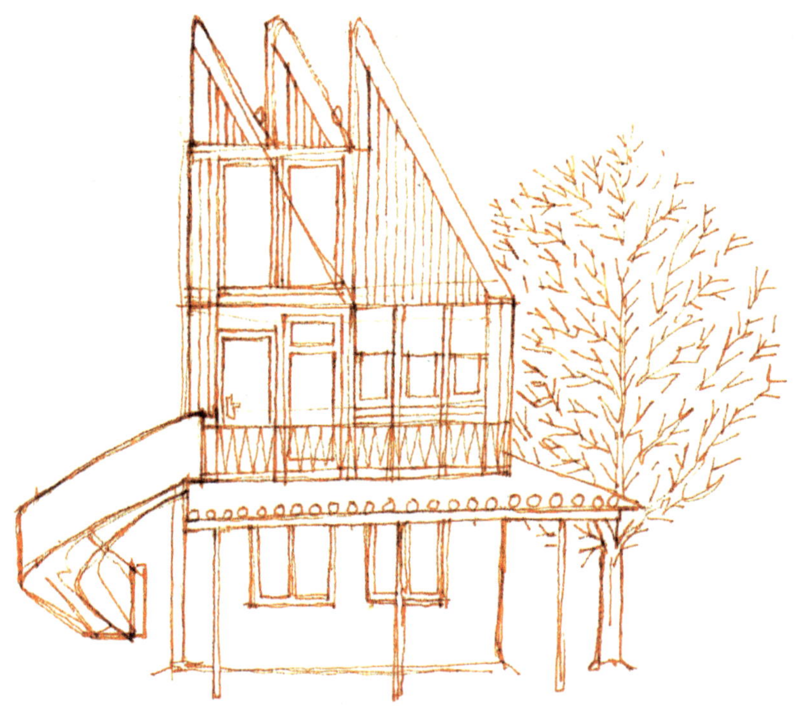

Aufgabe 1: „Fassade"

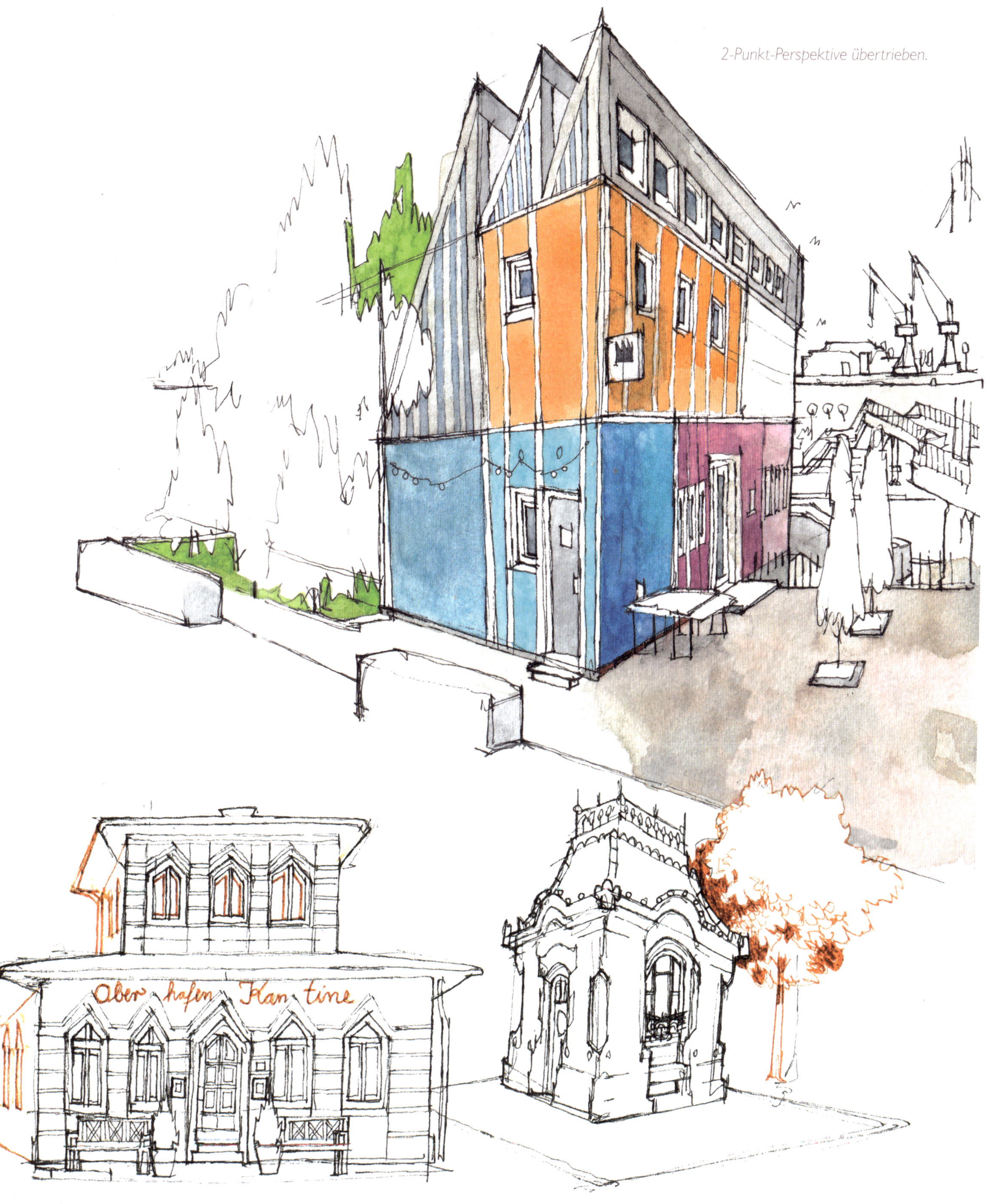

2-Punkt-Perspektive übertrieben.

Aufgabe 2: „Fassade mit einer Flucht"

Aufgabe 3: „Zwei Fluchten"

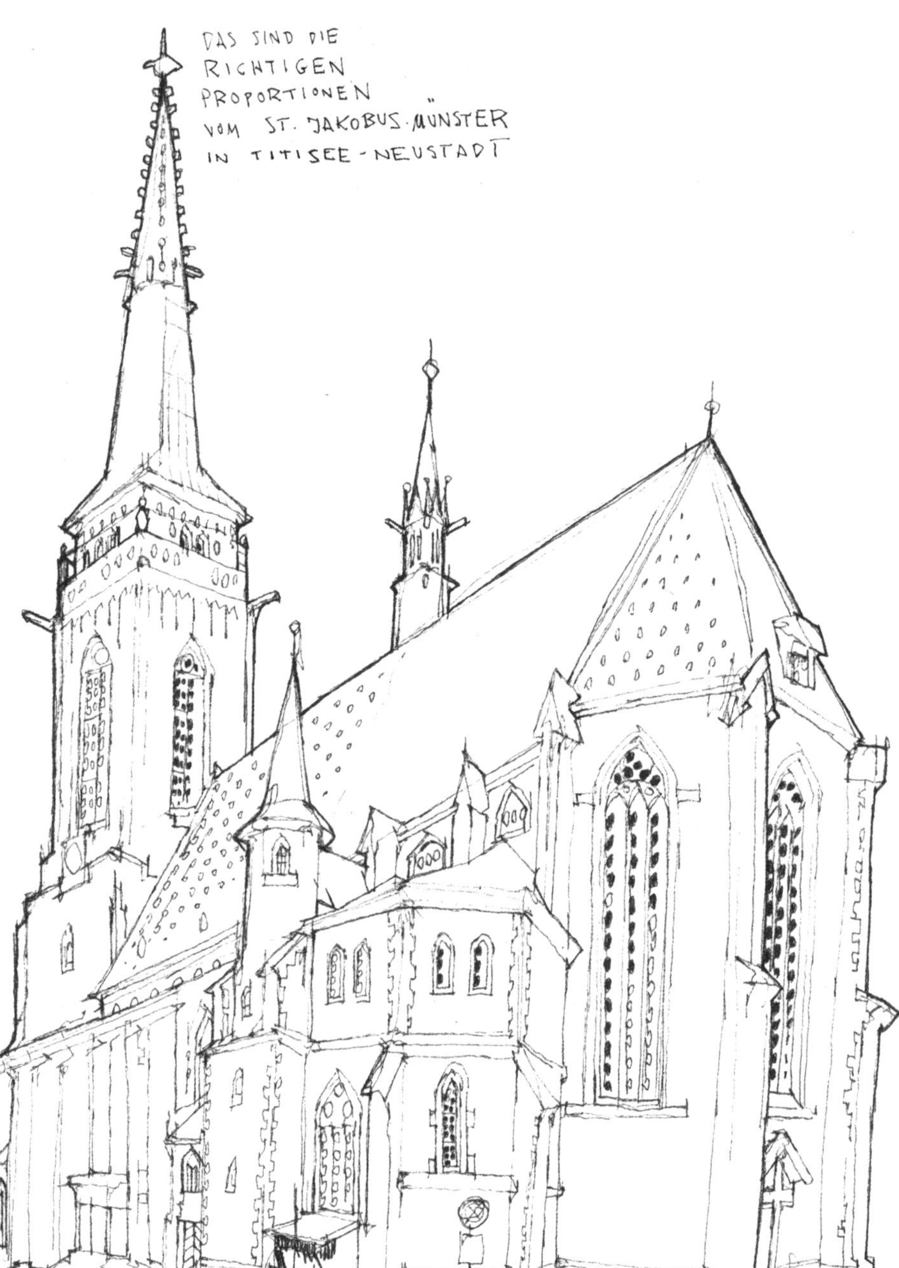

IST ES OKAY, WENN ICH DAS MOTIV VERÄNDERE?
DARF ICH DIE REALITÄT VERÄNDERN?

DARF ICH SACHEN WEGLASSEN?

„Zeichnen heißt weglassen."[25] *(Zitat)*

Jeder, der einen Baum abzeichnet, weiß, dass er nicht nur weglassen darf, sondern weglassen muss. Ich zeichne sehr gerne skizzenhaft. Das führt allerdings dazu, dass ich nie so richtig weiß, wann ich „fertig" bin. (Wahrscheinlich, wenn die Zeichnung aufhört eine Skizze zu sein.) Ansonsten mag ich den Ansatz der Lockerheit und des Weglassens sehr. Verstehen Sie mich nicht falsch, es gibt unzählige KünstlerInnen, die großartig fotorealistisch zeichnen oder malen können. Das ist eine beeindruckende Leistung von talentierten und disziplinierten Künstlern. Aber in meinen Augen könnte ich dann auch gleich ein Foto vom Motiv machen.
Zurück zur Frage:
Mir ist es sehr wichtig, dass mein Motiv ganz auf das Blatt passt. Wenn es absehbar wird, dass der Platz knapp wird, neige ich zur Grobheit: Dann ändere ich Motive durch Verfälschung der Proportionen oder durch Weglassen. Ich „quetsche" geradezu Motive auf mein Blatt oder lasse ganze Stockwerke weg, um Platz zu sparen. Türme lasse ich gerne aus dem Motiv herausragen, weiß doch jeder, wie so eine Turmspitze aussieht! Notfalls lasse ich den Rest des Turms, wie durch ein Portal, an anderer Stelle wieder ins Blatt hereinragen.
Sie werden sich wundern, wie viel Sie vom Eiffelturm weglassen dürfen, ohne dass die Identität des Turmes in Frage gestellt wird. Der Umriss ist das Wichtigste bei einem Turm. Aber es muss nicht jede Querstrebe mitgezeichnet werden. Unterschlagen Sie einige der teuren Fenster von der Elbphilharmonie! Aber bitte nicht Geizen bei den Stacheln auf dem Dach. Die gehören zum Umriss und sind wichtig für die Wiedererkennbarkeit.

Beschränken Sie sich auf die maßgeblichen, für die Wiedererkennbarkeit notwendigen Elemente.

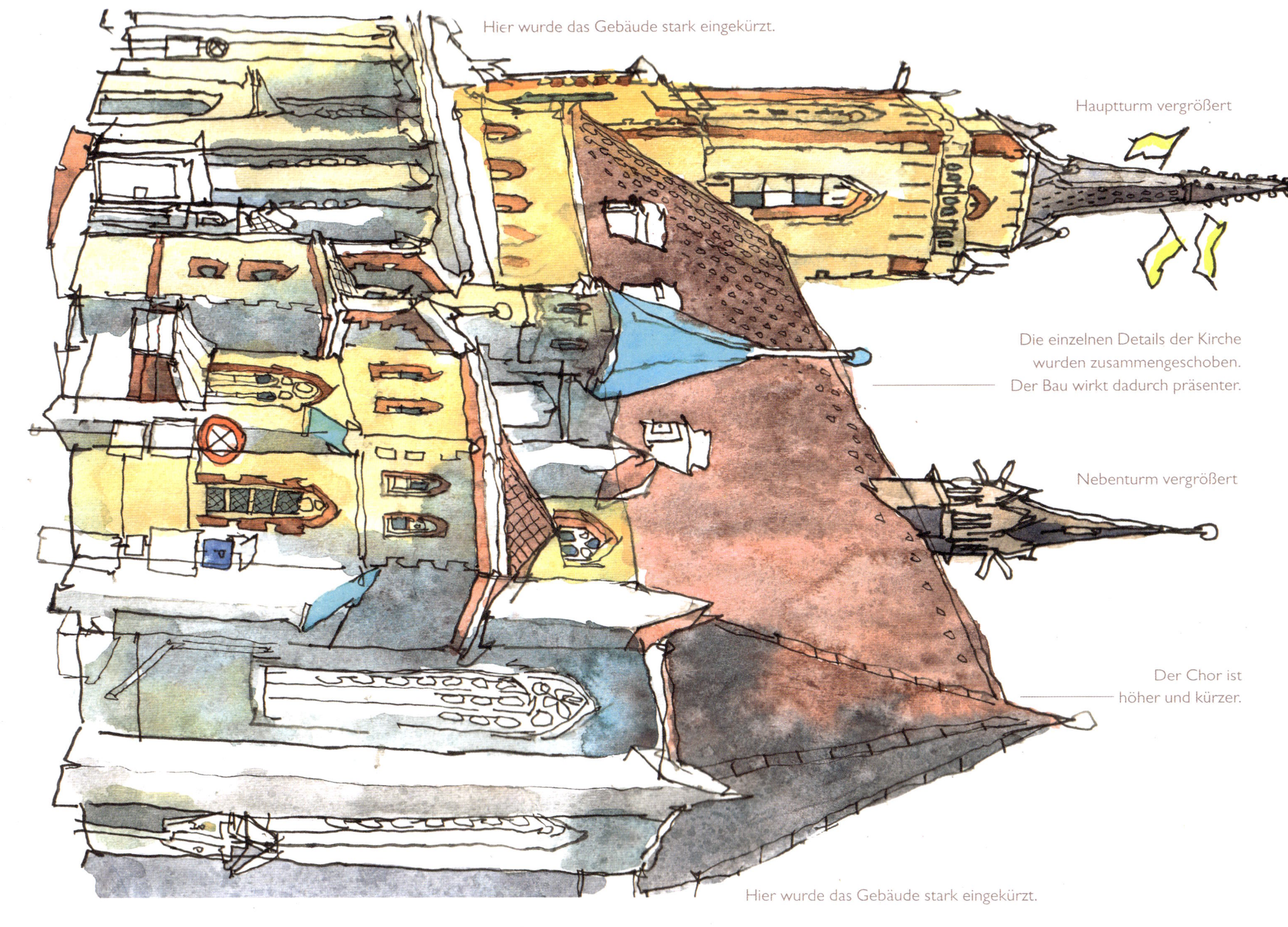
Hier wurde das Gebäude stark eingekürzt.
Hauptturm vergrößert
Die einzelnen Details der Kirche
wurden zusammengeschoben.
Der Bau wirkt dadurch präsenter.
Nebenturm vergrößert
Der Chor ist
höher und kürzer.
Hier wurde das Gebäude stark eingekürzt.

WIE ZEICHNE ICH GESICHTER?
WIE GEHT ANATOMIE?
WIE WICHTIG SIND PROPORTIONEN?

WIE ZEICHNE ICH MENSCHEN?

Passant in Altona 2021

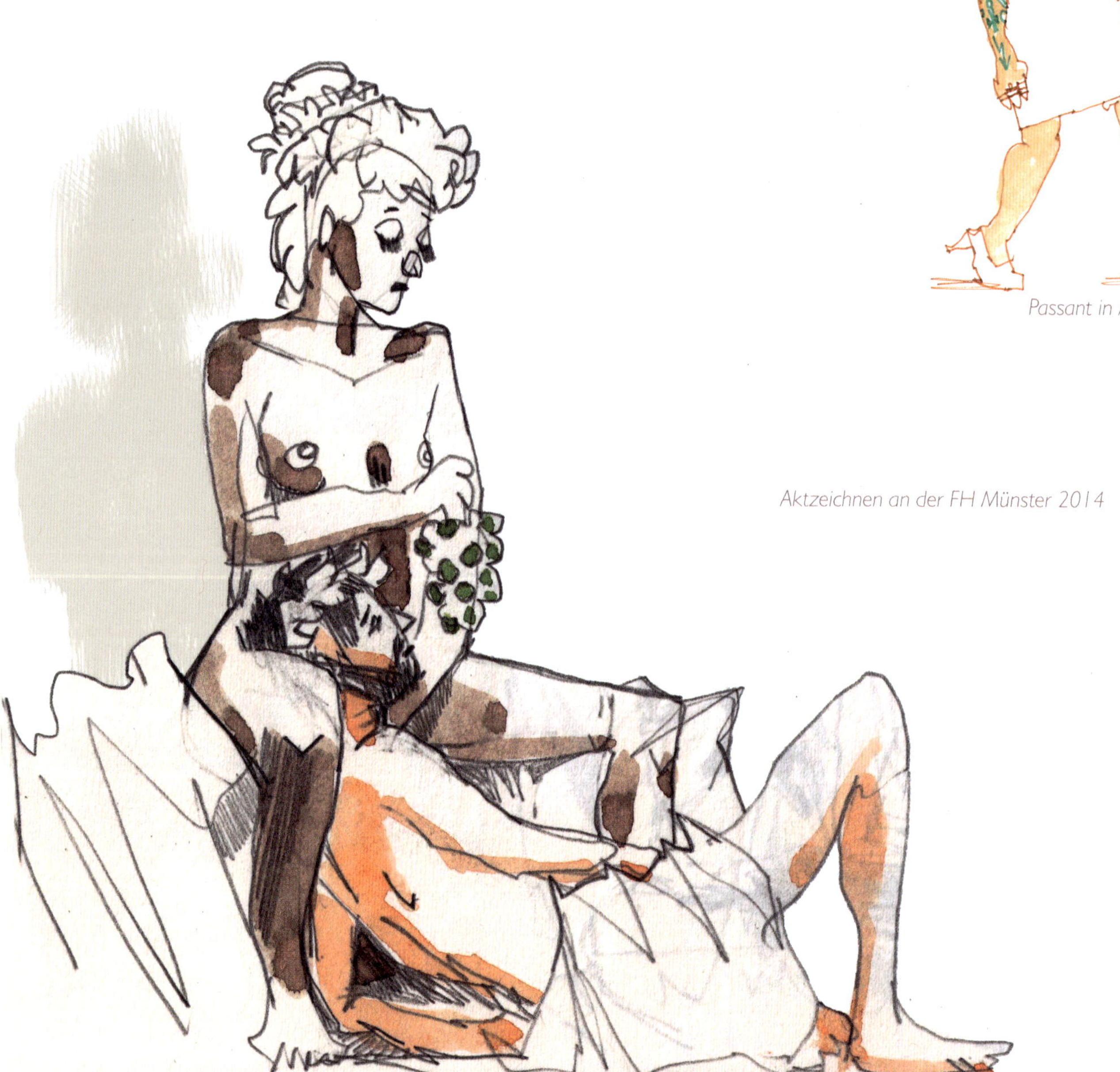

Aktzeichnen an der FH Münster 2014

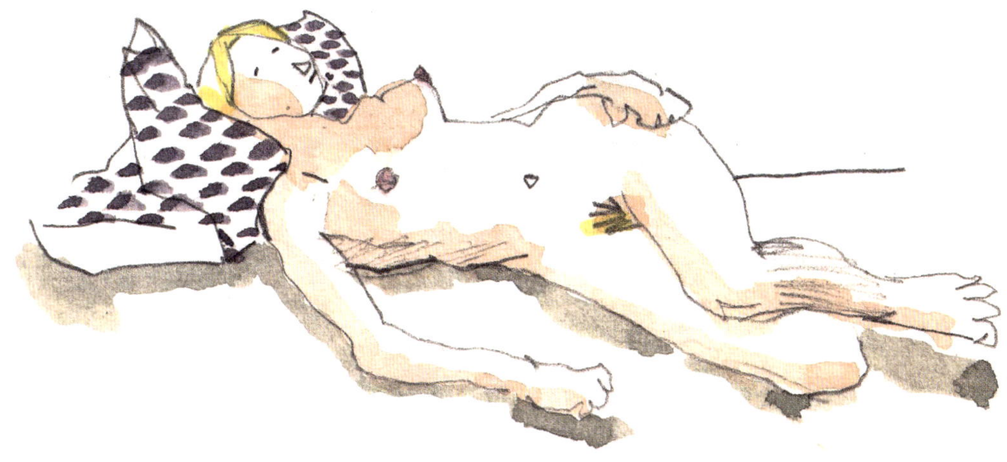

Aktzeichnen an der FH Aachen 2013

„Soll es schön oder ähnlich werden?“[26] *(Aus: „Das grosse Goofyalbum: Goofy als Leonardo da Vinci“)*

Klar, Zeichnen ist in der Regel kein Mannschaftssport. Gut für Leute, die sich gerne alleine beschäftigen. Außerdem ist das Internet voll von Fotos, die Sie abzeichnen können. Aber ich würde Ihnen gerne das Lernen so unterhaltsam wie möglich machen. Und wenn ich unterhaltsam meine, dann meine ich vor allem gesellig. Sie müssen „an den Menschen“ gehen. Also Freiwillige vor! Auf einigen Comicfestivals steht ein besonderer Passbildautomat. Nur, dass der Automat statt Fotos Zeichnungen auswirft. Der Mensch, der sich auf den Drehhocker setzt, bekommt ein gezeichnetes Konterfei von sich, ohne dass der Passant den Zeichner sehen kann. Das wird so gemacht, um einer eventuellen Schüchternheit des Gezeichneten ein Schnippchen zu schlagen. Wenn Sie nicht über so einen Automaten verfügen, beginnen Sie mit einem Selbstportrait. Es kostet etwas Mühe, sein Spiegelbild im Blick zu behalten und gleichzeitig die Zeichnung auf dem Papier zu machen. Aber mit etwas Übung sollte es klappen.
Für das nächste Level laden Sie sich FreundInnen ein. Rechnen Sie damit, dass die Aktion etwas ins Alberne abgleitet... Dafür werden Ihre FreundInnen eventuelle Schwächen in Ihren Portraits freundlich behandeln.
Versuchen Sie sich an den Gästen als Zeichner. Nicht nur mit Portraits, versuchen Sie auch die Leute in ganzen Posen aufs Papier zu bekommen. Im Sitzen, im Stehen, mit einer Zeitung in der Hand oder genervt auf das Handy nach

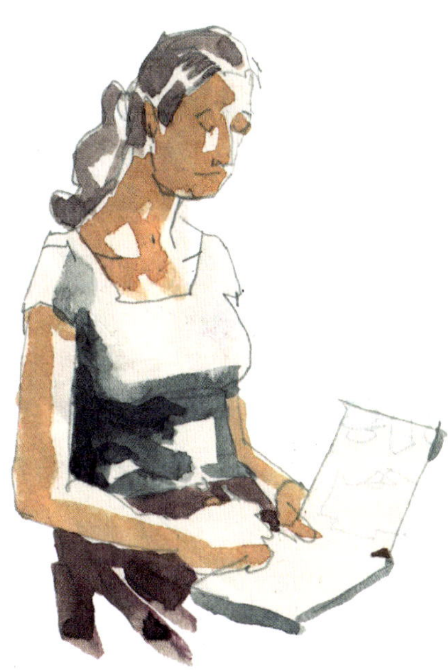

Kommilitonin an der FH Münster

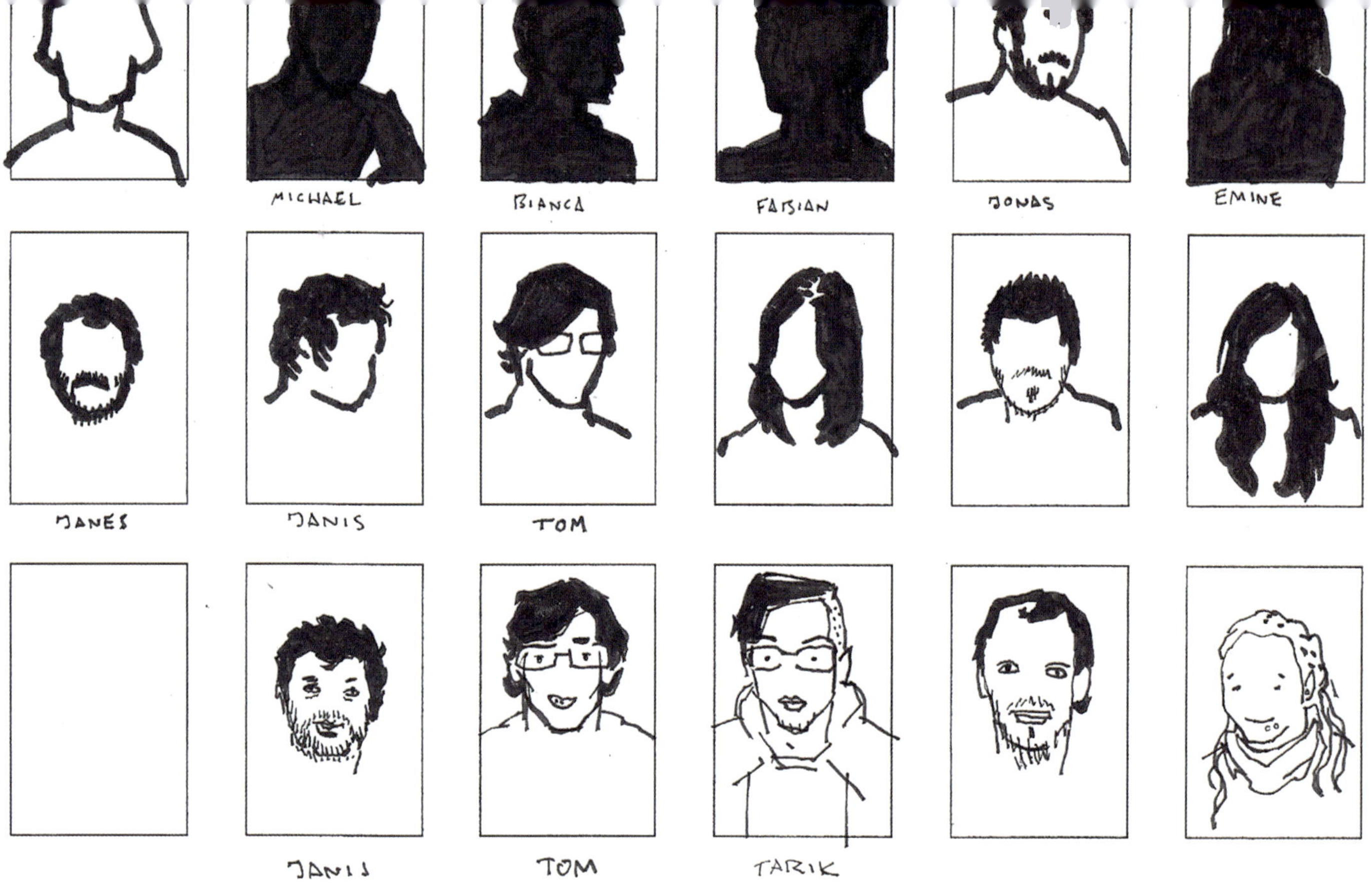

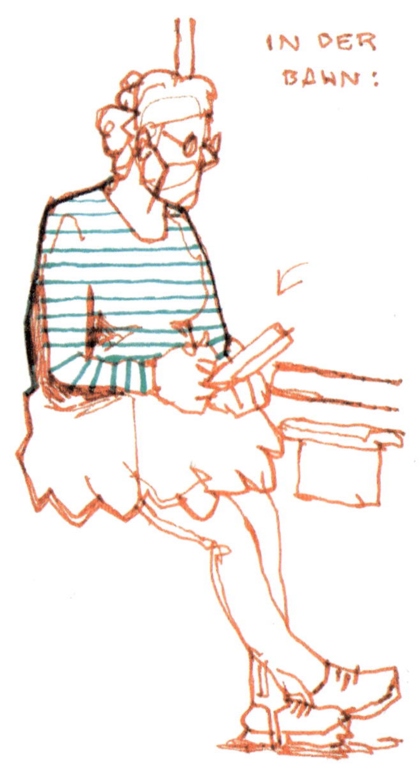

der Uhrzeit schauend. Nehmen Sie für den nächsten Schritt Ihr Skizzenbuch nach draußen mit. Passen Sie den richtigen Ort und Augenblick ab, um als nächstes Level einen fremden Menschen zu zeichnen. Im Café, im Park, überall wo Leute hoffentlich lange genug verweilen, bis Sie einen von ihnen skizziert haben. Sie können den Fremden vorher fragen, bevor Sie ihn zeichnen. Umso weiter Ihr Model von Ihnen entfernt ist, umso mehr würde ich auf diesen Aufwand verzichten. Keine Sorge, bisher habe ich wegen des Zeichnens in der Öffentlichkeit noch keinen Ärger bekommen.

Halten Sie sich im Hintergrund, verhalten Sie sich unauffällig. Dann stören Sie niemanden und werden auch nicht gestört.

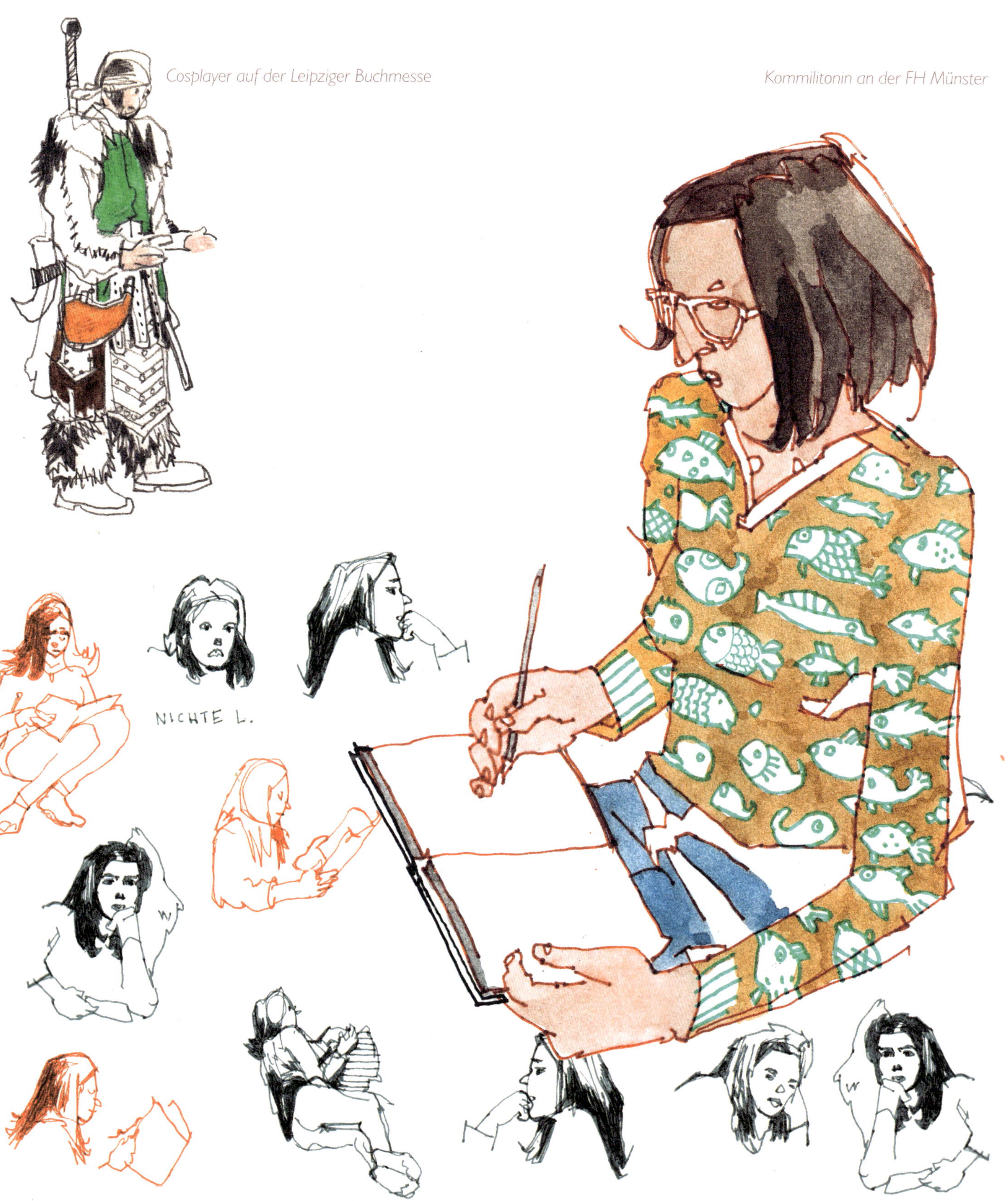

Cosplayer auf der Leipziger Buchmesse

Kommilitonin an der FH Münster

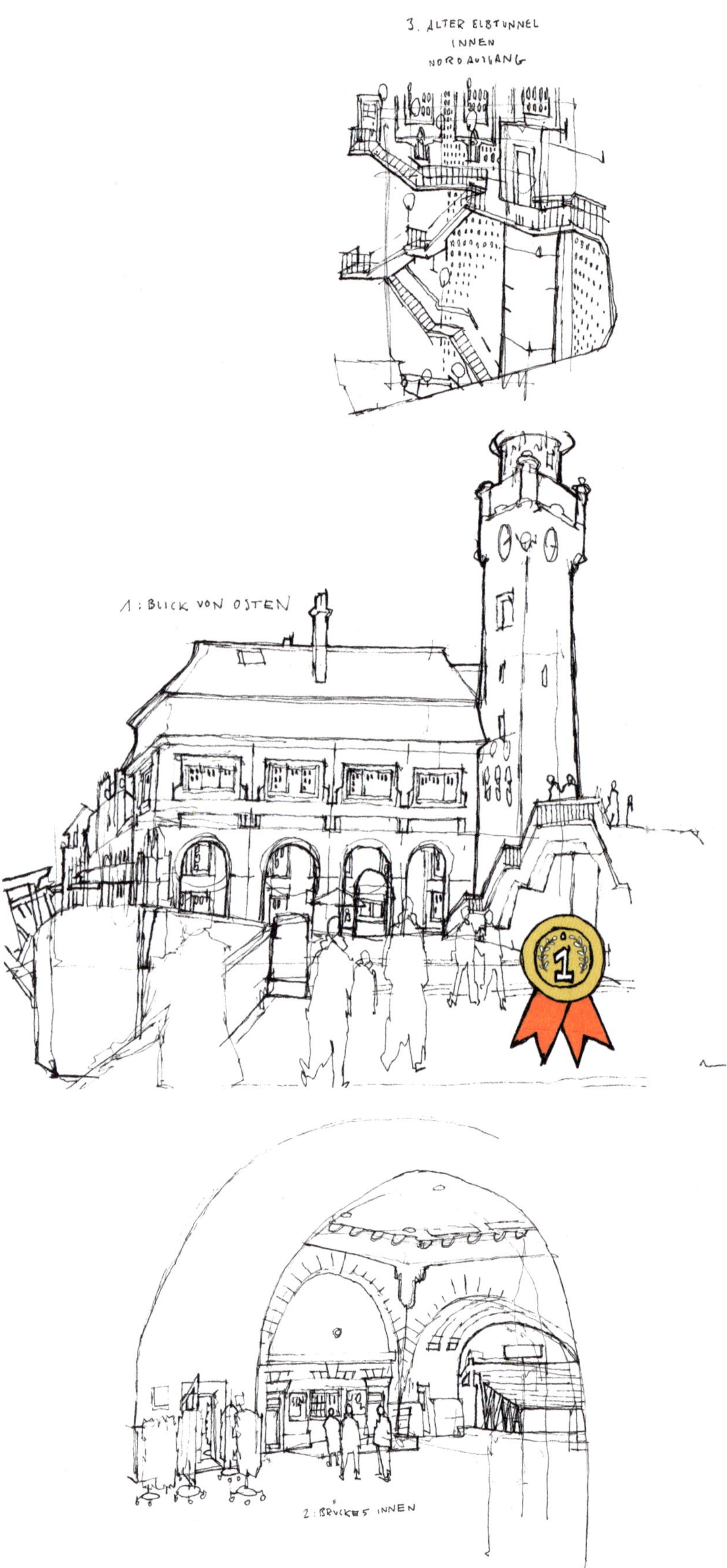

„Was nicht passt, wird passend gemacht.“[27] *(Zitat)*

Wenn die einzelnen Elemente im Bild im richtigen Maß zueinander angeordnet sind, macht es das Zeichnen nicht nur einfacher, man sieht auch leichter über zeichnerische Mängel hinweg. Doch wie komponiere ich mein Motiv richtig? Ein Maß an Harmonie besitzt jeder Mensch. Dazu brauchen Sie weder YouTube-Tutorials noch ein Studium. So gesehen wissen Sie längst wie eine gute Komposition aussieht. Sie sehen sie im Etikett einer Weinflasche, im Cover einer Zeitschrift oder in einem Plakat zu einem Kinofilm. Designer auf der ganzen Welt appellieren an das eigene Augenmaß und gestalten ihre Produkte und Kampagnen dementsprechend. Doch eine gelungene Komposition zu erkennen, ist eine Sache, sie selber zu gestalten, eine ganz andere. Fangen Sie das Thema Komposition klein an. Machen Sie drei unterschiedliche Kompositionen, aber als Miniatur. Zum Beispiel von einer Kirche oder einer ähnlichen Sehenswürdigkeit. Gestalten Sie die drei Kompositionen so unterschiedlich wie möglich. Lassen Sie sich Zeit, um sich für die interessanteste Komposition zu entscheiden. Denken Sie bei der Entscheidung nur daran, bei welcher Komposition das Motiv am besten zur Geltung kommt. Dann zeichnen Sie die beste Miniatur nochmal so groß wie es Ihr Skizzenbuch gerade zulässt.

Zeichnen Sie mehrere Komponenten auf das Blatt und spielen damit.

WIE KOMPONIERE ICH EIN BILD?
WAS MACHT EINE KOMPOSITION INTERESSANT?

WIE MACHE ICH EINE GUTE KOMPOSITION?

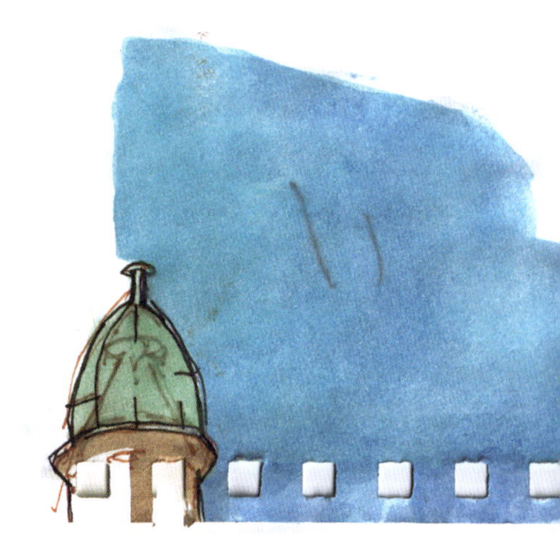

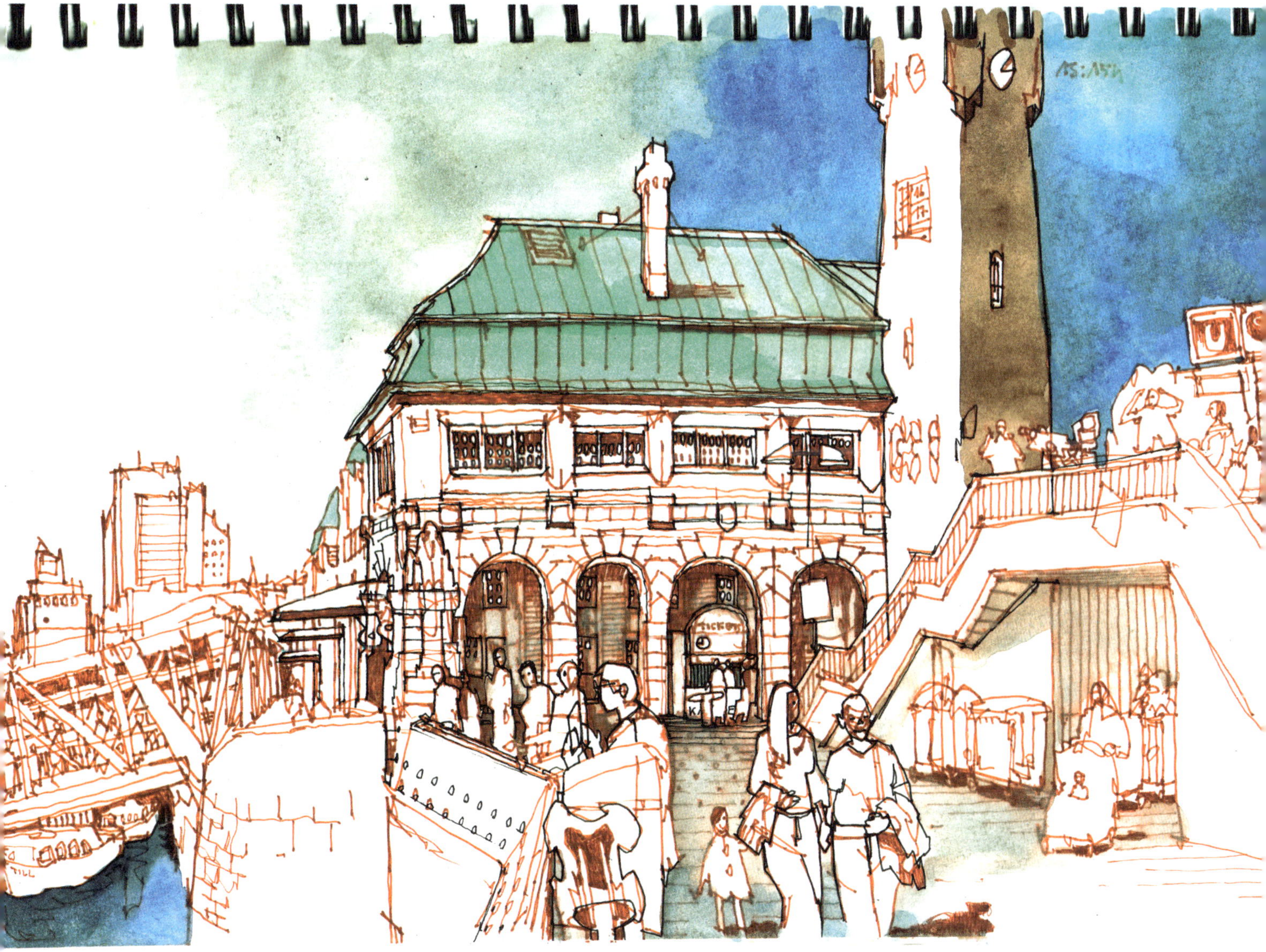

Harrys Hamburger Hafenbasar & Museum
(2B Bleistift)

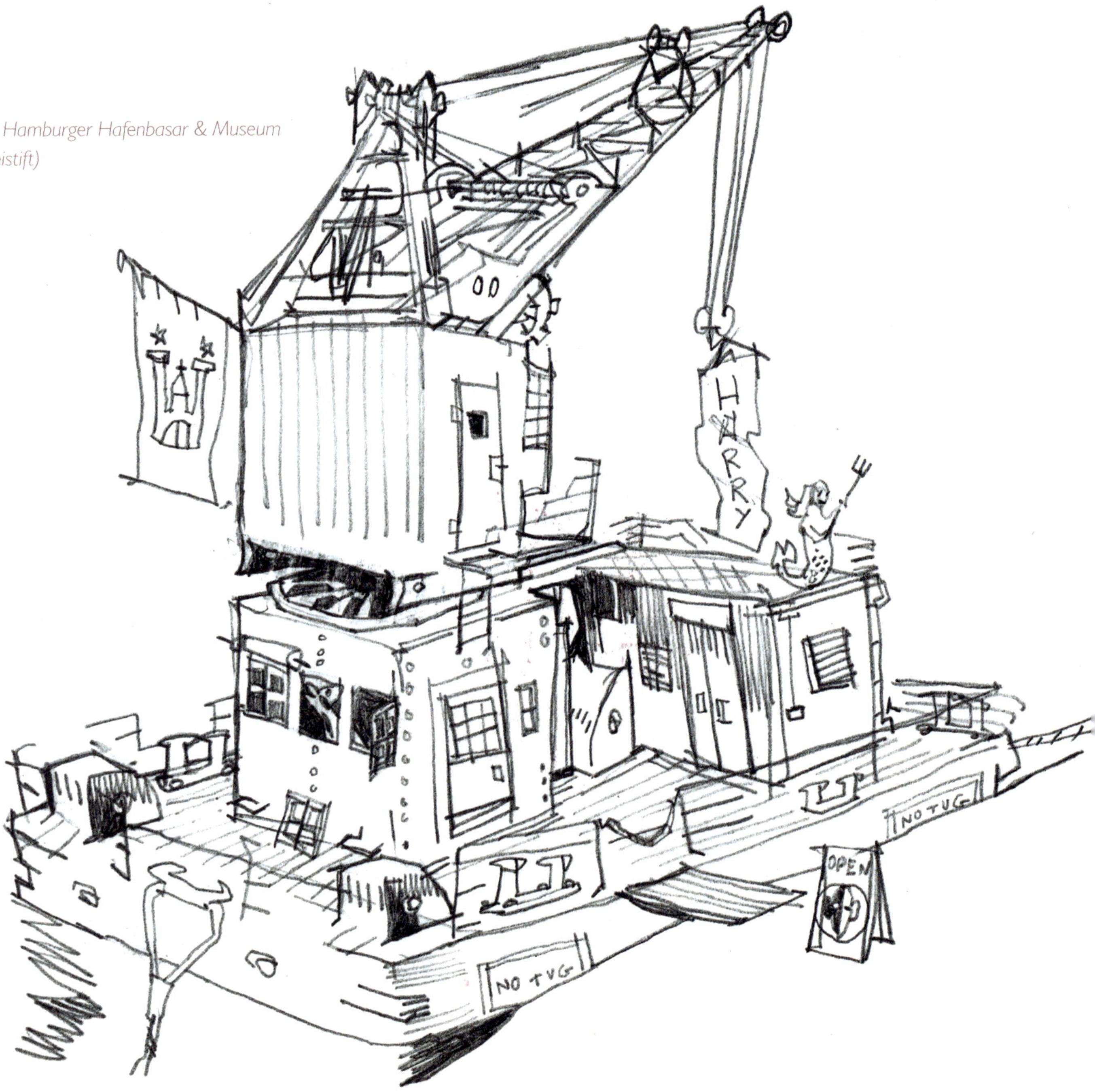

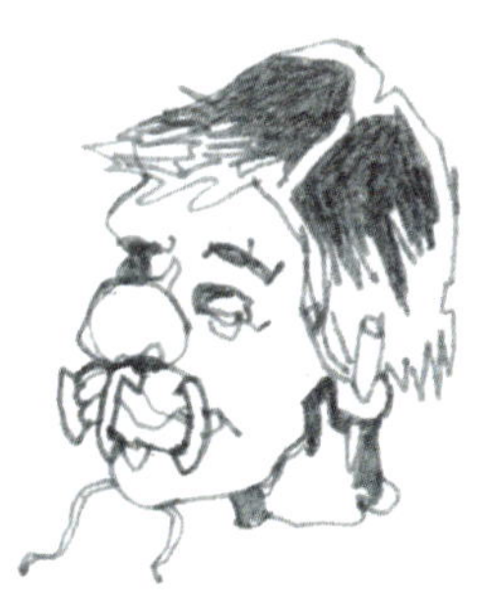

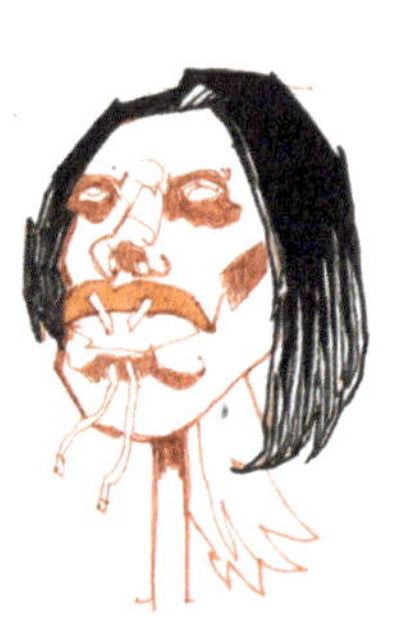

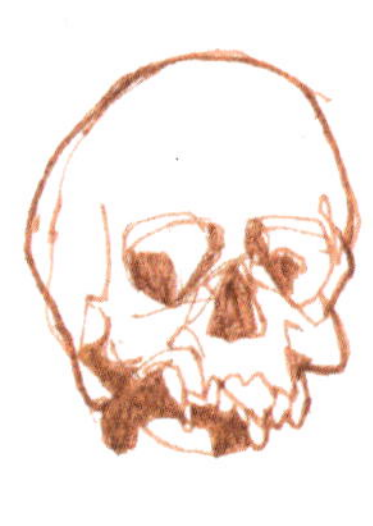

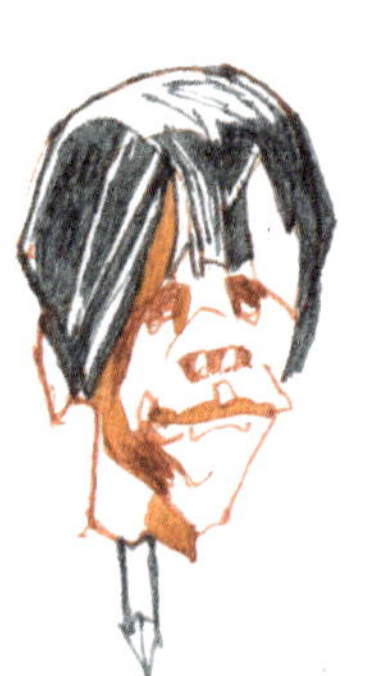

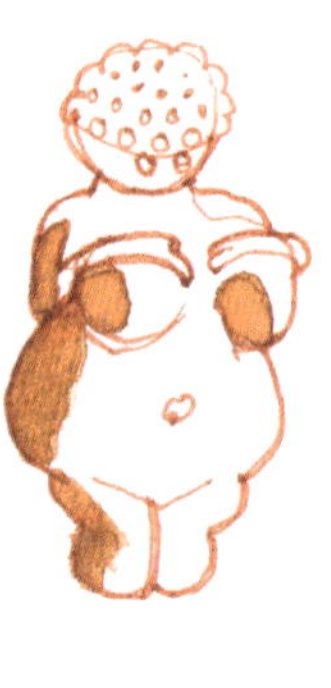

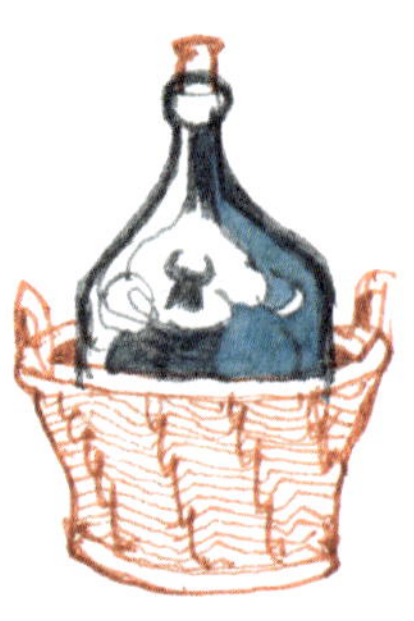

DARF ICH VORZEICHNEN?

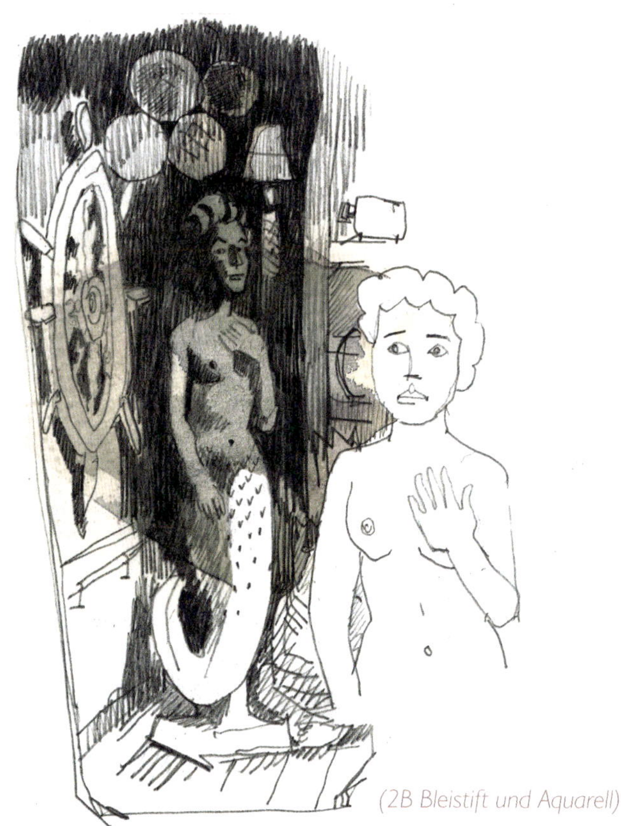

(2B Bleistift und Aquarell)

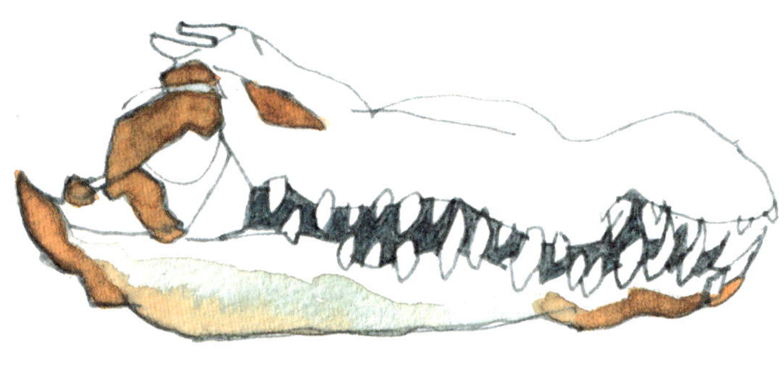

„Wer vorzeichnet, hat Angst."[28] (Wittek)

Bei Bleistiftzeichnungen kann ich radieren. Mache ich dagegen mit dem schwarzen Tuschestift einen falschen Strich, kann ich höchstens im weiteren Verlauf der Zeichnung versuchen, davon abzulenken. Tippex macht die Sache gerne noch schlimmer. Am liebsten zeichne ich gleich mit Tusche. Ich mag es, wie die fertige Zeichnung am Ende „knallt". Zeichnungen leben vom Kontrast. Tusche ist schwarz, also ein Vollton. Der schwarze Vollton hat den höchstmöglichen Kontrast zum weißen Papier. Und je stärker der Kontrast ist, desto stärker kommuniziert Ihre Zeichnung. Falls Sie nicht auf den Bleistift verzichten wollen, gibt es noch die Möglichkeit, die Bleistiftzeichnung mit einem dünnen, schwarzen Stift nachzuzeichnen (oder „tuschen", wie die ComiczeichnerInnen sagen). So wird die Bleistiftzeichnung zur Tuschezeichnung. Ohne die Nacharbeit mit Tusche ist die Zeichnung schlecht zu reproduzieren, z.B. für den Druck oder die Sozialen Medien. Beim Aquarellieren ersäuft der Bleistiftstrich schnell und die Zeichnung ist kaum noch durch die Wasserfarbe zu sehen. Falls Sie mit dem Tuschestift überhaupt nicht warm werden, nehmen Sie stattdessen einen sehr weichen Bleistift (4B bis 6B). Mit ein wenig Übung bekommt die Zeichnung den gleichen Tonwert wie eine Tuschezeichnung. Zeichnen heißt Entscheidungen treffen. Nach meiner Erfahrung ist der erste Anlauf bei einem neuen Motiv immer der dynamischste. Dagegen ist es sehr schwierig, eine dynamische Bleistiftzeichnung mit demselben Schwung zu tuschen. Im Workshop empfehle ich immer, gleich mit Schwarz zu beginnen. Das macht Spaß und übt den Umgang, mit einem Vollton zu arbeiten. Wenn die Zeichnung nichts wird, na und? Dann eben auf ein Neues!

Zeichnen Sie ruhig mit Bleistift vor! Irgendwann werden Sie die Vorzeichnung von alleine weglassen.

SIEHT MAN ES, WENN ICH VOM FOTO ABGEZEICHNET HABE?
KANN MAN VORLAGEN NUTZEN?
MUSS ICH DRAUßEN ZEICHNEN?

IST VOM FOTO ABZEICHNEN ERLAUBT?

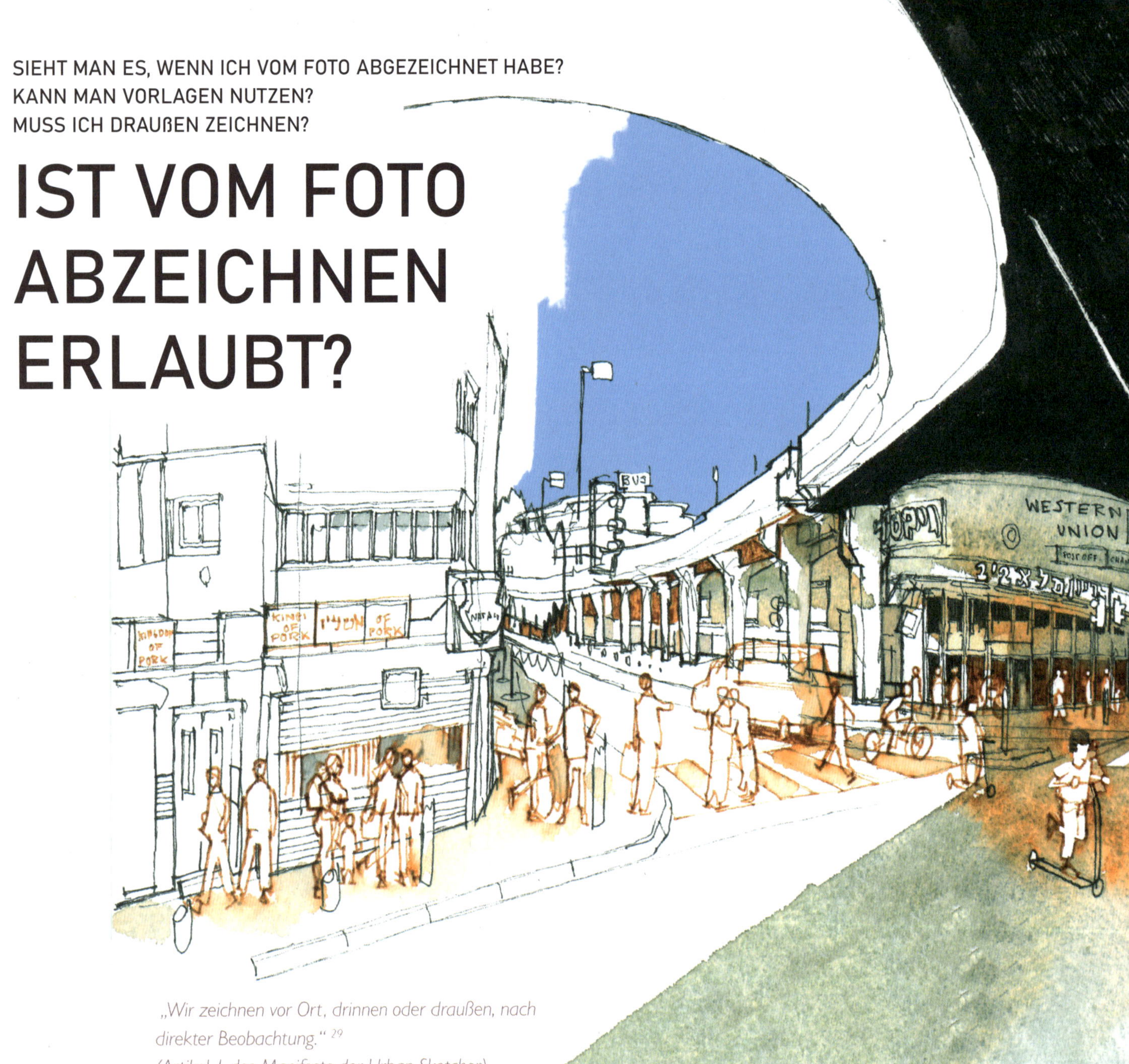

„Wir zeichnen vor Ort, drinnen oder draußen, nach direkter Beobachtung.“ [29]
(Artikel 1 des Manifests der Urban Sketcher)

Zugegeben, draußen zu zeichnen hat seine Macken. Ich muss im Stehen zeichnen, bin der Witterung ausgesetzt und vielleicht werde ich verscheucht, weil sich jemand an meiner Anwesenheit stört. Es ist viel einfacher, das Motiv eben kurz mit dem Handy festzuhalten und zuhause das Bild bequem vom Bildschirm abzuzeichnen. Oder ich mache nur die Zeichnung vor Ort und füge die Farbe später am Schreibtisch hinzu. Ich unterstütze jede dieser Arbeitsweisen. Häufig zeichne ich private Wohnhäuser nach Auftrag. Das Budget für diese Jobs ist begrenzt. Zum jeweiligen Haus zum Zeichen hinzufahren, ist nicht immer möglich. Dann lasse ich mir vom Auftraggeber ein Foto schicken. Für einen Verlag sollte ich einmal die Grenzumrisse von allen EU-Staaten zeichnen: Länder ausgedruckt, Lichttisch an, Blatt drauf und durchgepaust. ZeichnerInnen wissen sich zu helfen und es ist gut und richtig, sich die Arbeit leicht zu machen. Dass Sie mich nicht falsch verstehen: Auch als Illustrator fahre ich zu Motiven, um sie dann zu zeichen. Doch der Alltag zwingt mich manchmal dazu, das

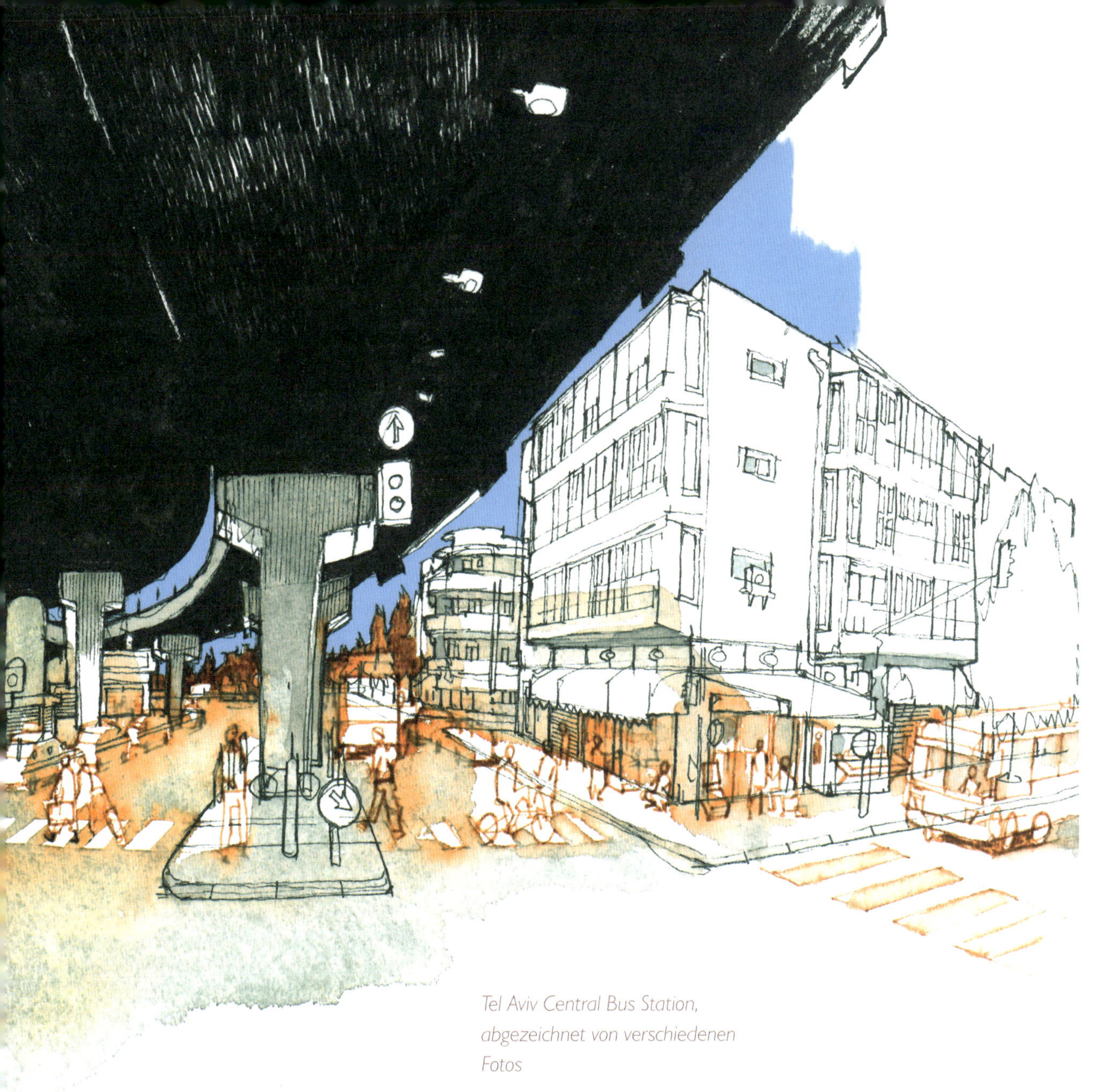

Tel Aviv Central Bus Station, abgezeichnet von verschiedenen Fotos

Manifest der Urban Sketcher außen vor zu lassen. Ein Manifest ist übrigens nur eine öffentliche Erklärung von Zielen und Absichten und kein Gesetzestext. Zurück zum Thema: Ich mag es, zu einem Motiv hinzufahren und es zu Fuß zu erkunden. Dann gehe ich um das Motiv spazieren und studiere dabei Komposition, Perspektive und Licht. Während des Zeichnens kann ich mein kompositorisches Konzept ändern und es spontan in eine ganz andere Richtung laufen lassen. Bei Lost Places klettere ich vielleicht sogar über einen Zaun oder schaue mal, ob eine Tür offen ist (logisch: Vorher fragen!)... Regen stört mich nicht und verscheucht wurde ich bisher noch nie. Außerdem nervt mich das Hin- und Herklicken zwischen den Bildern zuhause auf dem Desktop.

Fotos und andere Vorlagen sind okay. Wenn Sie aber die Tiefe eines Motivs voll ausloten wollen, zeichnen Sie so viel vor Ort wie möglich.

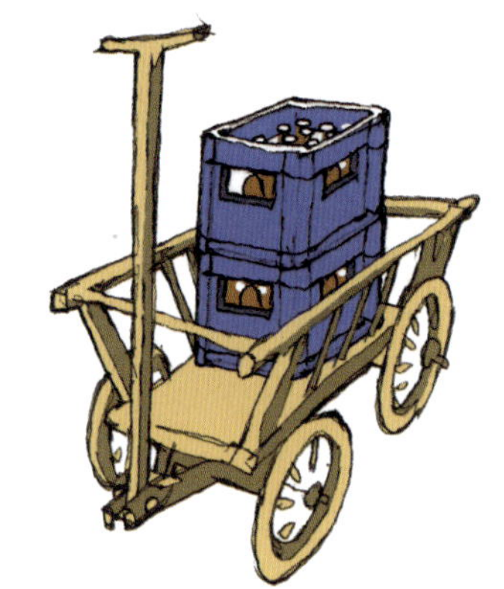

WARUM SIEHT MEINE ZEICHNUNG LEBLOS AUS?
WIE ZEICHNE ICH MIT MEHR SORGLOSIGKEIT?

WIE ZEICHNE ICH LOCKERER?

„Mit der Sprechstimme kannst Du nicht Singen" [30]
(Zitat aus irgendeiner Castingshow)

Vielleicht erinnern Sie sich noch an Ihre Grundschulzeit und daran, als Sie das erste Mal Ihr Schreibheft mit Buchstaben gefüllt haben. Eine Aufgabe, die viel Konzentration und Sorgfalt erfordert hat. Denn diese winzigen Buchstaben müssen immer gleich aussehen und dabei auch einzeln lesbar sein. Das ist der Sinn von Buchstaben und Schriftsprache. Als ich mit dem Zeichnen begann, war ich immer noch in diesem Modus, mit dem ich Schreibschrift gelernt habe. Ich übertrug die Kontrolle vom Schreiben auf meine Strichführung beim Zeichnen. Doch Zeichnungen funktionieren anders als Schriftsprache. Hier zählt das Gesamtbild und nicht jeder einzelne Strich. Ich machte jeden Strich so grafisch wie möglich, dadurch wirkten meine Zeichnungen sehr steif. Ich wurde zum Mann, der Menschen zeichnete, „als hätten sie Besenstiele verschluckt" wie der Rezensent Joachim Guhde schrieb.[31] Es musste etwas passieren. Doch je verbissener meine Versuche waren, lockerer zu werden, desto weniger erfolgreich war ich damit. Der Zufall sollte mir helfen. Mitte der 90er hatte ich angefangen, Reiseskizzen in Blankbooks zu machen. Mein erstes Skizzenbuch war ursprünglich ein leeres Poesiealbum, in dem ich Notfallkontakte für meine Interrailreise notiert hatte. Dann ergab es sich, dass ich unterwegs Lust bekam meine Eindrücke zeichnerisch festzuhalten. Irgendwie schaffte ich es dabei, meinem Zwang zum Grafischen ein Schnippchen zu schlagen und begann, die anfängliche Steifheit abzulegen. Es hilft, die Kunst oder das Handwerk nicht so ernst zu nehmen und als das zu sehen, was es ist: ein Mittel zur Kommunikation und Dokumentation. Warum nicht eine To-Do-Liste skizzieren, statt sie zu schreiben? Einen Einkaufszettel oder ein Memo? Mit der Zeit nutzte sich die Ehrfurcht vor dem Zeichnen so ab wie zuvor die Ehrfurcht vor dem Schreiben.

Ein Skizzenbuch zu führen hilft Ihnen, lockerer zu zeichnen.

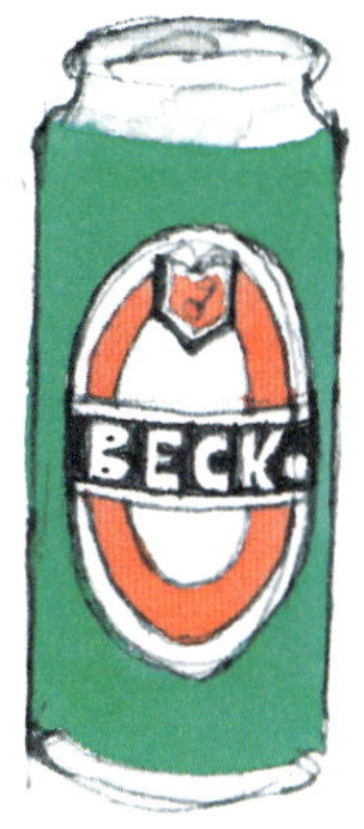

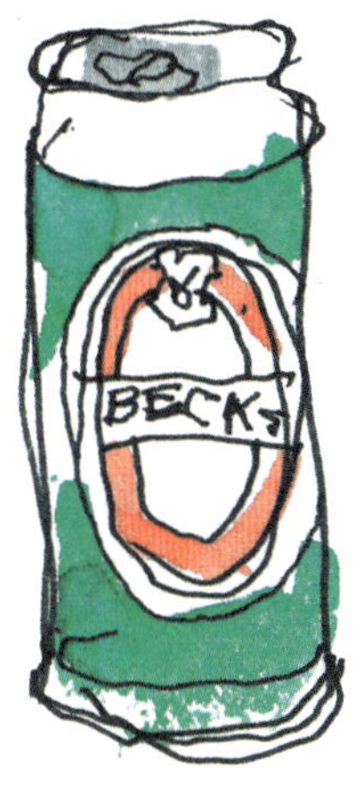

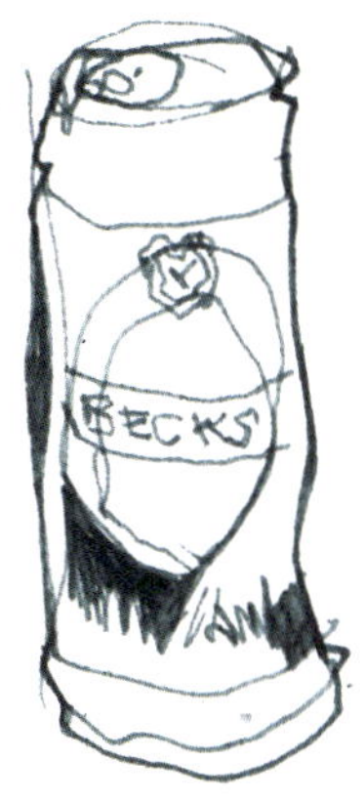

DICKERE AUSSEN-LINIE

&

DIE SCHWARZ-FLÄCHEN STÜTZEN DIE ZEICHNUNG

ZU LOCKER

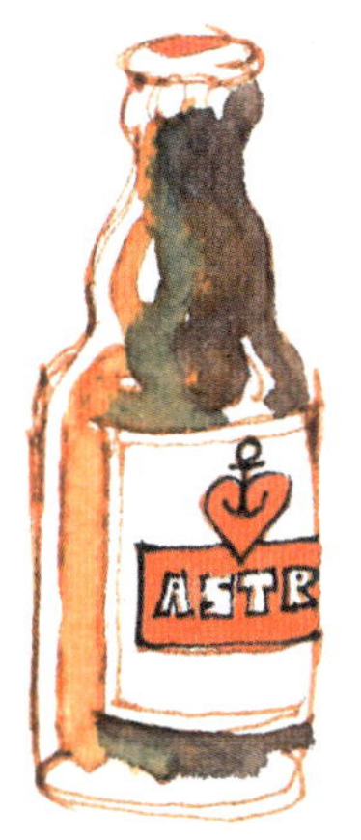

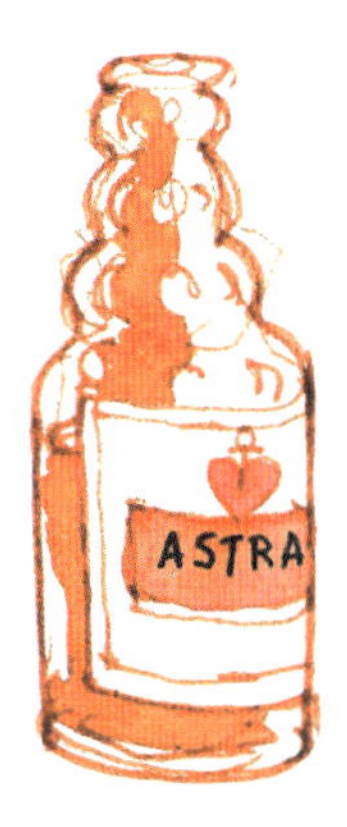

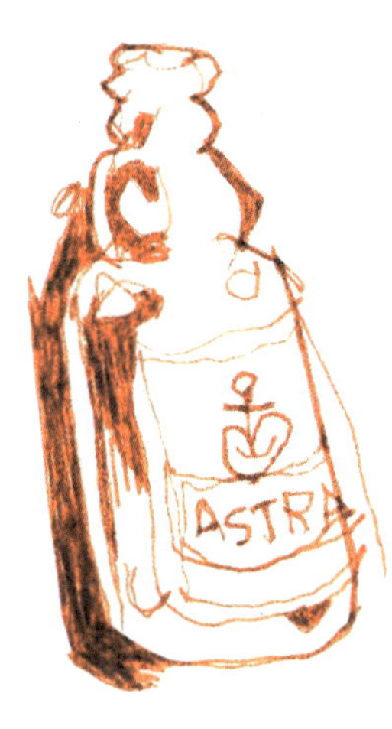

← BETRUNKEN GEZEICHNET

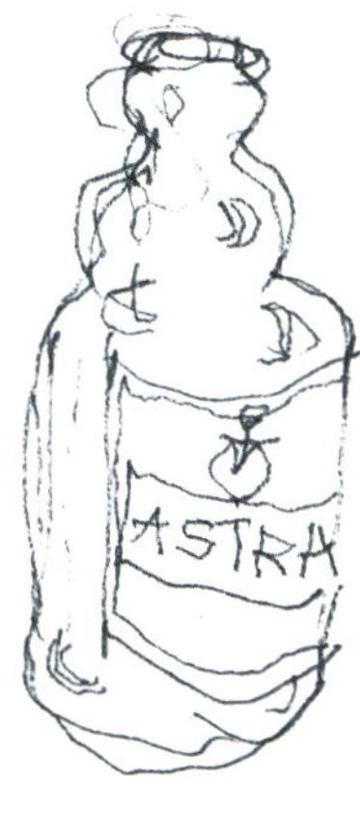

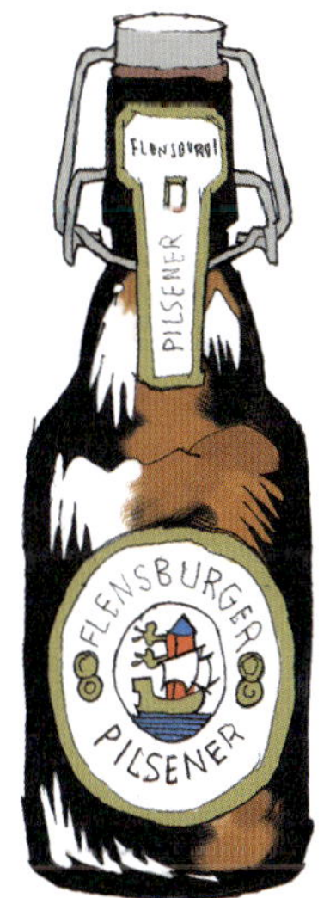

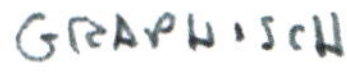

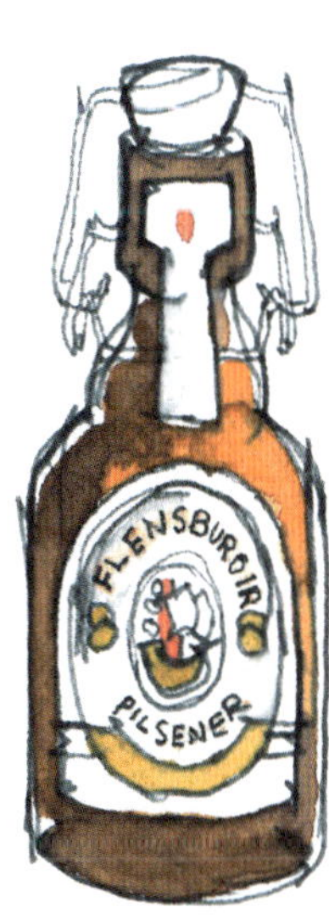

LOCKER

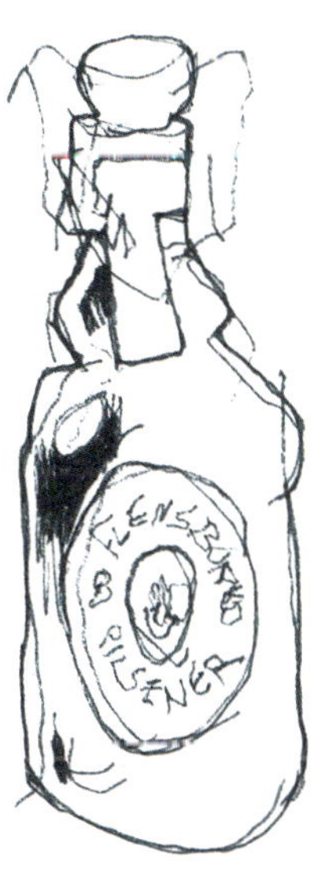

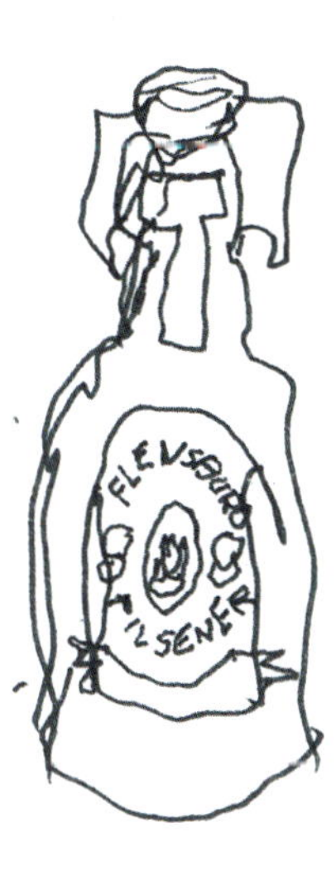

ZU LOCKER

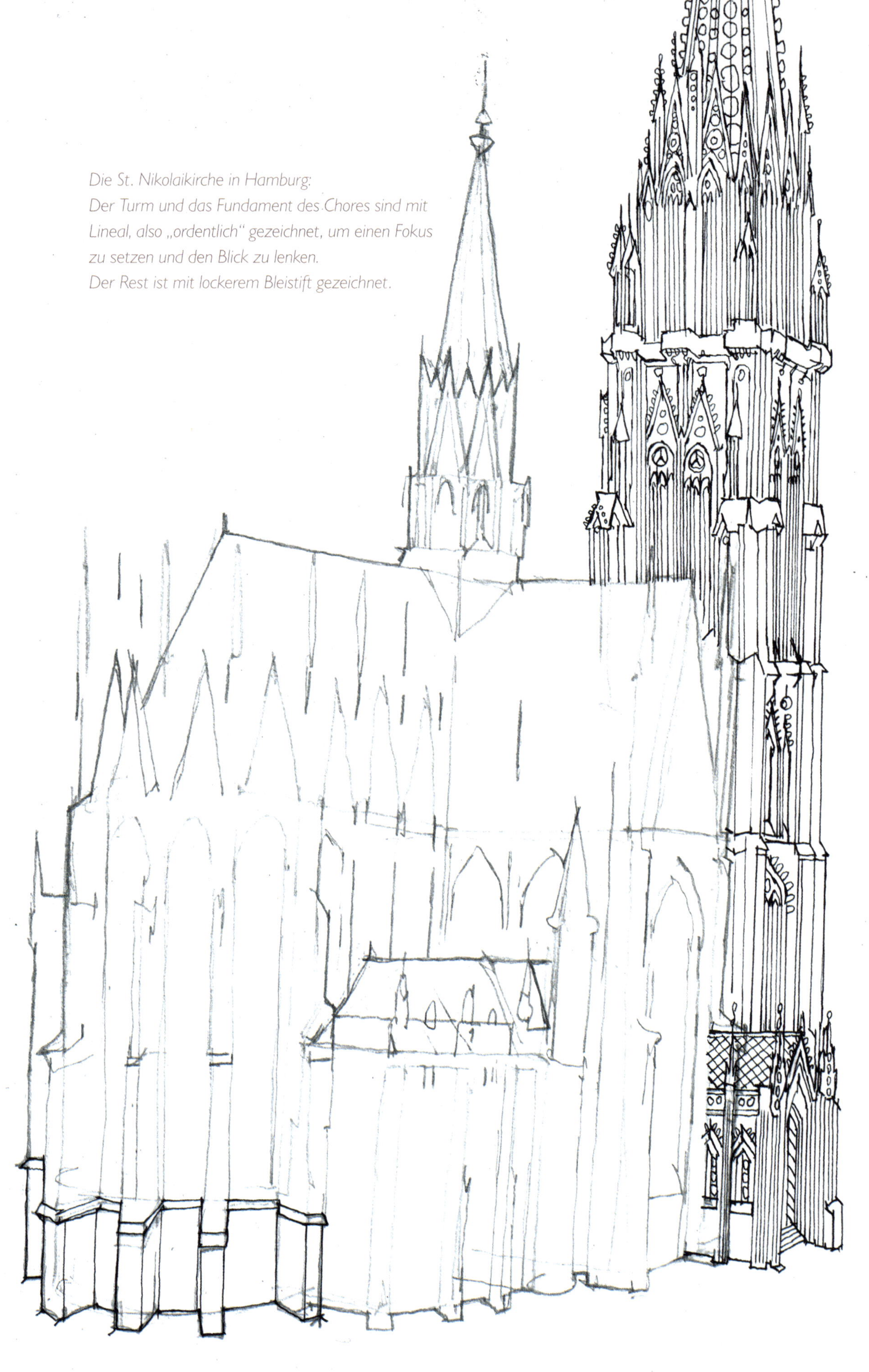

Die St. Nikolaikirche in Hamburg:
Der Turm und das Fundament des Chores sind mit Lineal, also „ordentlich" gezeichnet, um einen Fokus zu setzen und den Blick zu lenken.
Der Rest ist mit lockerem Bleistift gezeichnet.

WARUM IST MEINE ZEICHNUNG SO UNÜBERSICHTLICH?
WIE ZEICHNE ICH GRAFISCHER?

WIE ZEICHNE ICH ORDENTLICHER?

„Chaos ist das halbe Leben."[32] (Graffiti)

Was aber, wenn meine Zeichnung zu locker ist und damit einen Hang zur Unübersichtlichkeit entsteht? Man kann entgegensteuern, indem man Farbe ins Spiel bringt. Die Farbe hält das Gezeichnete zusammen und ordnet das Motiv. „Mit Farbe retten", wie ich diese Aktion in meinen Workshops nenne. Möglich wäre auch, einen Fokus durch grafische Details zu setzen und damit den Blick des Betrachters zu lenken. Das Auge braucht beide Modi, um ein Motiv als ausgeglichen wahrzunehmen. Man benötigt auf dem Blatt lockere wie auch graphisch gezeichnete Regionen. Es braucht ein wenig Übung, um hier den richtigen Kurs zu fahren und die richtige Balance zu finden im Entscheidungsprozess, wann das Bild mehr Biss durch grafische Elemente oder mehr Freiheit durch lockere Details benötigt. Ich empfehle Pausen und Ablenkung, wenn man Gefahr läuft, mit einer Zeichnung vom Weg abzukommen. Oder, um die Grundschullehrerin noch einmal zu zitieren: „Macht eure Arbeit sorgfältig." Das hört niemand gerne, aber eigentlich weiß jeder von uns, was es bedeutet.

Schaffen Sie Ordnung in Ihrem Motiv durch Fokus, Details und Coloration.

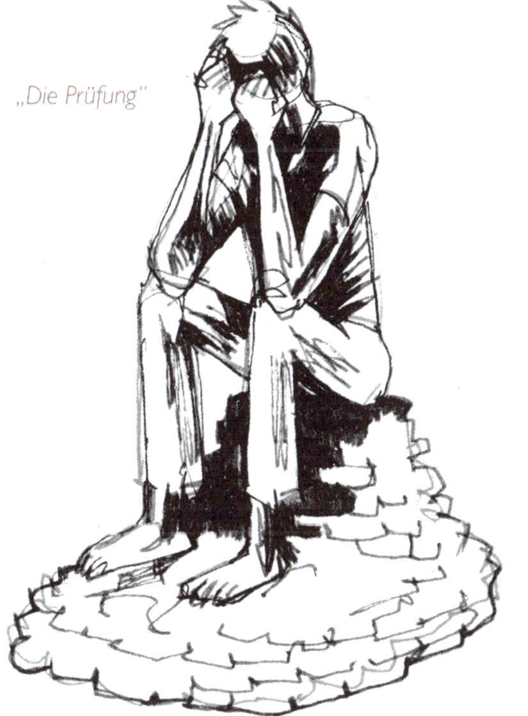

„Die Prüfung"

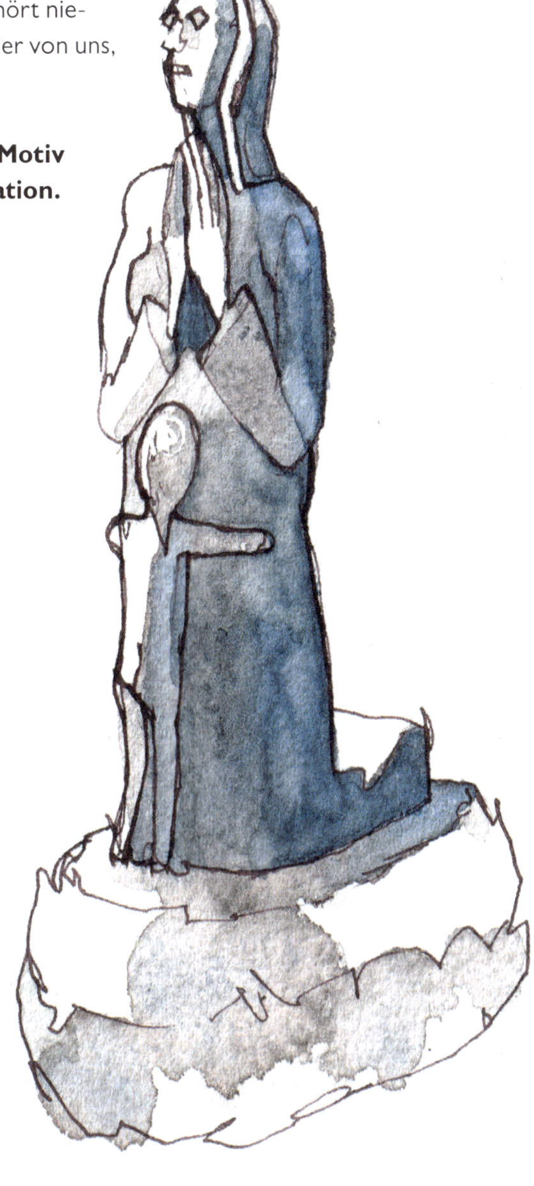

„Das Friedensgebet" – mit Farbe gerettet.

WARUM BRAUCHE ICH IMMER SO LANGE?
WIE LANGE BRAUCHST DU FÜR EINE ZEICHNUNG?

MUSS ICH SCHNELL ZEICHNEN KÖNNEN?

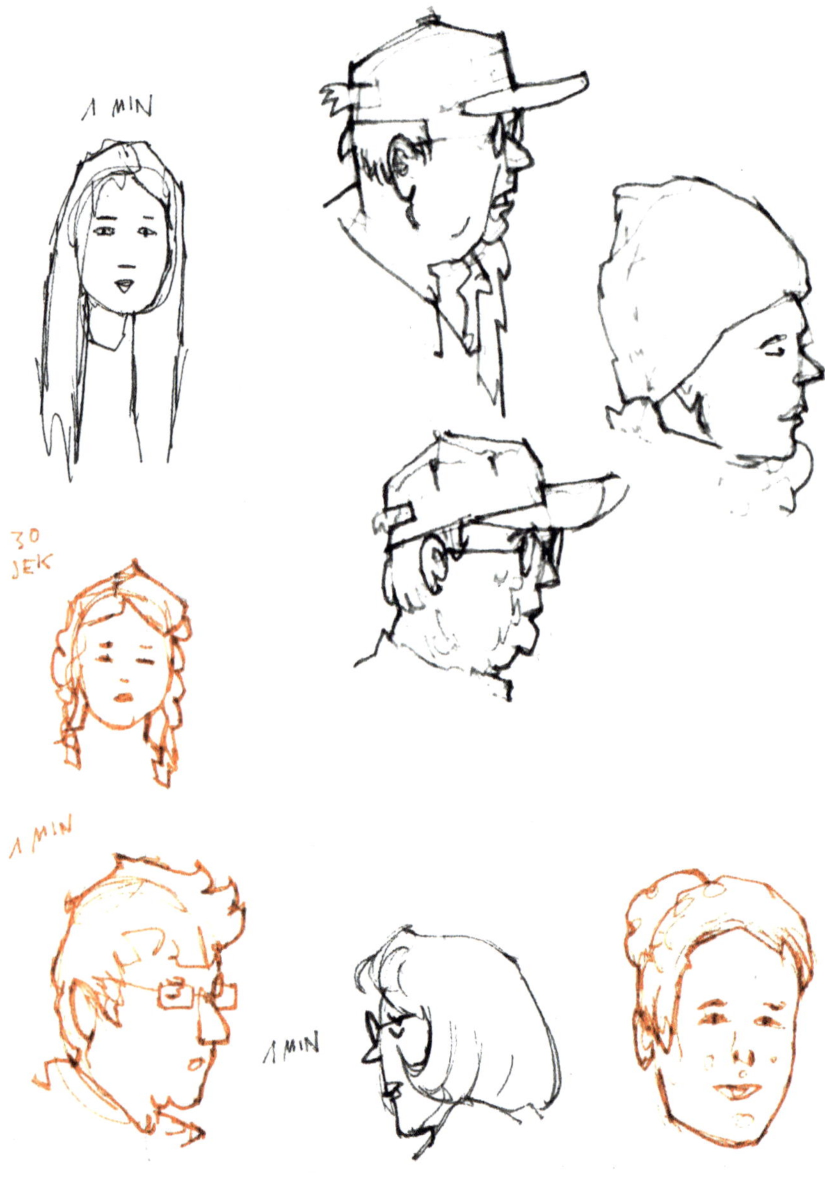

„Dalli Dalli!"[33] *(Hans Rosenthal)*

Als Kind bewunderte ich Oskar, den Schnellzeichner. Einmal im Monat gab es die Sendung von und mit Hans Rosenthal, dem Mann, der bei Höchstleistungen seiner Gäste in die Luft sprang und „Das war Spitze" rief. Hans Rosenthal führte locker und charismatisch durch die Sendung. Nur seine Teilnehmenden hatten nichts zu lachen, die mussten nämlich richtig was leisten. Rosenthal verlangte auf jede Frage von seinem Quiz nicht eine, sondern so viele Antworten wie möglich. Er jagte die Teilnehmenden durch verspielte Parcours und am Ende wurde der Gewinn gespendet. Sie sehen, das Konzept der Show war die Schnelligkeit, „Dalli-Dalli" war Programm.
Schnellzeichner Oskar muss man sich dabei wie eine fast-forward-Version von Bob Ross vorstellen. Oskar konnte auf Zuruf in 60 Sekunden Portraits von Prominenten oder den Teilnehmenden der Sendung machen. Er zeichnete ganze Szenarien spontan und schnell auf seine Leinwand. Begleitet dabei vom Showorchester mit schmissiger Fahrstuhlmusik. Brach die Musik ab, war die Leinwand voll. Laut Biografie war Oskar (eigentlich Hans Bierbrauer) bei seinem Einsatz im Fernsehen schon seit über 30 Jahren als Zeichner beschäftigt. Hauptsächlich fertigte er Karikaturen für verschiedene Zeitungen in Berlin an, wo er auch lebte. Klar hat ihm seine große Erfahrung geholfen, schnell und spontan eine gute Zeichnung vor der Kamera zu machen. Vielleicht hat er sogar

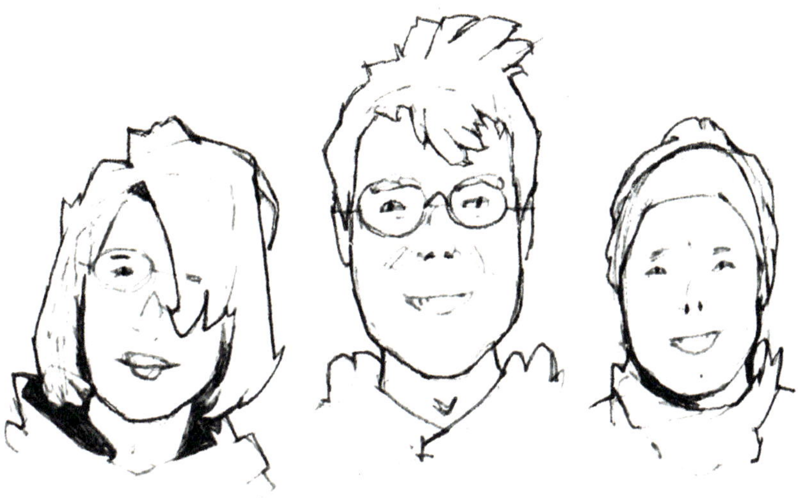

vor der Sendung Zeit gehabt, sich vorzubereiten. Zumindest hätte ich das getan. Vielleicht lagen auch nach jeder Sendung ein halbes Dutzend vermurkster Entwürfe in den Kulissen… Lassen Sie sich von solchen Veranstaltungen nicht verrückt machen. Sehen Sie das schnelle Zeichnen eines Motivs als das, was es ist, nämlich eine Show zu Ihrer Unterhaltung. Zeichnen ist keine Sportart, wo es um Millisekunden geht. Nehmen Sie sich die Zeit zum Zeichnen, die Sie brauchen. Ob Sie eine gute Zeichnung in drei Minuten oder in drei Stunden gemacht haben, interessiert am Ende niemanden.

Finden Sie beim Zeichnen Ihr eigenes Tempo.

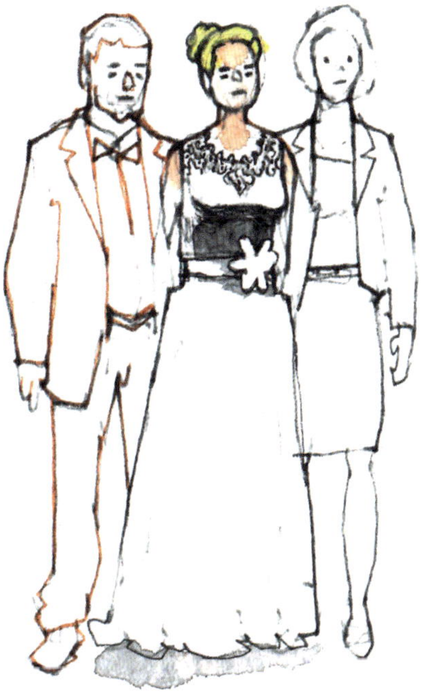

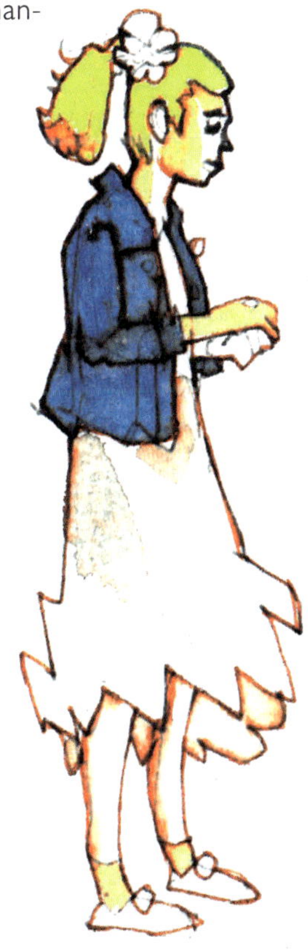

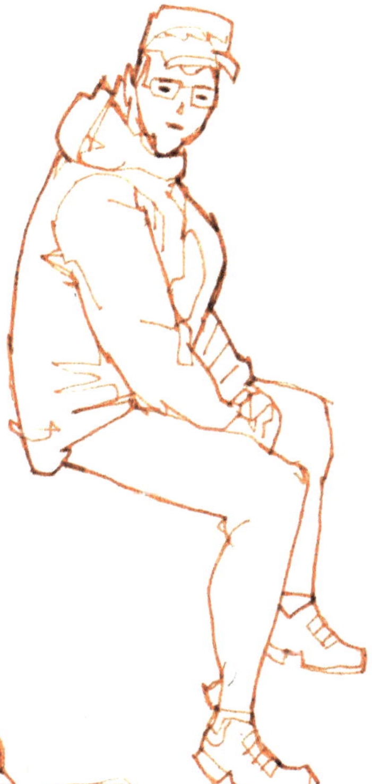

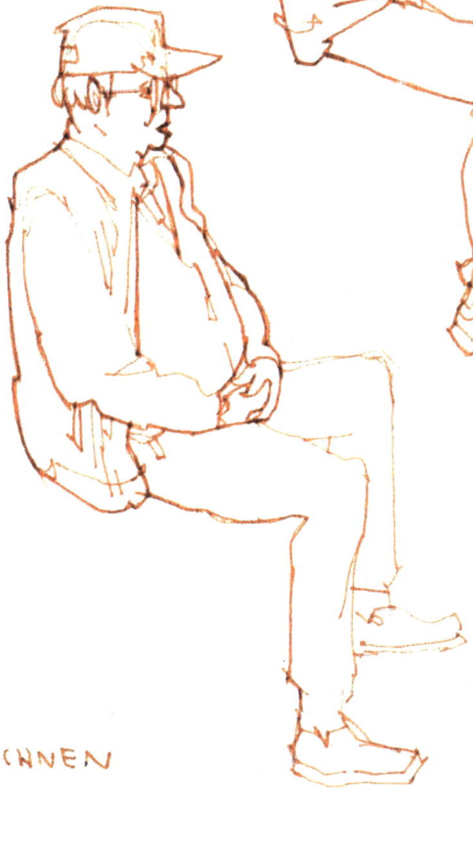

AUF DER HOCHZEIT ZEICHNEN
(GUTE ÜBUNG)

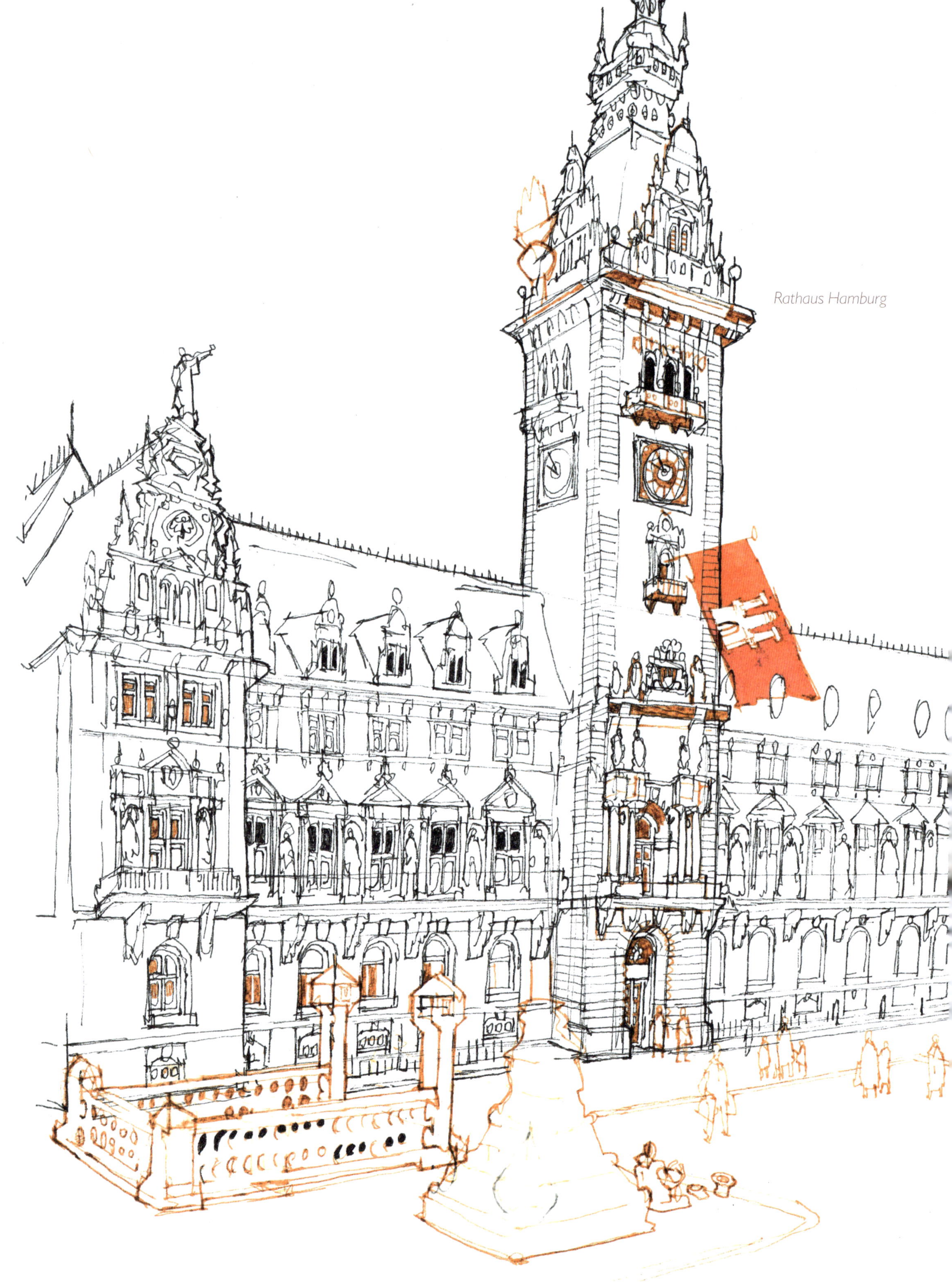

Rathaus Hamburg

IST MEINE ZEICHNUNG GELUNGEN?
HABE ICH WAS DAZUGELERNT?
BIN ICH BESSER GEWORDEN?

KOMME ICH VORAN?

„Eigenlob stinkt“[34] (Sprichwort)
„Ich bin der Beste“[35] (Moses Pelham)

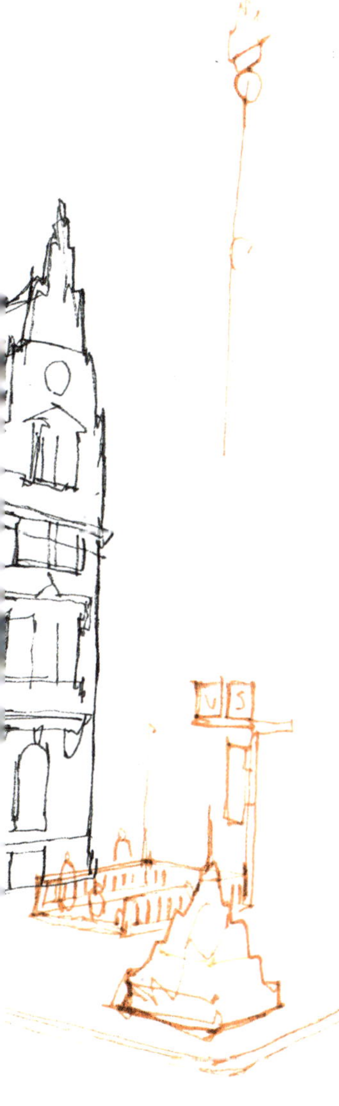

Die schlechte Nachricht ist, dass Zweifel am Handwerk immer bleiben werden. Auch, wenn Sie mit Ihrer Zeichnerei Ihren Lebensunterhalt bestreiten können oder Bücher herausbringen und Ihr Können an einer Hochschule lehren. Zweifel wird Ihr stetiger Begleiter sein. Es ist schwierig, sich selber zu bewerten, wenn man das nicht gelernt hat. Darum überlassen wir die Bewertung unserer Arbeit auch gerne anderen. Wirklich ernsthaft angefangen zu zeichnen, habe ich in der 9. Klasse. Meine Comics waren nicht gut, dafür war ich unglaublich fleißig. Zwischen 500 und 1000 Seiten stellte ich an meinem Kinderschreibtisch fertig. 32 davon schickte ich an einen kleinen Verlag im hessischen Bensheim: BUB-Comics, Frieden seiner Asche. Ich hatte Spaß daran, Comics zu zeichnen. Kannte aber niemanden, mit dem ich mich darüber austauschen konnte. Deshalb steckte ich den Brief mit den Originalseiten (ich wusste noch nichts von Fotokopien) in den Briefkasten. Vielleicht würde ich eine Antwort erhalten, die mir half, weiterzukommen. Stattdessen wurden meine Seiten gedruckt und ich bekam sogar etwas Geld. Die Reflexion über mein Handwerk oder Ansätze, besser zu werden, bekam ich nicht. Dafür wuchs meine Motivation, weiterzumachen. Zurück zur Frage: Woher weiß ich, dass ich vorankomme? Soll ich mich auf meine eigene Wahrnehmung verlassen oder ist es besser, sich von außen Meinungen zu holen? Auf jeden Fall beides, mit leichter Tendenz, sein Handwerk mit der Zeit einem größeren Publikum zugänglich zu machen. Die Hauptsache ist die Beschäftigung mit dem Handwerk. Ein Fortschritt ist dabei ein höchst angenehmer Nebeneffekt. Aber was bedeutete nun die Zusage des Verlags? Dass meine Zeichnungen gut waren? Auf keinen Fall. Die ganze Veröffentlichung war eine Kombination aus Welpenbonus und der nostalgischen Ausrichtung des Verlages. Ob ich ein guter Zeichner bin, weiß ich bis heute nicht. Was meinen Sie?

Die Hauptsache ist die Beschäftigung mit dem Handwerk. Ein Fortschritt ist dabei ein angenehmer Nebeneffekt.

„Das einzige, was ich in meinen Leben bedauere, ist, daß ich niemals Comics gezeichnet habe."[36]
(Pablo Picasso)

Es fällt mir schwer, „Picasso" und „Fehler" zusammen in einem Satz zu gebrauchen. Aber platt gesehen sind seine Bilder (vor allem ab 1907) voller Fehler. Sie wissen schon, „Du siehst aus wie ein Piccassogemälde" ist nicht gerade schmeichelnd gemeint. Wie Picasso zu malen, heißt, zerknitterte Frauengesichter, verwachsene Körper und eckige Landschaften darzustellen. Verstehen Sie mich bitte nicht falsch, ich will hier keine zeichentheoretische Erbsenzählerei betreiben. Das, was ich als Picassos Fehler aufzähle, besticht ganz im Gegenteil durch Stil und Schönheit. Fehler können schön sein, das ist der Punkt. Sehen Sie Ihre zeichnerischen Fehlgriffe nicht als Makel. Es sind individuelle Kennzeichen Ihres Stils, Ihrer Handschrift.
Picasso war nicht der einzige Maler, der aus dem Andersmachen eine Kunstform und ein Universum gestalterischer Selbständigkeit schuf. Manet, Cezanne, Van Gogh: Die Liste ist lang an Künstlern, welche die Malerei und das Zeichnen nach vorne gebracht haben, indem sie etwas Neues ausprobierten. Aber was haben Sie jetzt davon? Natürlich macht nicht jeder Zeichner solche stilbildenden „Fehler" wie Picasso: Eher verbockt man die Perspektive, verschätzt sich bei der Aquarellmalerei oder bekommt sein Werk auf sonstige Weise nicht unter Kontrolle. Aber keine Sorge, eine Zeichnung verträgt fast unendlich viele Fehler.

Sie können von den Fehlern ablenken oder auf sie hinweisen. Bringen Sie die Zeichnung zum Ende und behalten Sie dabei ruhig Blut.

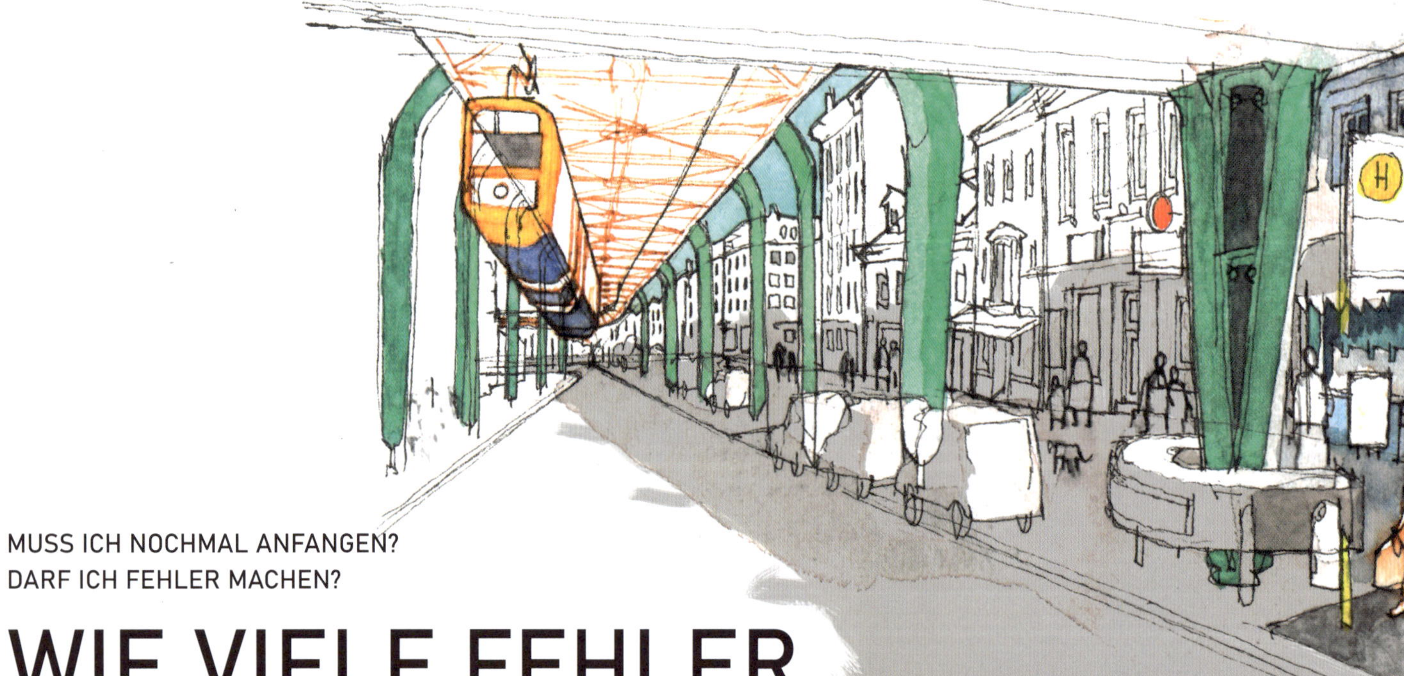

MUSS ICH NOCHMAL ANFANGEN?
DARF ICH FEHLER MACHEN?

WIE VIELE FEHLER VERTRÄGT EINE ZEICHNUNG?

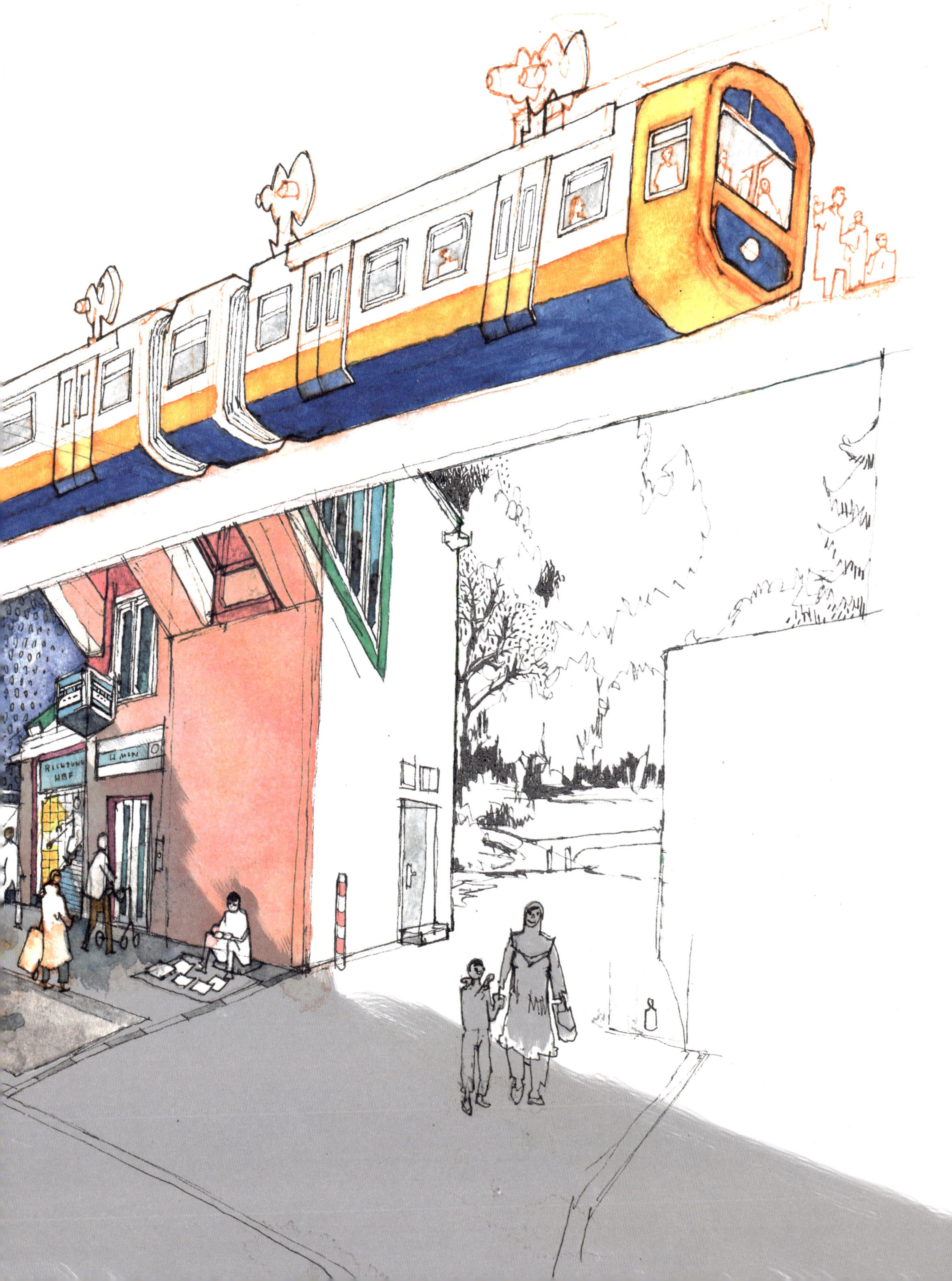
HBF
4 MIN

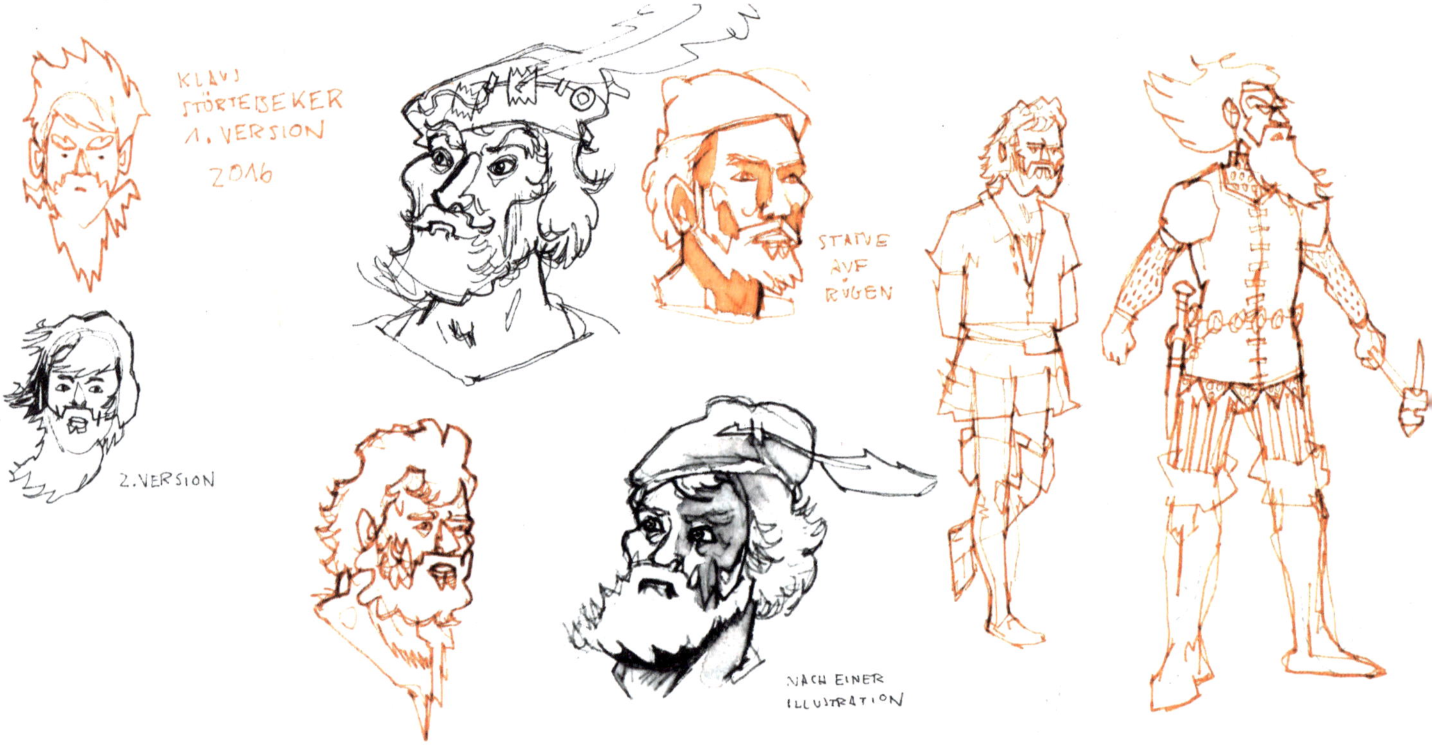

SOLL ICH FEHLER KORRIGIEREN?

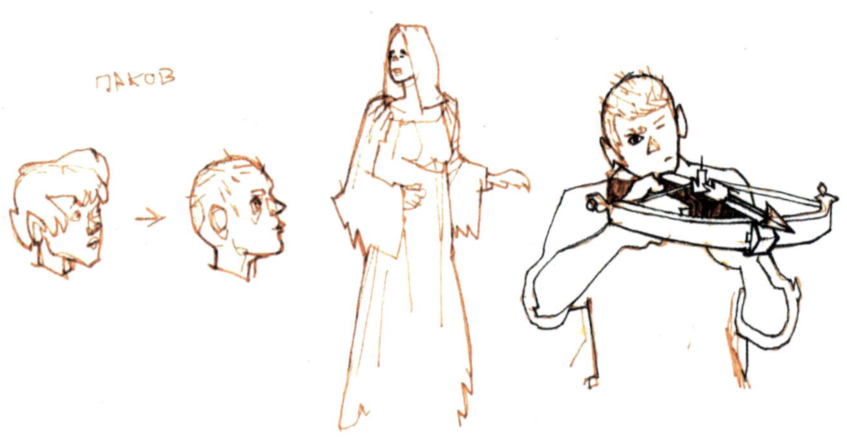

„Finde den Fehler!“[37] *(Meme)*

Früher hatte ich den Ehrgeiz, eine Zeichnung ohne Korrektur aufs Papier zu zeichnen. Zeile für Zeile auszudrucken wie ein menschliches Faxgerät. Die Werke anderer ZeichnerInnen wirkten auf mich immer so perfekt. „Das kann doch kein Mensch gezeichnet haben“, dachte ich. Die Makellosigkeit rührte einerseits vom Können des Zeichners, andererseits von den aufwendigen Vorarbeiten her, denn eine druckreife Zeichnung aus dem Handgelenk schütteln können die Wenigsten. Die Vorarbeiten bestehen darin, dass der Zeichner eine erste Skizze macht. Dann folgt die Vorzeichnung und schließlich wird mit der endgültigen Reinzeichnung begonnen. Vielleicht musste der

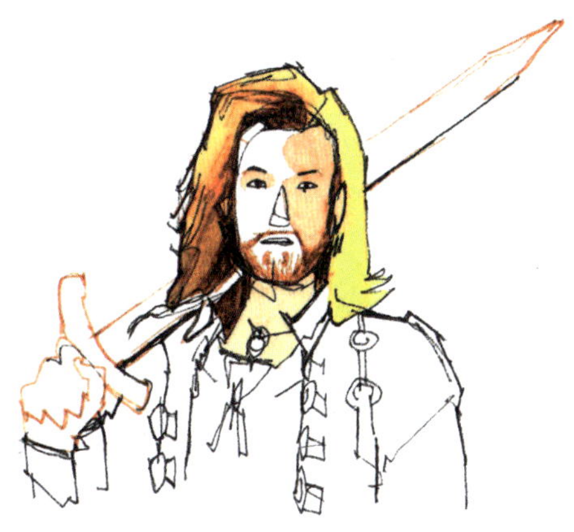

Zeichner sogar einige Male ansetzen, bevor die endgültige Fassung gelang. Das alles sieht man einer fertigen Zeichnung nicht an. Eine gute Definition von Kunst lautet, dass man einem Kunstwerk die Mühe der Entstehung nicht ansehen darf. Das funktioniert auch als Maßstab für gutes Handwerk. In der Regel ist mein erster Versuch der kraftvollste und gelungenste. Deshalb gebe ich nicht so schnell auf, will heißen, ich drücke mich immer vor einem zweiten Anlauf. Fehler werden – so gut es geht – korrigiert oder ich versuche, im weiteren Verlauf der Zeichnung davon abzulenken. Aber was, wenn die Fehler überwiegen und alles verloren scheint? Dann mache ich trotzdem weiter. Wenn das Blatt sowieso verloren ist, kann ja nichts mehr schiefgehen. Dadurch werde ich beim Zeichnen wieder mutiger und experimentierfreudiger. Und Überraschung: Auf einmal wird die Zeichnung doch noch gut. Nicht wenige Illustrationen in diesem Buch wurden von mir mehrmals aufgegeben und dann doch wieder gerettet. Sie werden mit der Zeit lernen, Fehler stehenzulassen. Eine aufwendige Zeichnung ist ein Mosaik aus richtig und falsch. Wenn Ihre Zeichnung kommuniziert: „Ich bin eine Telefonzelle", überwiegt das Richtige, wenn nicht, ist die Zeichnung vielleicht immer noch eine Augenweide. Wenn all das doch nicht funktioniert? Egal! Umblättern und auf ein Neues.

Machen Sie aus Ihren Fehlern ein Event. Wenn das nicht klappt, blättern Sie eine Seite um und versuchen es nochmal.

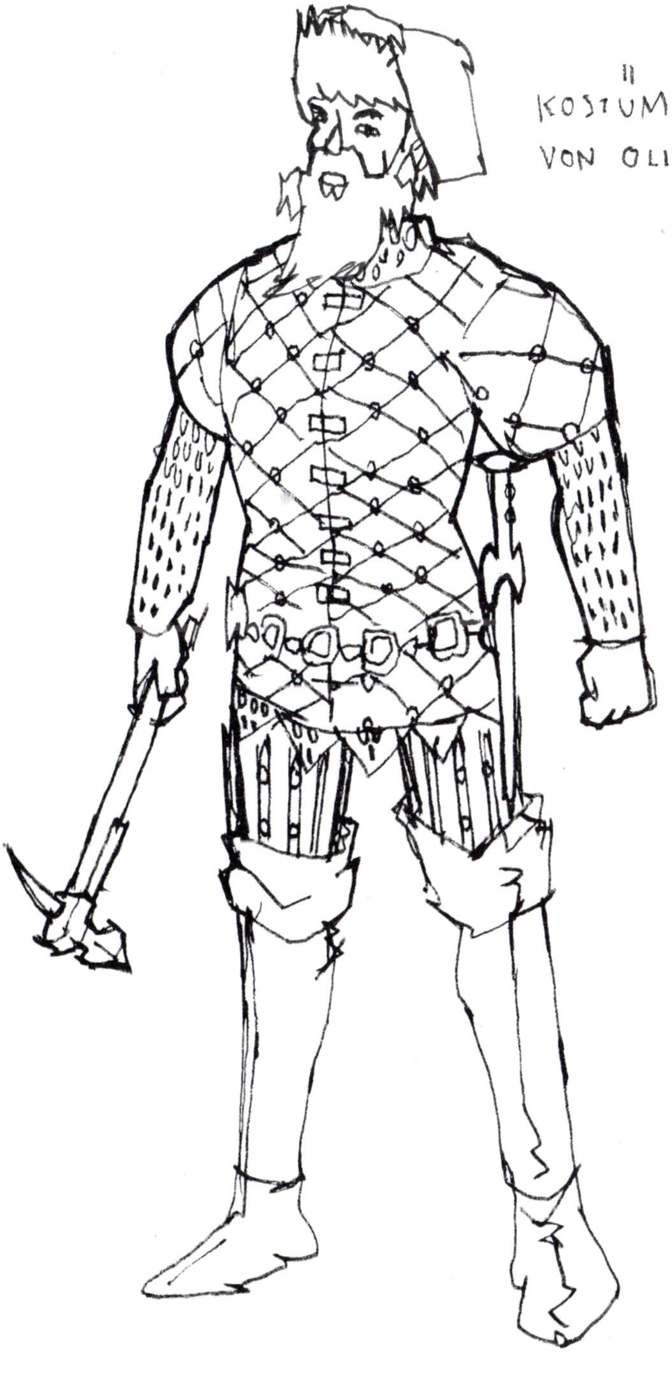

KOSTÜM GESTALTET
VON OLIVER FERREIRA

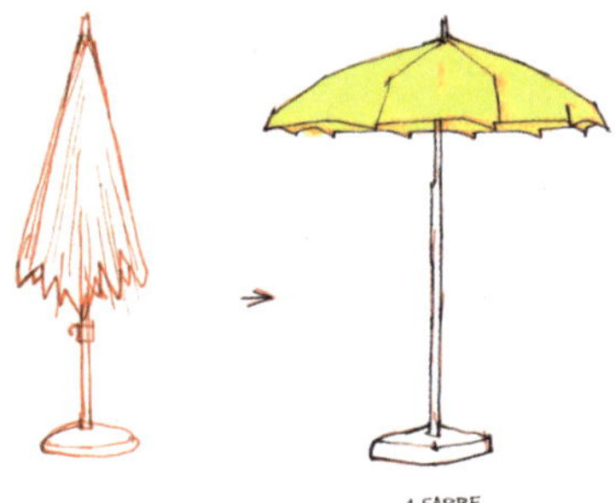

MACHEN WIR AUCH FARBE?
WARUM SIEHT DIE FARBE AUF MEINER ZEICHNUNG FALSCH AUS?

WIE GEHE ICH MIT FARBE UM?

„Die Farbe hat mich.“[38] *(Paul Klee)*

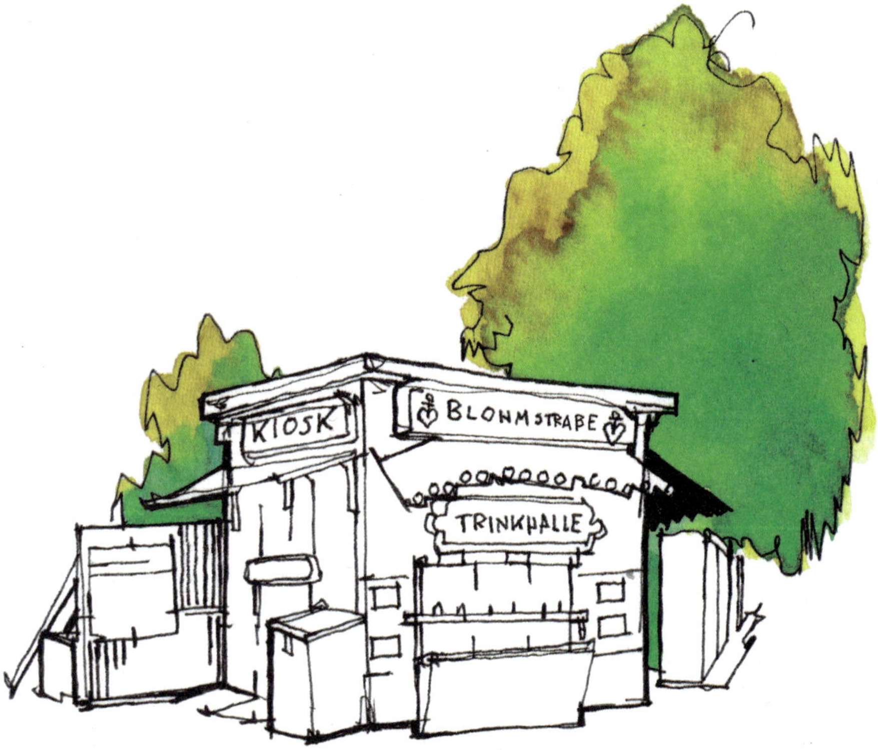

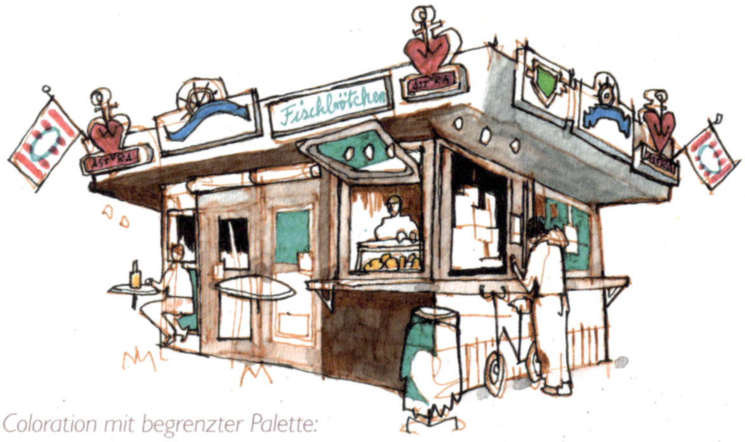

Diese Erfahrung werden Sie vielleicht kennen: Ich kaufe mir einen neuen Farbkasten mit 64 Näpfchen, schließlich will ich als Maler richtig durchstarten. Mit Pinsel und Wasser stürze ich mich dann auf meine Strichzeichnung und versuche, jede der teuren Farben auch anzuwenden. Aber irgendwie läuft die Sache aus dem Ruder. Je mehr Farben ich im Bild unterbringe, desto unübersichtlicher wird das Aquarell. Was mache ich falsch? Genauso wie eine Zeichnung kommuniziert auch Farbe. Das tut sie durch den Gesamteindruck aller eingesetzten Farbtöne, dem Farbraum. Wenn der Farbraum nicht funktioniert, erleben wir das Bild als unharmonisch. Wie aber schaffe ich einen harmonischen Farbraum? Umso mehr Farben Sie in die Komposition nehmen, umso größer ist die Gefahr, dass der Gesamteindruck ins Unharmonische abrutscht. Dann wirkt der Farbraum „trüb“, „giftig“ oder „leberwurstfarben“. Beginnen Sie zunächst nur mit einer Farbe. In einem zweiten Schritt verwenden Sie dann eine Palette, also eine beschränkte Anzahl an Farbtönen. Probieren Sie dabei Effekte aus wie Komplementärkontraste oder arbeiten „Nass-in-Nass“. Tipp: Arbeiten Sie draußen nur bei gutem Licht. Sobald sich Wolken vor die Sonne schieben, werden die Farben Ihres Motivs getrübt. Sie können dagegen vorgehen, indem Sie die natürlichen Farbe dramatisieren. FotografInnen drehen ja schließlich auch an den Reglern. Das bedarf aber einiges an Übung. Wenn Sie das Colourgrading mit dem Pinsel

Coloration mit begrenzter Palette: Braun, Blau und Rot

Komplementärkontrast mit Goldbraun und Heliotürkis

Nächtliche Szenerie in Nass-in-Nass-Technik

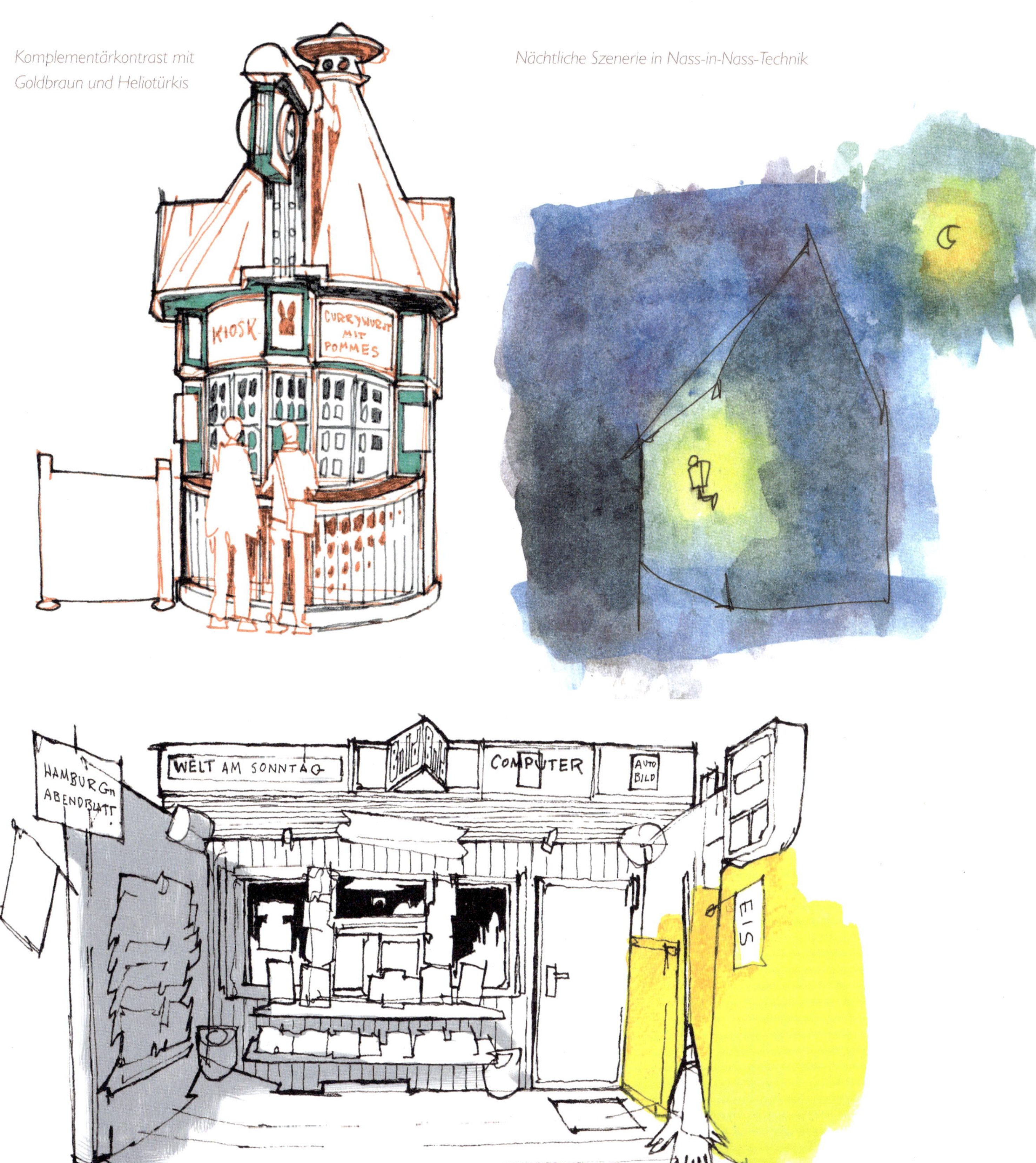

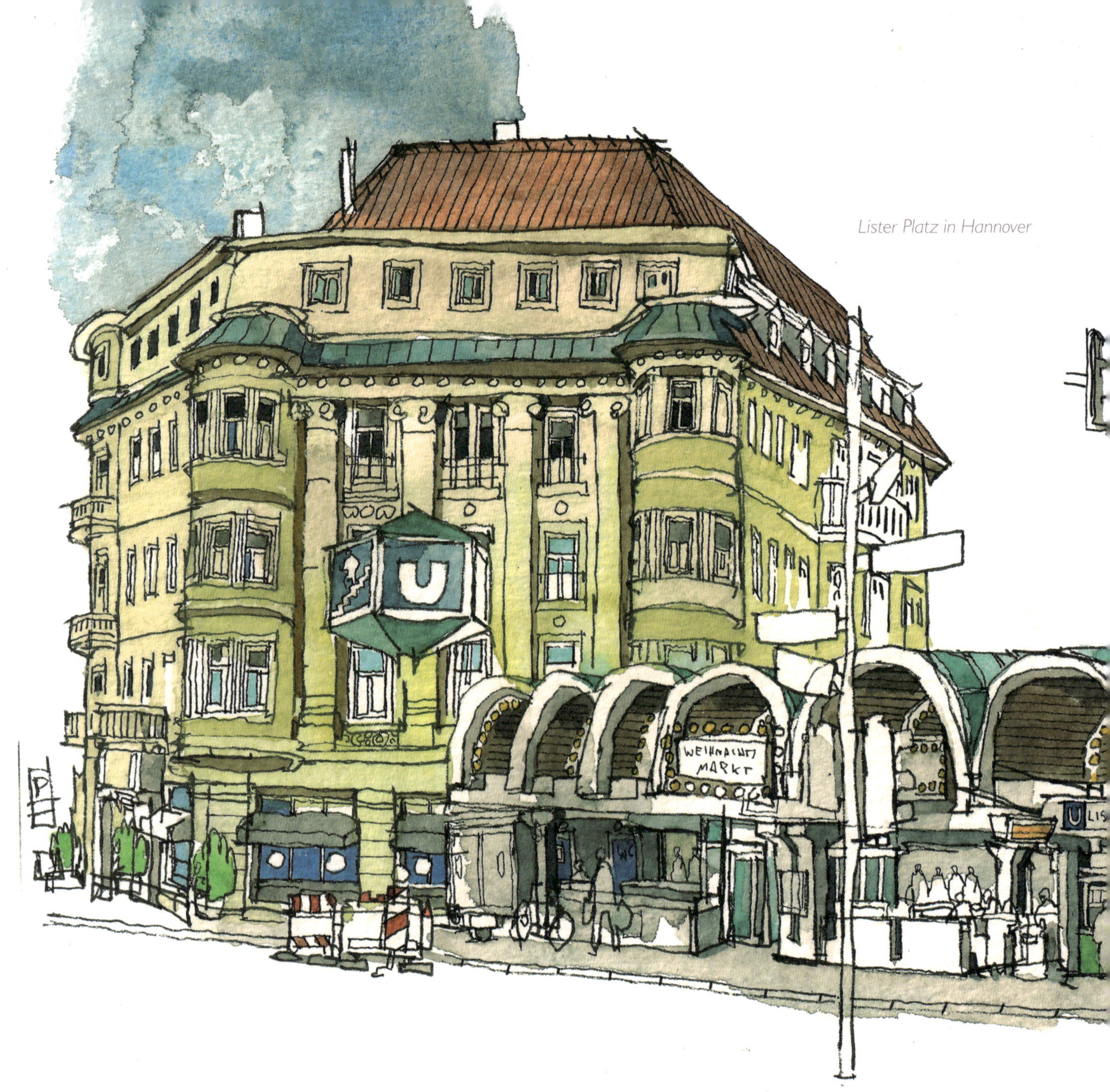

Lister Platz in Hannover

nicht übertreiben (andere Regler haben wir nicht), kommen dabei gute Effekte raus. Obwohl wir jeden Augenblick unzählbare Farbtöne vor uns haben, fällt es manchmal schwer, sich für die richige Farbe im richtigen Augenblick zu entscheiden. Machen Sie sich ein Notizbuch, in dem Sie Farbklänge sammeln. Die Farben sind für Sie das, was die Noten für die Musiker sind. Auf die Komposition kommt es an.

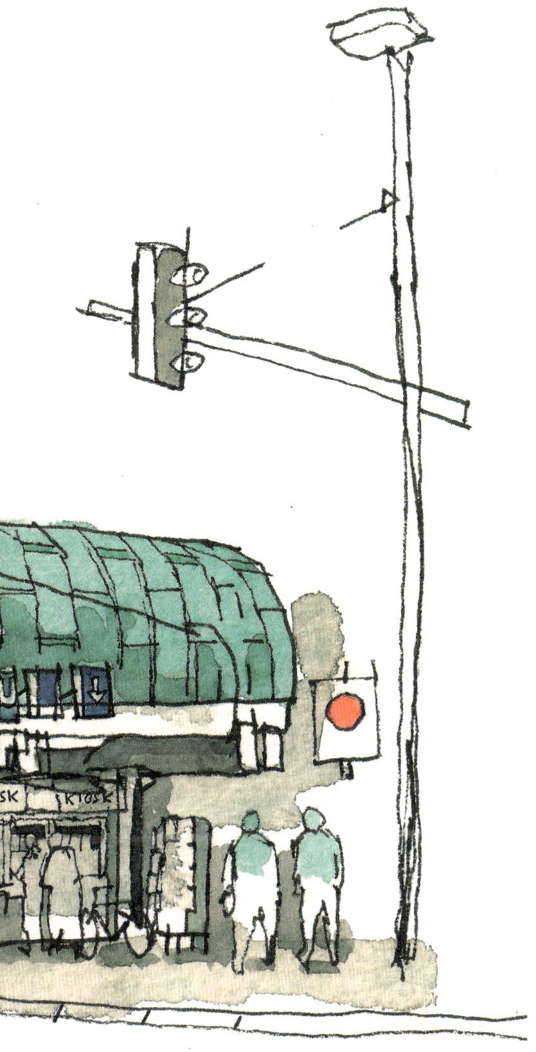

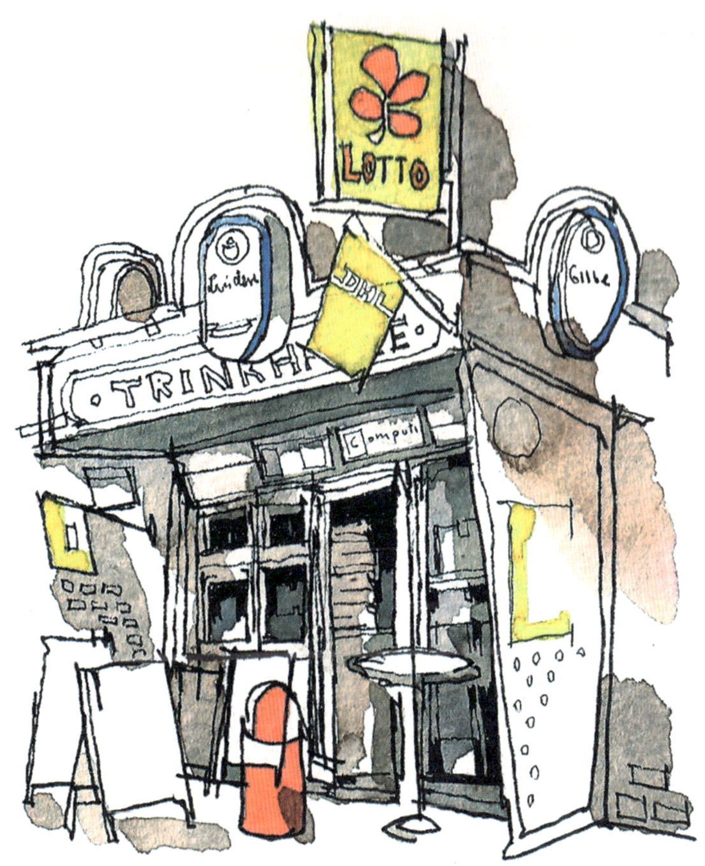

Coloration mit begrenzter Palette: Rot, Gelb und Grau

Beginnen Sie mit nur einer Farbe und steigern sich dann langsam.

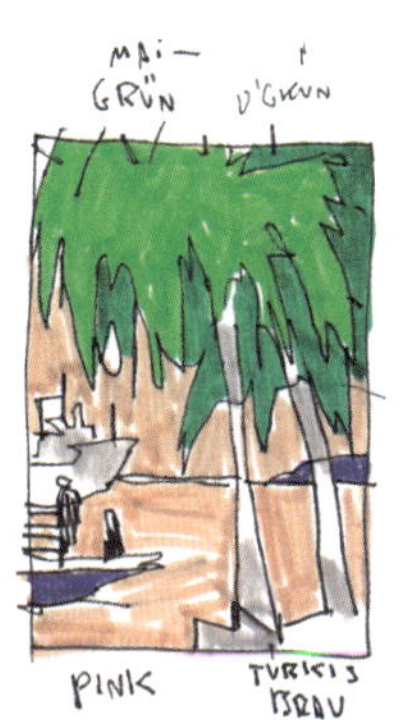

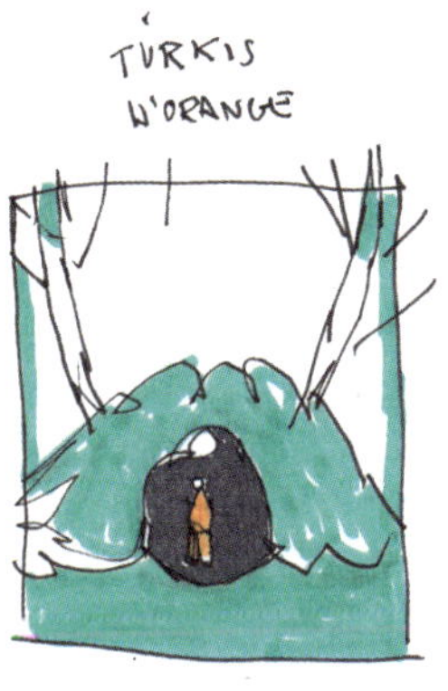

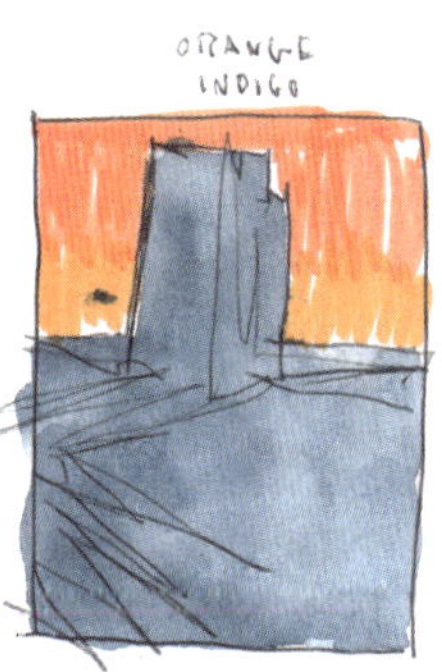

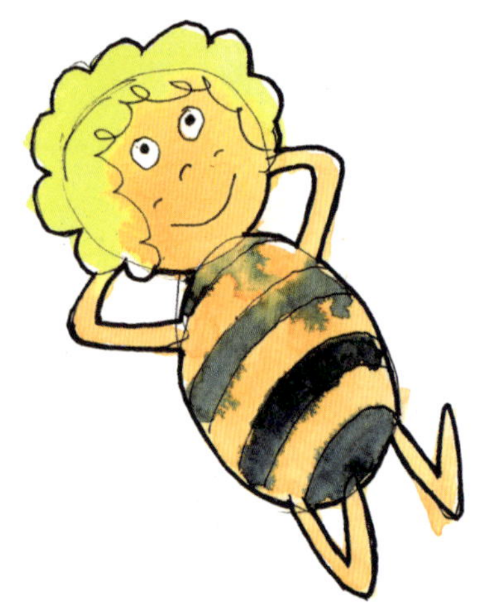

DARF ICH MIT DEM COMPUTER COLORIEREN?

„Kennt sich jemand damit aus?“[39]
(Lehrer, wenn er den Filmprojektor bedienen soll)

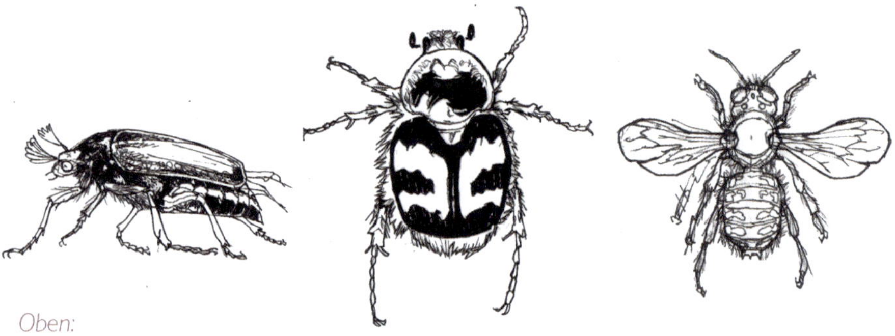

Oben:
Biene Maja, analog coloriert

Mitte:
Feldmaikäfer, Gebändeter Pinselkäfer und Große Wollbiene

Unten:
Ein Ameisenlöwe (links) und eine Gottesanbeterin (rechts), analog coloriert

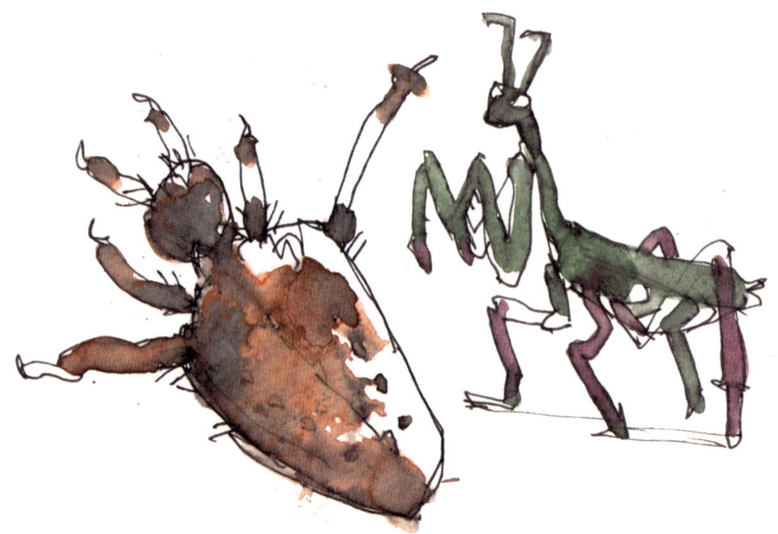

Wer mit dem Computer colorieren will, braucht ein wenig Ausrüstung. Dazu gehören ein Scanner (Sie können notfalls auch eine Digitalkamera nehmen), ein Rechner oder Notebook und ein Bildbearbeitungsprogramm. Dann muss man sich noch das Know-how aneignen, wie man diese Gerätschaften richtig bedient. Wohl dem, der ein Computerexperten kennt, der die Geduld und das Talent besitzt, das alles zu erklären. Der Vorteil beim Colorieren am Bildschirm liegt auf der Hand: Fehler können immer korrigiert werden. Einmal die Tastenkombi „strg-Z“ getippt und ein möglicher Fauxpas ist verschwunden...
Und damit zurück zur Ausgangsfrage: Darf ich digital colorieren: Aber ja. So haben Sie die Möglichkeit, eine reine schwarzweiße Strichzeichnung per Computer farbig zu machen oder ein bereits farbiges Artwork zu einer Datei umzuwandeln. Allerdings braucht ein eingescanntes Aquarell einiges an Nachbearbeitung, damit es auch auf dem Bildschirm denselben Farbraum besitzt wie das Original. Aber keine Sorge, mit etwas Übung dauert es kaum mehr als eine Minute. Für mich als Illustrator ist es sehr praktisch, eine Strichzeichnung mit dem Computer zu colorieren. Da der Farbton direkt auf dem Bildschirm erzeugt wird, gibt es in der Produktionskette kaum böse Überraschungen. Das gedruckte Produkt entspricht in der Regel der Fassung auf meinem Bildschirm. Für einen

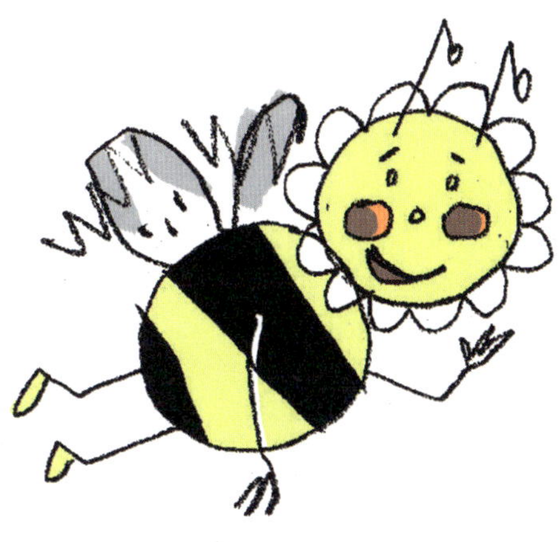

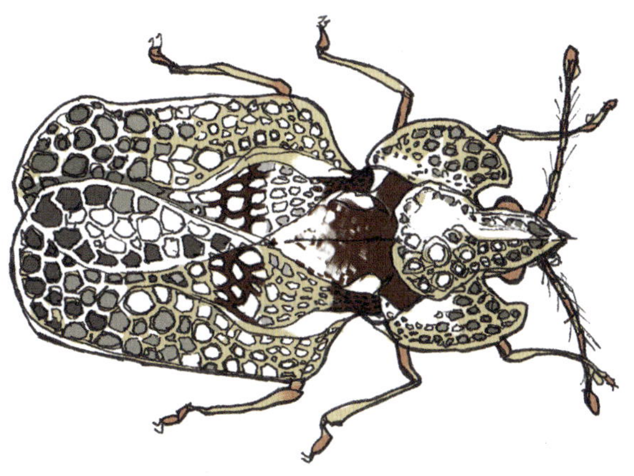

Zeichner ist dieses Vorgehen zudem eine sehr gute Möglichkeit, zügig zu arbeiten, nicht zuletzt, da durch das Bearbeitungsprotokoll alle Arbeitsschritte gut abgesichert sind. Es gibt praktisch keine Fehlerquellen, die einem die Arbeit sabotieren (sofern der Akku nicht abschmiert und man nicht vergisst, in regelmäßigen Abständen zu speichern...).
Die Sicherheit der digitalen Bearbeitung ist gleichzeitig ihr Nachteil. Denn der kreative Prozess ist hier um eine wesentliche Nuance ärmer: Dem Zufall. Gerade die nicht vorhersehbare Entropie von Wasser und Farbe ist es eigentlich, die diese Technik so unverwechselbar macht. Solche Effekte digital zu erzeugen, ist äußerst schwierig. Mit Farbe und Pinsel dagegen ist es sehr leicht.

Digital zu colorieren, ist gut und nützlich. Ich empfehle aber, vorher mit physischer Farbe zu experimentieren und zu üben.

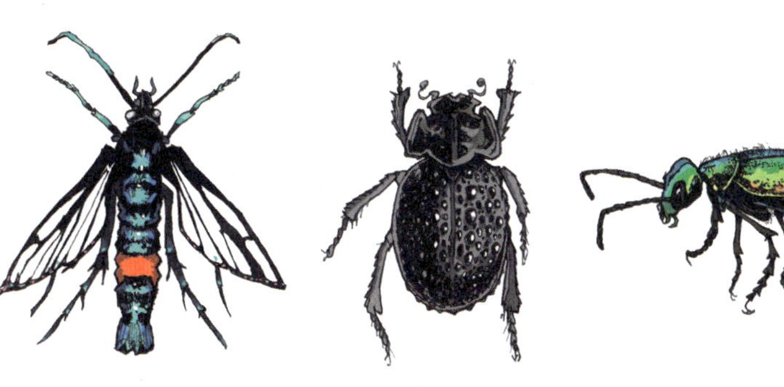

Oben:
Biene Maja (links) und Platanen-Netzwanze (rechts), digital coloriert

Mitte:
Faulbaum-Glasflügler, Erdkäfer und Spanische Fliege, jeweils digital coloriert

Unten:
Goldfliege, digital coloriert

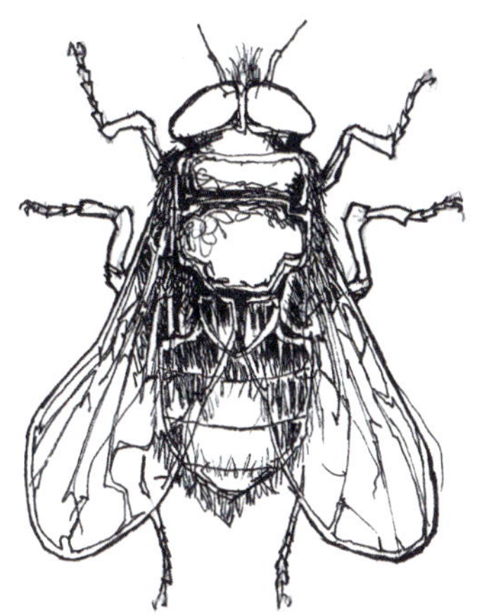

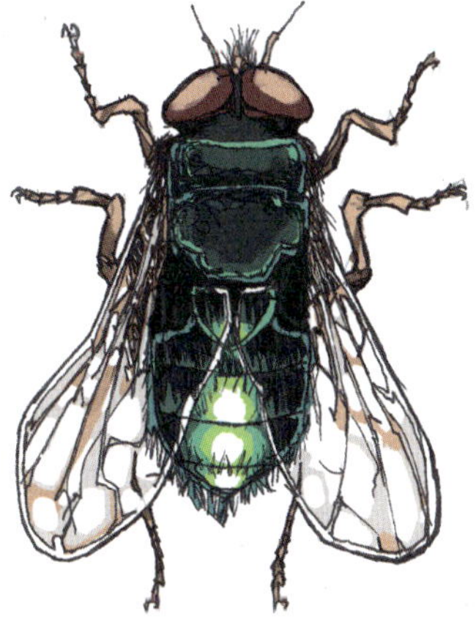

WANN IST EINE ZEICHNUNG FERTIG?

„Fertig, wenn Sie es sind“[40] (Dr. Hannibal Lecter)

„Fertig“ muss kein Versprechen auf Vollkommenheit sein. Sehen Sie es lieber als Erreichung eines Meilensteins. Die meisten Kreativen gehen mehrmals an ihre Werke, um nochmal daran zu feilen. Natürlich: Der Gedanke an Perfektion ist unendlich reizvoll, aber dieser Zahn wird jedem Kreativen früher oder später gezogen. Einem Bild Vollkommenheit zu verleihen, gleicht dem Versuch, einen Bleistift perfekt anzuspitzen. Da kann man leicht zu weit gehen und „zack“, ist die Mine abgebrochen. Am Ende landet der Bleistift komplett im Spitzer. Lassen Sie es nicht so weit kommen. Gönnen Sie sich eine Pause beim Zeichnen. Machen Sie einen Break, wenn Sie sich für gute Arbeit mit Ihrem Handwerk belohnen wollen. Pausieren Sie aber auch, wenn Sie sich mit dem Zwischenstand unwohl fühlen. Beschäftigen Sie sich in der Pause mit etwas komplett anderem als Zeichnen. Gehen Sie joggen oder probieren ein neues Rezept aus. Gönnen Sie Ihrem kreativen Geist Ablenkung. Dabei kommt man auf die besten Ideen. Danach werden die Veränderungen an Ihrem Bild immer geringer ausfallen bis Ihnen schließlich keine Verbesserung mehr einfallen wird.

Gehen Sie so oft an Ihr Motiv, wie Sie wollen. Irgendwann werden Sie keinen Raum für Verbesserung mehr sehen.

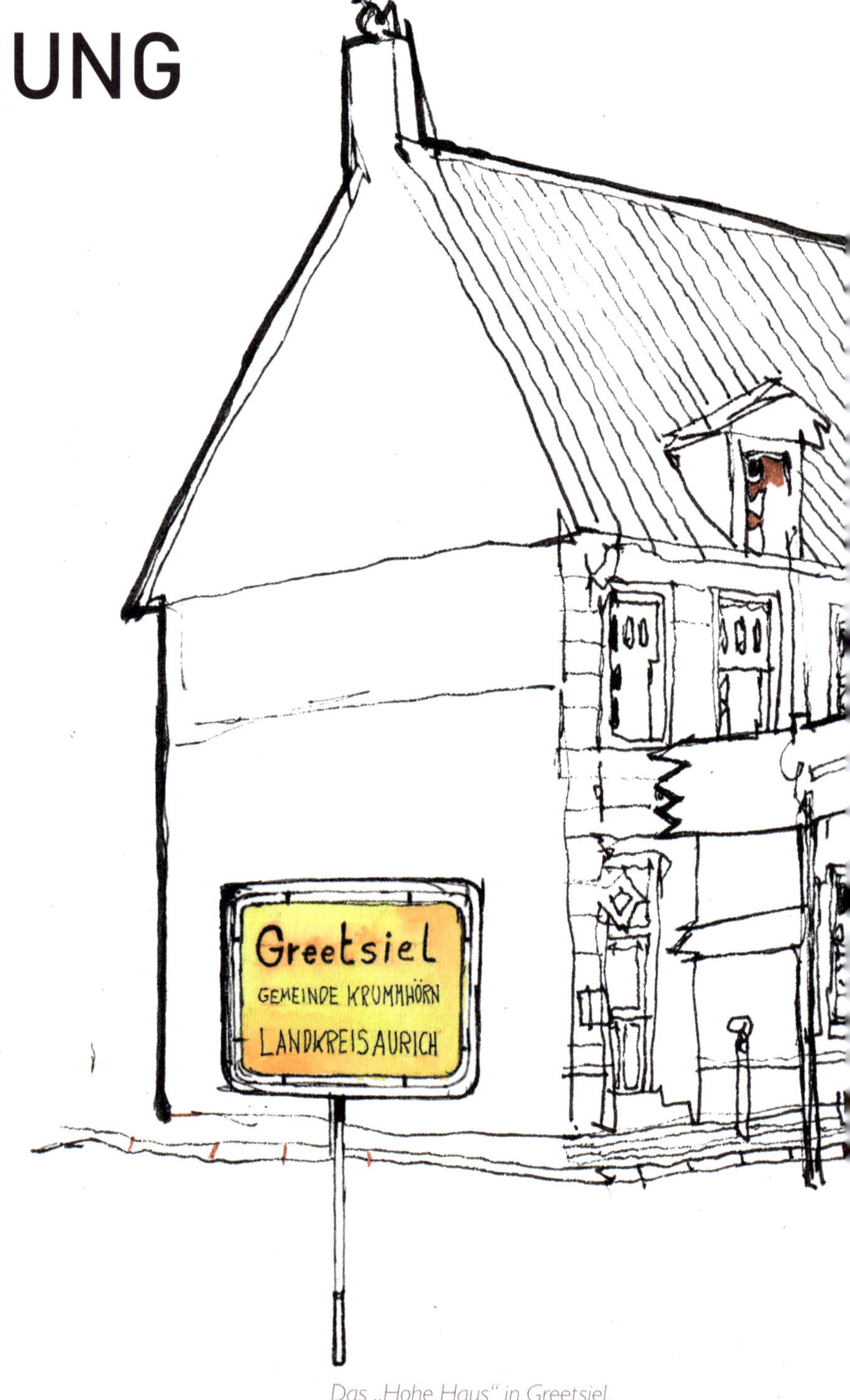

Das „Hohe Haus“ in Greetsiel. Als letztes sind die Schwarzflächen und die Textur dazugekommen.

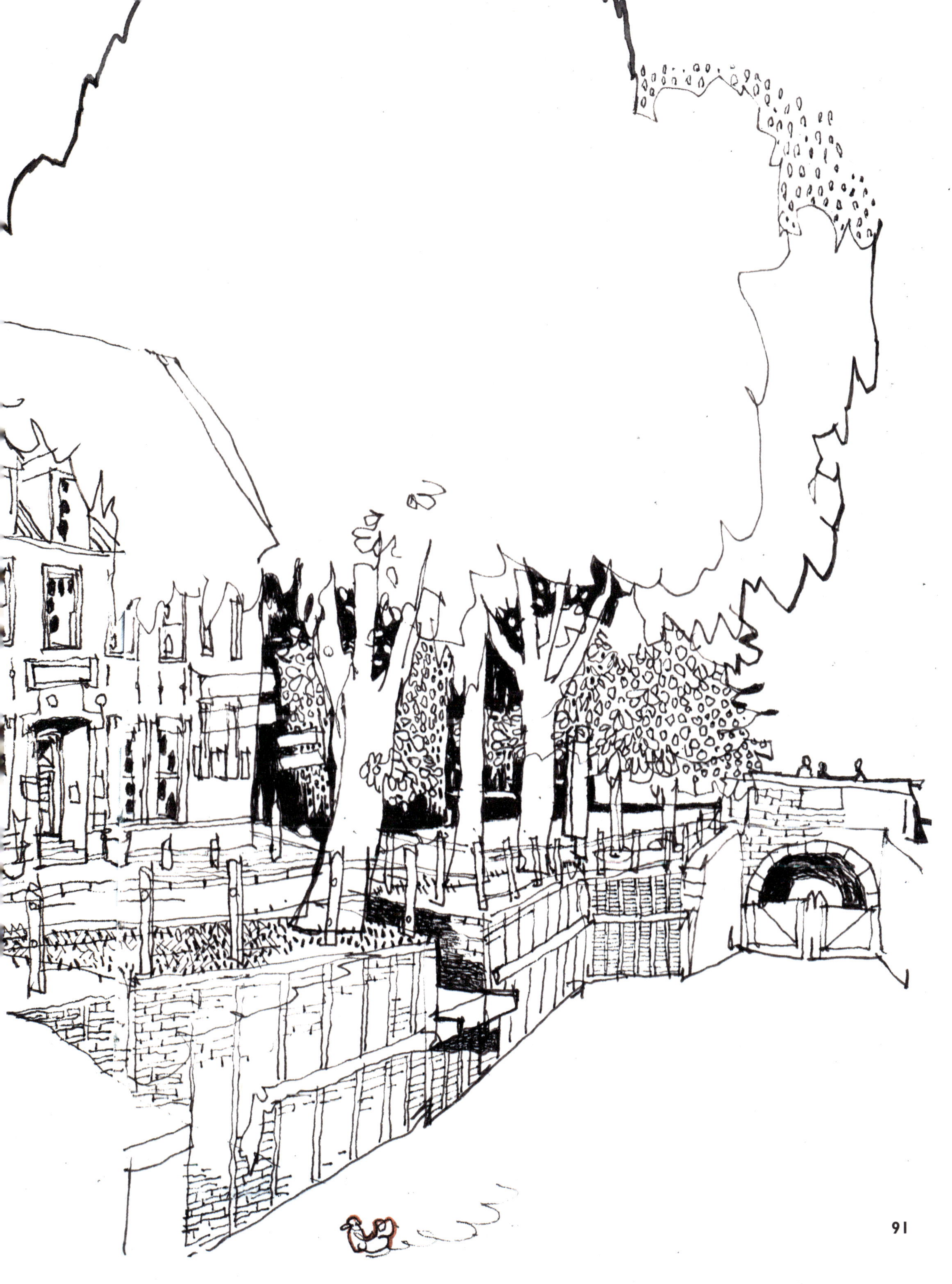

BIN ICH GUT?
KANN ICH GENUG?

MUSS ICH ALLES KÖNNEN?

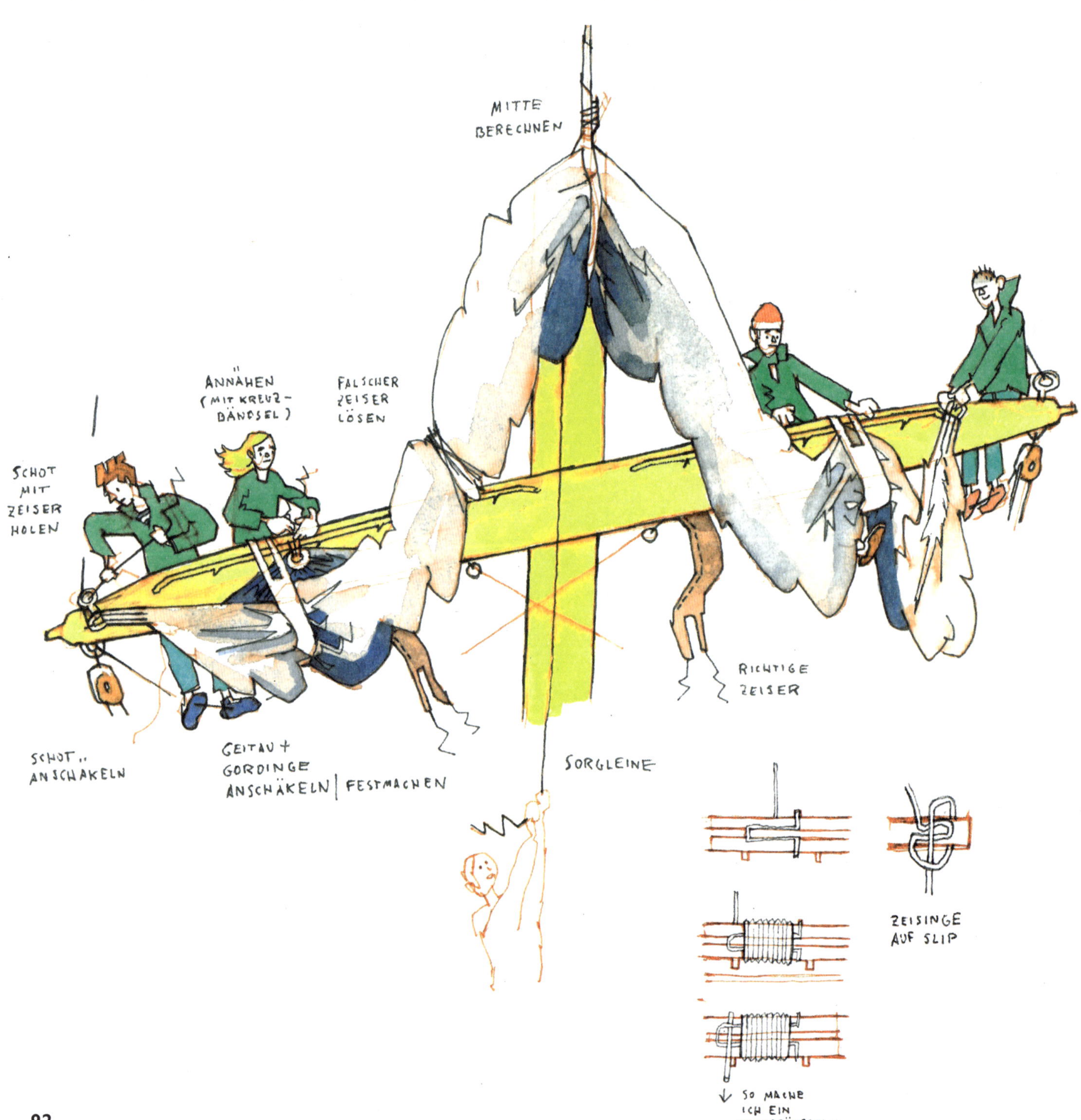

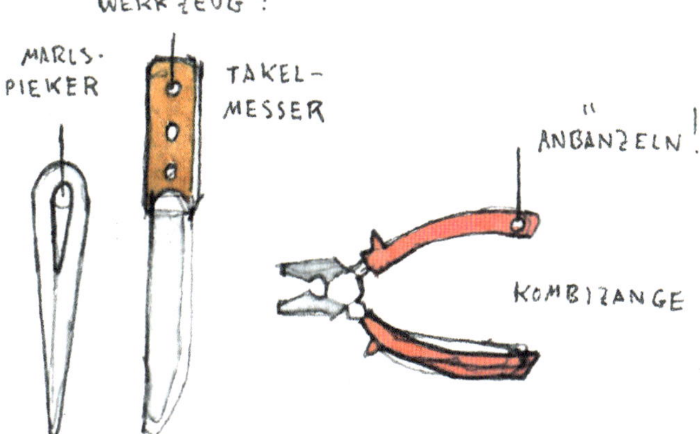

„Sie müssen nicht alles können."[41] *(Unbekannt)*

Nehmen wir mal an, Sie hätten sich an einer Fachhochschule für Gestaltung eingeschrieben, Fachrichtung Kommunikationsdesign. Dann müssten Sie sich unter anderem mit Grafik Design, Typografie, Fotografie, Zeichnen, Animation, dem Filmemachen und Webdesign beschäftigen. Dazu kommen noch etliche theoretische Lektionen in Bezugswissenschaften, Film- und Designtheorie und vieles andere. Sie sehen, Gestaltung ist ein weites Feld. Besonders in den ersten beiden Semestern versucht die FH, Ihnen das gesamte Grundwissen mit Gewalt einzutrichtern. Selbst wenn man sich im Lauf des Studiums auf Illustration beschränkt, ist es fast unmöglich, lediglich Vorlesungen in nur diesem Bereich zu besuchen. Machen Sie es wie die Mediziner. Finden Sie Ihre Nische. Ihre Zahnärztin würden Sie auch nicht fragen, ob sie Ihnen noch den eingewachsenen Nagel behandelt. Meine Themen sind Architektur, Urban Sketching und vielleicht noch ein wenig Seefahrt. Das Medium, mit dem ich meine Themen transportiere, ist die Illustration. Dazu ein wenig Schreiben zum Hausgebrauch. Ich kenne keinen Zeichner, der die gesamte Bandbreite der Illustration mit seinem Können abdeckt. Dafür ist der Kosmos der zeichnerischen Gestaltung zu groß. Kunden wollen Fachleute und keine Allrounder. Wenn Sie das Handwerk des Zeichnens sowieso nur zum Vergnügen in Ihrer Freizeit lernen möchten, müssen Sie erst recht nicht alles können.

Konzentrieren Sie sich auf Ihre Sparte und werden Sie gut darin.

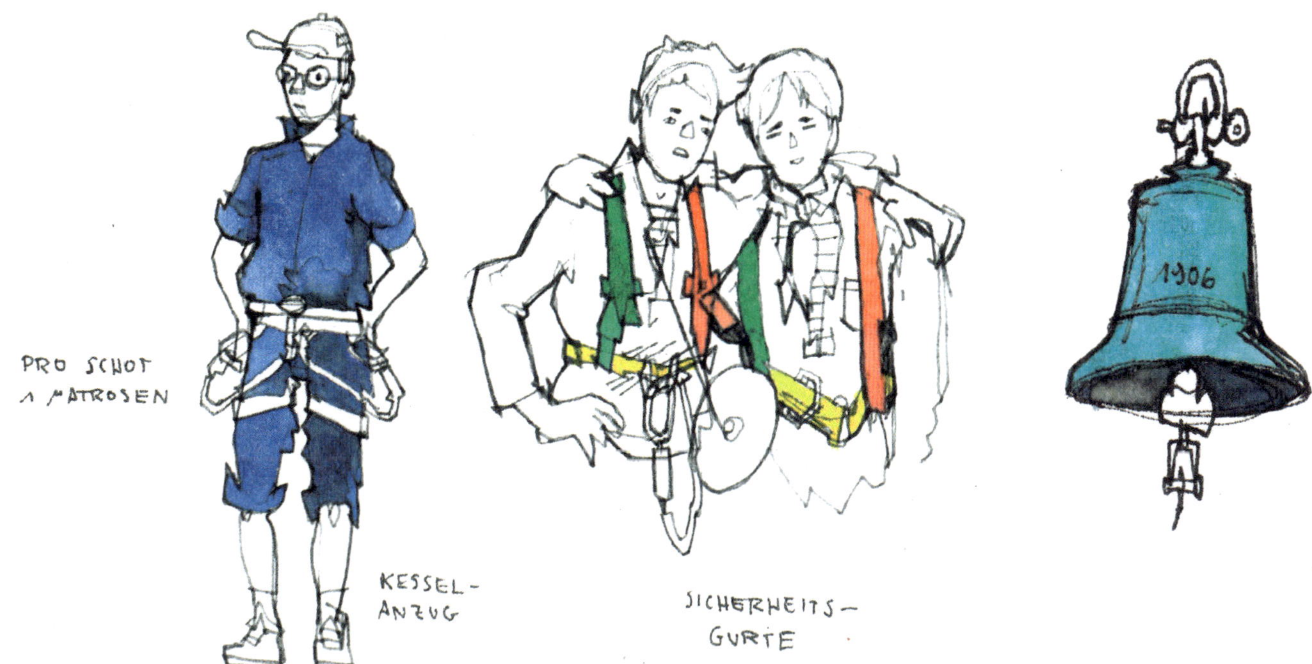

ICH WEIß NICHT WEITER.
ICH HABE KEINE LUST MEHR.

SOLL ICH AUFGEBEN?

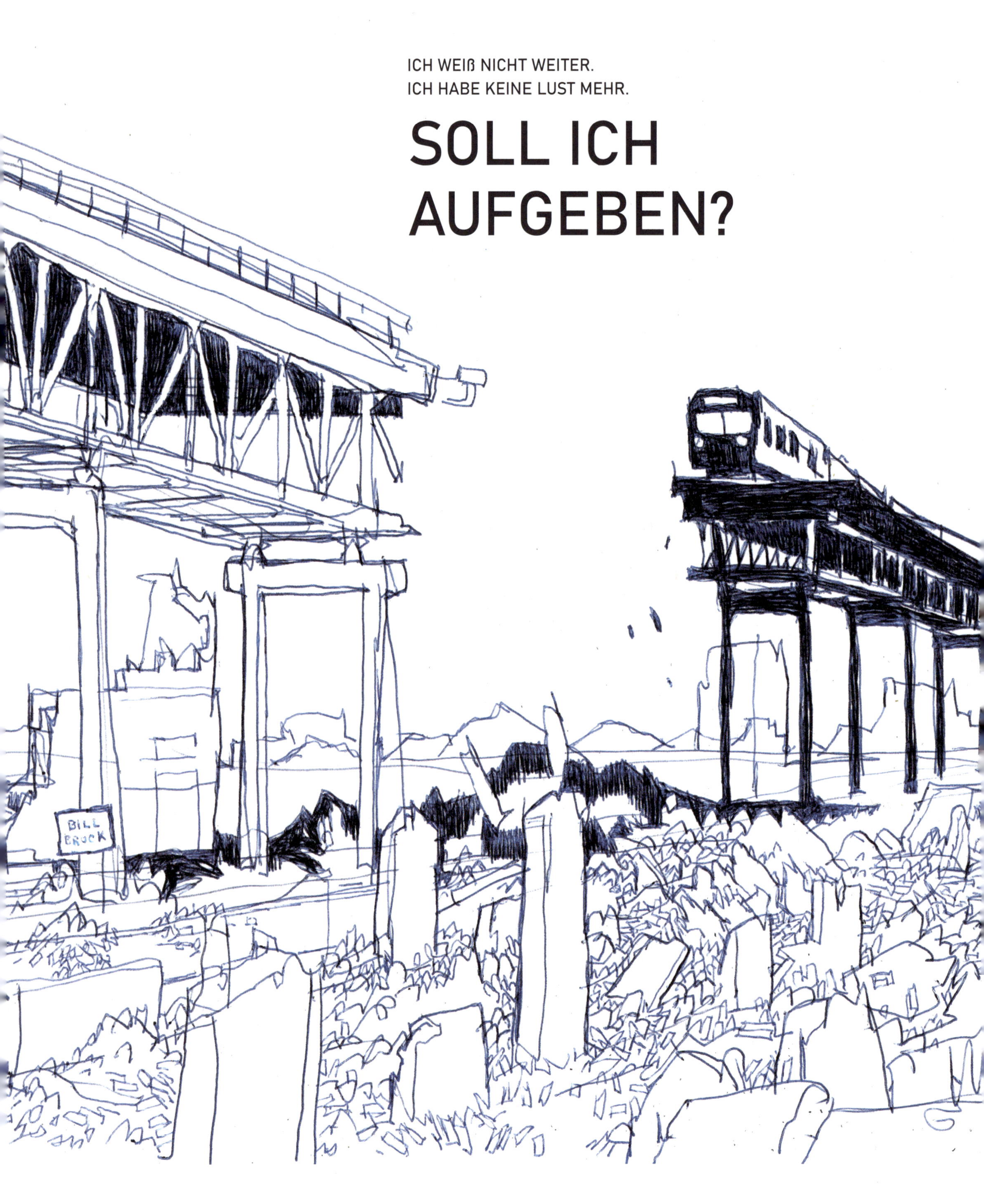

„Die wichtigsten Dinge lassen sich am schwersten sagen. (...) Sind sie einmal ausgesprochen, lassen Worte die Dinge, die dir in deinem Kopf grenzenlos vorkamen, zu ihrer wahren Bedeutung schrumpfen.“[42] *(Stephen King in „Die Leiche“)*

Mit der Kunst ist es sehr ähnlich wie mit den „wichtigsten Dingen“. Erstmal konkretisiert als Zeichnung auf einem Blatt Papier, sieht das Ergebnis meines Eifers und meiner Ideen arg geschrumpft aus. Das kann dazu führen, dass man es erst gar nicht versucht oder irgendwann aufgibt. Deshalb ist es mir wichtig, von einem Handwerk (und nicht von Kunst) zu sprechen, um die eigenen Ansprüche realistischer einzuschätzen. Früher dachte ich, man müsse ein Virtuose sein, um vom Zeichnen leben zu können. Virtuosität bedeutete für mich, beim Zeichnen keine Fehler machen zu dürfen. Ich weiß nicht, woher diese Idee kam, nur, dass sie meinen bescheidenen Anfängen als Zeichner sehr geschadet hat, denn sie hat zu einer Angst vor dem leeren Blatt geführt. Mag sein, dass Papier geduldig ist. Mir kam es so vor, als ob es auf mein Versagen nur wartet. Wenn mir bei der Ausführung meines Hobbys nur ein Strich nicht kunstvoll genug erschien, wanderte das Blatt ins Altpapier und ich begann von Neuem. Diese Manie produzierte sehr viel Ausschuss und kaum fertige Zeichnungen. Ich wollte keine Fehler machen und darin lag der Fehler. Was ich nicht wusste: Kaum ein Handwerk hält so viele Fehler aus, wie das Zeichnen. Ein klug komponiertes Motiv kommuniziert trotz zeichnerischer Mängel.

Was aber noch viel wichtiger ist: Ein Hobby lebt davon, ausgeführt zu werden. Qualitäten sind dabei zweitrangig. Die Beschäftigung ist das Ziel. Besser zu werden, ist dabei nur ein schöner Nebeneffekt. In Ihrem Hobby müssen Sie sich weder rechtfertigen noch irgendjemandem Rede und Antwort stehen. Sie müssen kein Virtuose sein, aber es ist wichtig, eine Sache zum Ende zu bringen.

Lassen Sie sich von Ihrem Hobby keinen Stress gefallen. Die Beschäftigung sollte im Vordergrund stehen, nicht der Druck, besser zu werden.

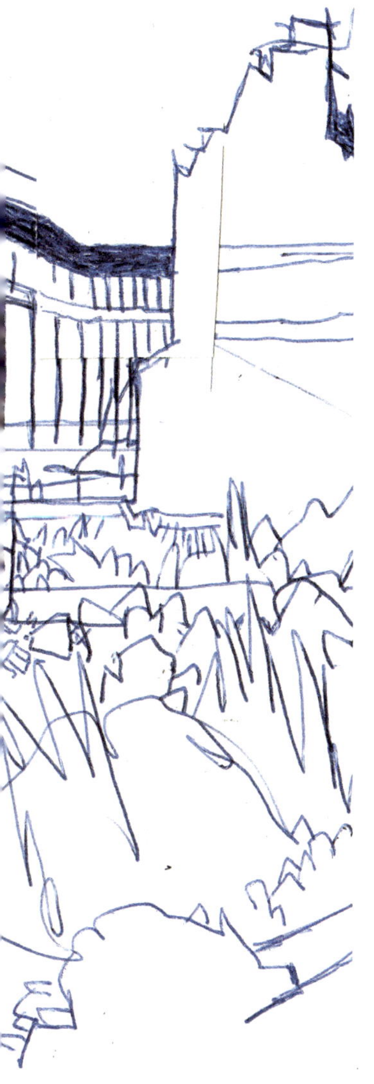

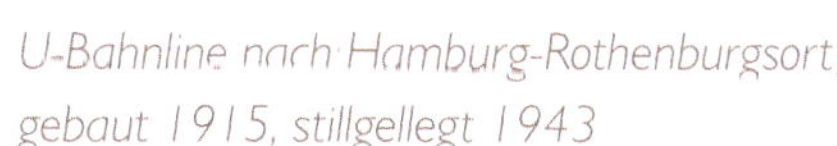

U-Bahnline nach Hamburg-Rothenburgsort, gebaut 1915, stillgellegt 1943

WARUM BEKOMME ICH ES NICHT HIN?
SCHAUE ICH FALSCH?

WAS MACHE ICH FALSCH?

„Das ist kein Apfel“[43] *(René Magritte)*

Zeichnen Sie einen Tannenbaum. Sie wissen schon, die stilisierte Version mit den nach oben zeigenden Krallen auf beiden Seiten. Sind Sie fertig? Sehr gut. Das Ergebnis ist ein visuelles Vorurteil. So sieht ein Tannenbaum nicht aus, trotzdem zeichnen ihn alle so. Warum? Weil wir stolz darauf sind, etwas zu können? Weil jemand für uns wichtiges es uns so beigebracht hat? Weil er so – zugegeben – von jedem sofort erkannt wird? Natürlich ist diese Art zu zeichnen, Kommunikationsdesign at its best. Man erfährt so den Weg zur nächsten Toilette und wird an Bahnübergängen vor der Dampflok gewarnt. Die Bilder üben ihren Job aus, können aber auch für Missverständnisse sorgen. Lernen ist schwierig. Man eignet sich Wissen an, trennt sich aber nur ungern wieder davon, selbst wenn das Gelernte falsch ist. Das halbe Buch handelt davon, dem Zeichner die Angst davor zu nehmen, Fehler zu machen. Diesen Fehler sollten Sie ausnahmsweise vermeiden oder wenigstens zur Disposition stellen. Hier geht es um einen Effekt, der das richtige Sehen sabotiert. Denn wenn Sie mit visuellen Vorurteilen zeichnen, wird es früher oder später zum Konflikt kommen. Stellen Sie sich in einen Nadelwald. Sie werden Probleme haben, einen der Bäume zu zeichnen. Das Bild im Kopf wird sich nicht mit dem Bild des echten Baumes decken. Ein Motiv neu zu sehen, wird einiges an Ausschuss produzieren. Das Auge muss sich erst an die amorphe Form der Tanne gewöhnen.

Visuelle Vorurteile zu beheben, braucht seine Zeit und einige Anläufe beim Zeichnen. Aber es lohnt sich.

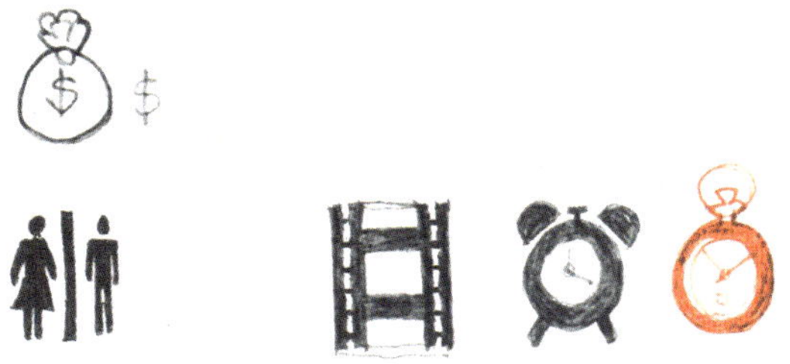

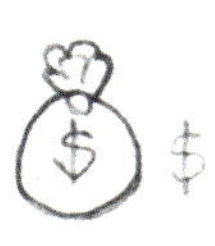

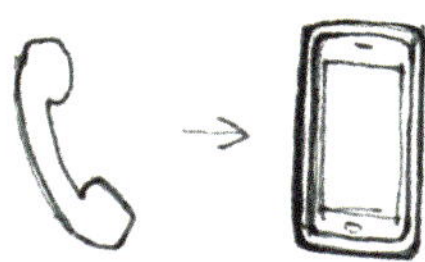

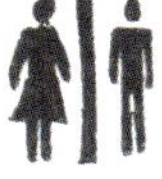

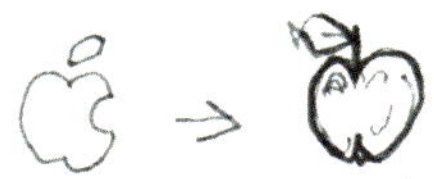

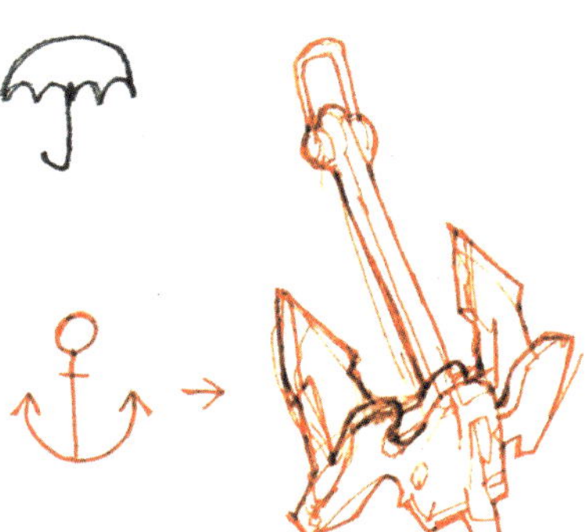

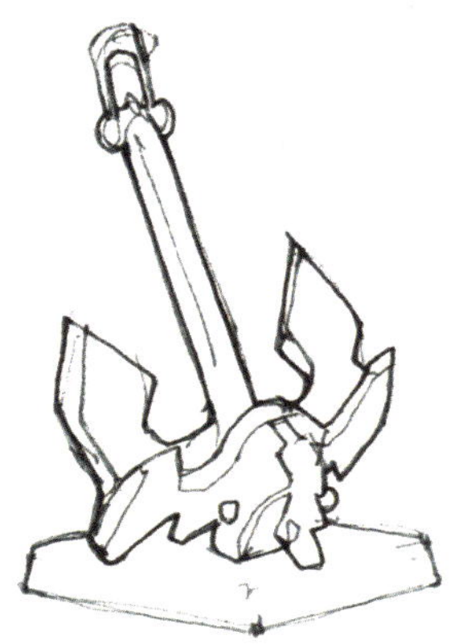

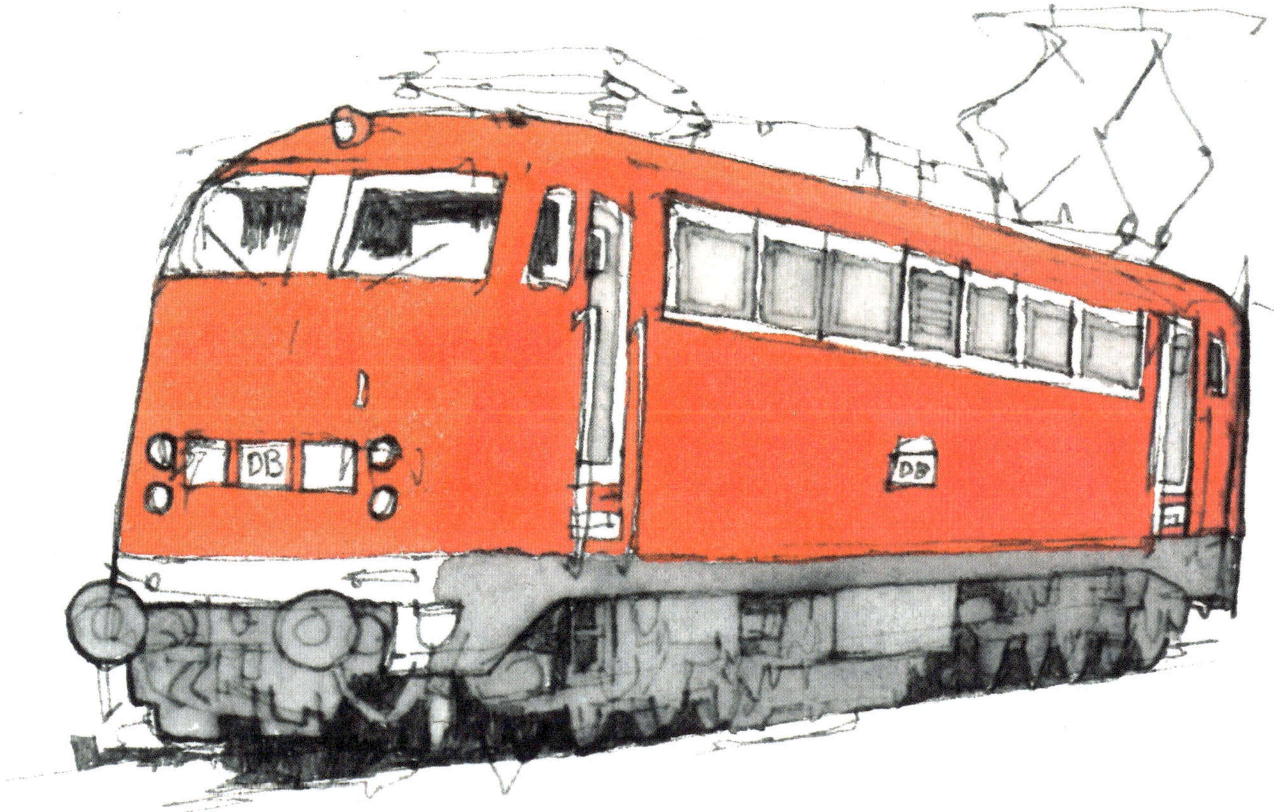

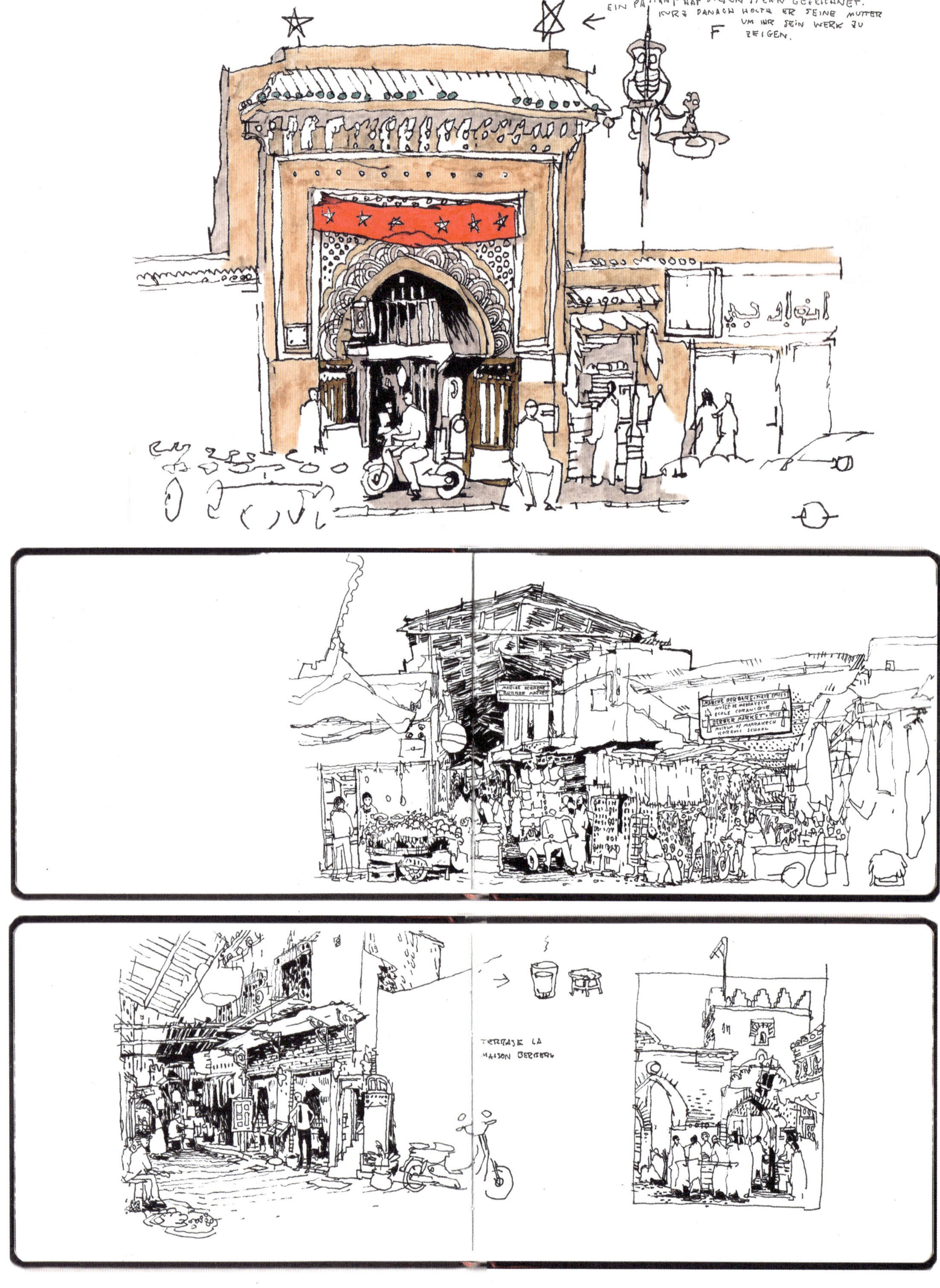
EIN PASSANT HAT DIESEN STERN GEZEICHNET.
KURZ DANACH HOLTE ER SEINE MUTTER
UM IHR SEIN WERK ZU
ZEIGEN.
F
BERBER MARKET
MARCHE BERBERE + PLACE EPICES
MUSEE DE MARRAKECH
ECOLE CORANIQUE
BERBER MARKET + SPICE
MUSEUM OF MARRAKECH
KORANIC SCHOOL
TERRASSE LA
MAISON BERBERE

SOLL ICH MEINE ZEICHNUNGEN JEMANDEM ZEIGEN?

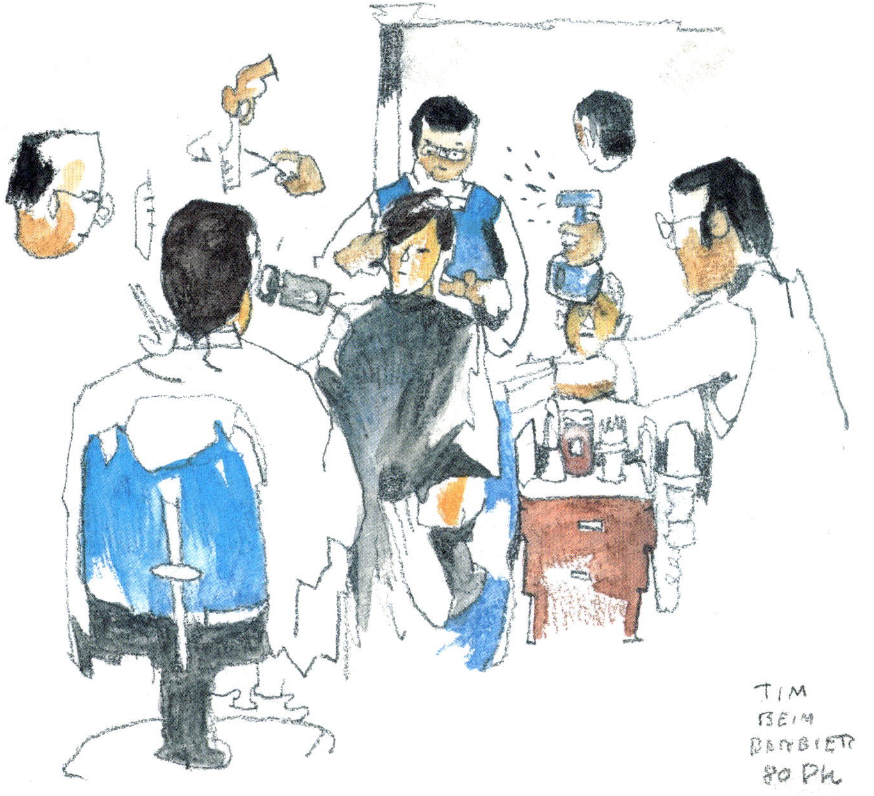

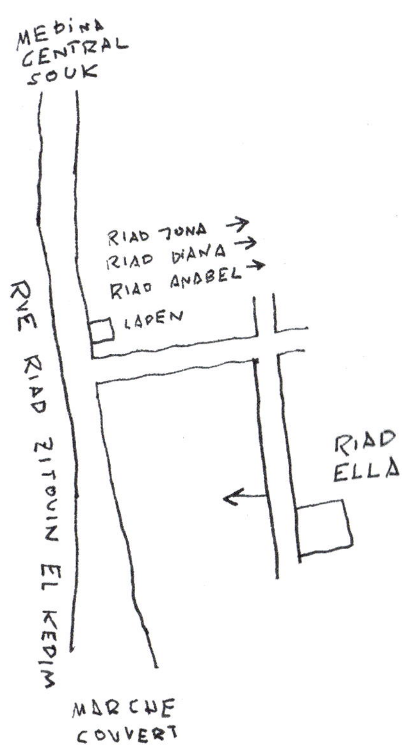

„Was man gern tut, davon spricht man auch gern.“[44] (Sprichwort)

Haben Sie schon einmal von den Künstlern Erwin Hapke oder Henry Darger gehört? Nein? Nicht verwunderlich, denn diese Männer werden zu den „Outside Artists“ oder auch „Art Brut-Künstlern“ gezählt. Im eigentlichen Sinne meinen diese Begriffe urwüchsige, auf autodidaktische Weise angeeignete Kunst, die „häufig von Menschen mit geistigen Behinderungen“[45] geschaffen wurde. Hapke und Darger werden von ihren Biografen als kauzig und menschenscheu geschildert. Eine psychische oder geistige Krankheit lässt sich aber bei keinem von beiden nachweisen. Die besondere

Linke Seite: Skizzen aus Marrakesch

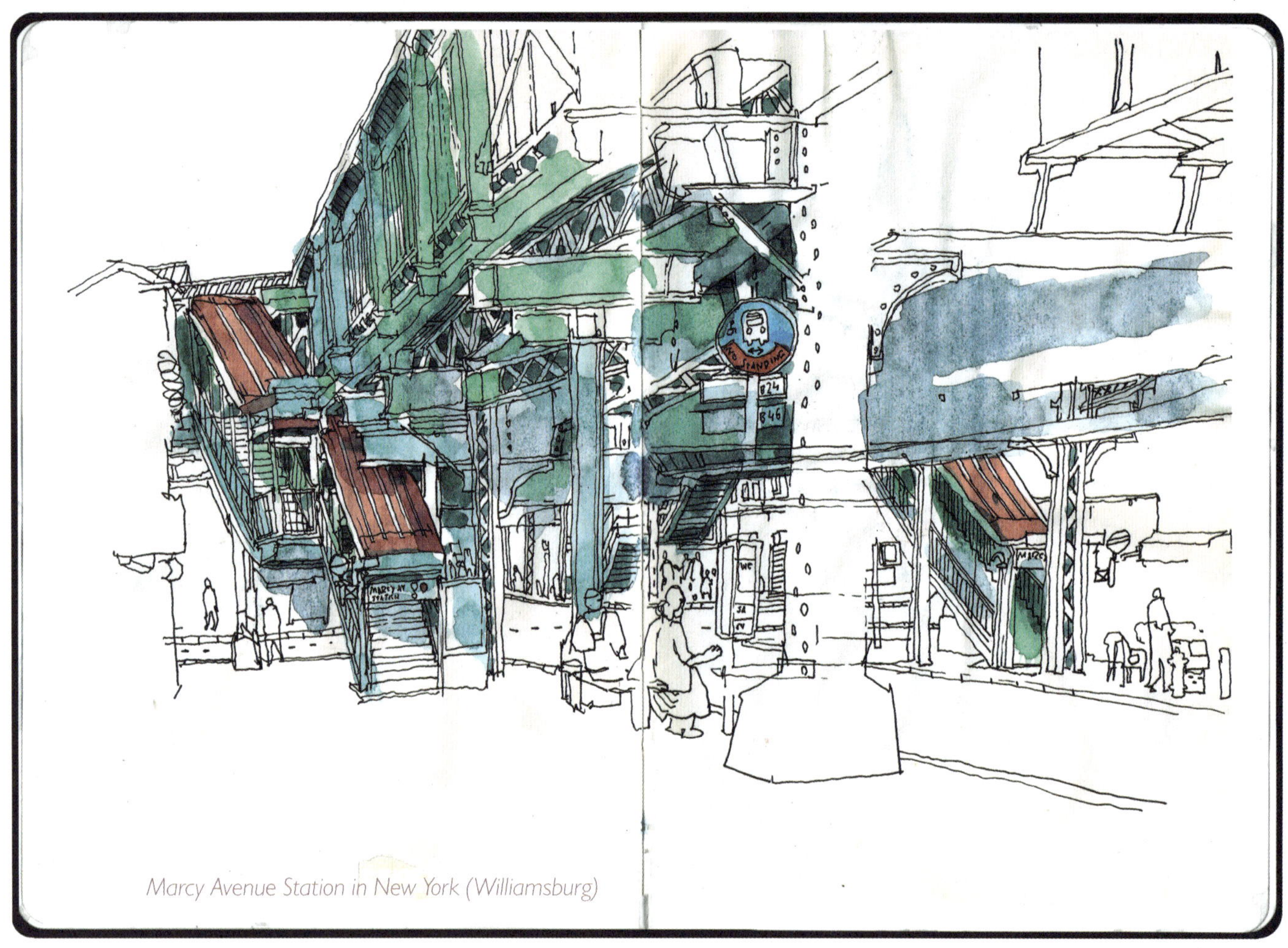
Marcy Avenue Station in New York (Williamsburg)

Eigenschaft ist, dass ihr Künstlersein erst mit ihrem Tod entdeckt worden ist. Diese Künstler arbeiteten ihr Leben lang manisch an unzähligen Werken, die sich einem großen Thema unterwarfen, ohne dass ihre Umgebung davon wusste. Erwin Hapke lebte in einem kleinen Haus bei Unna. Er betrieb Origami, das Falten von Papier und anderen Materialien. Henry Darger war Untermieter mit eigenem Zimmer in einem Vorort von Chicago. Trotz seiner beengten Wohnverhältnisse hinterließ er mehrere 1000 Seiten an Illustrationen und Collagen einer eigenen Welt. Als er starb wurde sein Werk von seinen Vermietern gerettet und der Öffentlichkeit zugänglich gemacht. Es ist sehr schwer zu sagen, wie viele Outside Artists in diesem Augenblick vollkommen unentdeckt ihrer Leidenschaft nachgehen. Wie häufig mag es schon passiert sein, dass der künstlerische Nachlass eines Art Brut - Künstlers ungesichtet vernichtet wurde? Bilder, Zeichnungen, Leinwände und Skulpturen wären auf Nimmerwiedersehen verloren.
Tun Sie sich das nicht an.

Jeder sollte seine Kunst mit jemandem teilen, genauso wie man ein schönes Erlebnis, ein Lieblingsrezept oder einen Ort gerne mit anderen teilt.

Die Elevated Subway in der Marcy Avenue, Ecke Broadway
New York (Williamsburg)

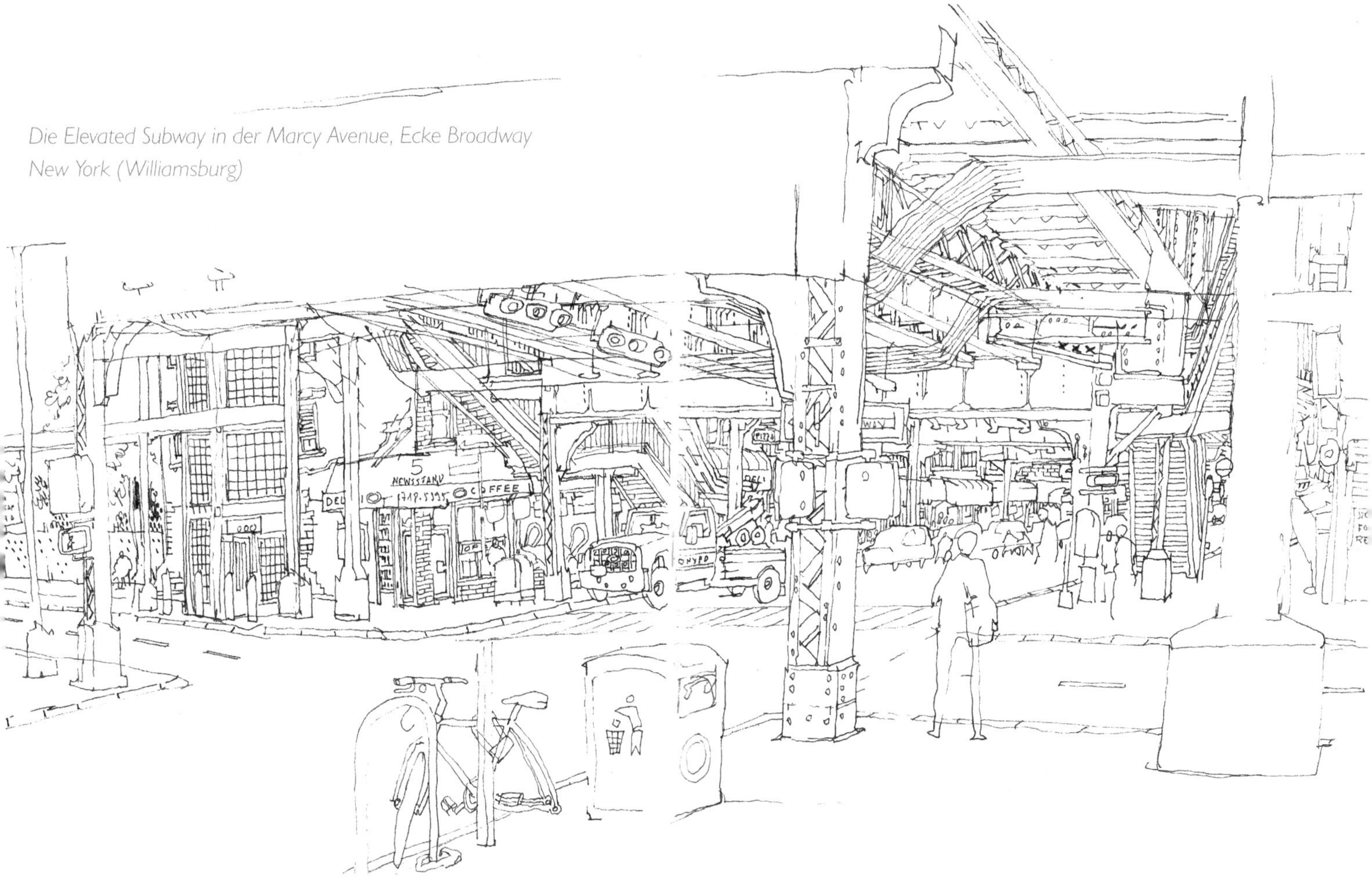

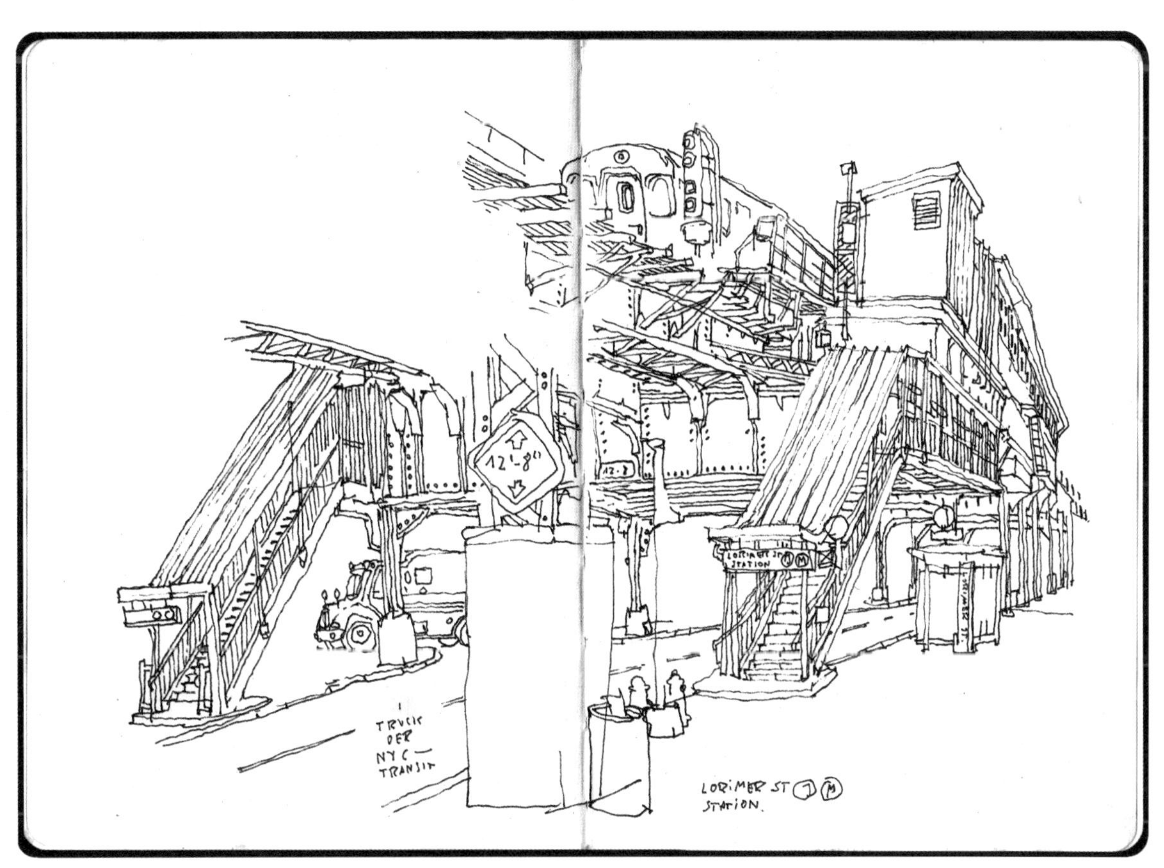

WAS MACHE ICH MIT NEGATIVER KRITIK?

„Finde ich scheiße."[46] *(Unbekannt)*
„Er schreibt über mich, also bin ich."[47]
(Martin Walser über Marcel Reich-Ranicki)

Der Kritisierte soll auf eine Kritik aufbauen und sich verbessern können. Dann hat die Bewertung positive Folgen, so gesehen dürfte es formal keine negative Kritik geben. Ablehnde oder gar Hasskommentare sind weit davon entfernt, Kritik zu sein. Diese Art von Reaktion hat mit Kritik nichts zu tun. Kümmern Sie sich nicht um diese Art von Kommentaren, auch wenn das leichter gesagt als getan ist. Nach meiner Erfahrung ernten ZeichnerInnen ohnehin fast nie derartig destruktive Kritik. Dazu müsste ein Kreativer schon eine gewisse Popularität besitzen, dass Trolle anfangen, sich für ihn zu interessieren. Darin liegt auch ein Vorteil unseres kleinen, künstlerischen Refugiums. In der ersten Zeit werden Sie keine negative Kritik bekommen. Ihr Zeichnen wird nur Verwandte und Freunde erreichen und die Kritik wird positiv ausfallen. Erstens, weil das Hobby noch frisch ist und niemand demotivierend wirken möchte, zweitens, weil Freunde eben „freundlich" reagieren. Verlassen Sie erst später den Freundeskreis und suchen sich Fachleute, beispielsweise einen Workshop-Leiter oder Ihre ZeichenkollegInnen. Es gibt in den Sozialen Medien eine Menge Gruppen, in denen ZeichnerInnen ihre Bilder zur Diskussion vorstellen. Wenn Sie etwas Sorgfalt beim Suchen der richtigen Gruppe verwenden, ist das eine gute Möglichkeit, hilfreiches Feedback zu bekommen. Vielleicht sogar von einer vollkommen fremden Person, die Ihnen bislang nur wegen ihres Fachwissens bekannt war. Bei einer neutralen Person bekommen Sie Kompetenz und müssen persönliche Bindungen, welche die Kritik eventuell beeinflussen, nicht fürchten.

Irgendwann wird der Moment kommen, an dem Sie die erste, auf den ersten Blick wenig freundliche Reaktion erhalten. Das kann bei Desinteresse beginnen, geht über erste Verbesserungsvorschläge bis hin zu knallharter Abneigung gegenüber Ihrem Handwerk.

Es lohnt ein Blick auf die unterschiedlichen Kategorien von Verbesserungsvorschlägen: Achten Sie nicht darauf, ob Ihnen der Tipp gefällt oder ob Sie sich über die Verbesserung freuen oder darüber ärgern, nicht, ob die Verbesserung „viel Arbeit bedeuten würde". Fragen Sie sich nur, ob Ihr Handwerk dadurch besser wird. Wenn ja, sollten sie dem Tipp eine Chance geben, wenn nein, die nächste wirkliche Verbesserung folgt bestimmt auf dem Fuße.

Meine Institution ist der Verlag. Mal sehen, was der Lektor von diesem Text übrig lässt...

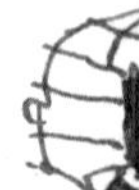

Nutzen Sie jede Kritik, um Ihr Handwerk zu verbessern, aber lassen Sie sich nicht den Spaß an Ihrer Tätigkeit rauben.

Haus meiner Grosseltern in der Up De Schanz

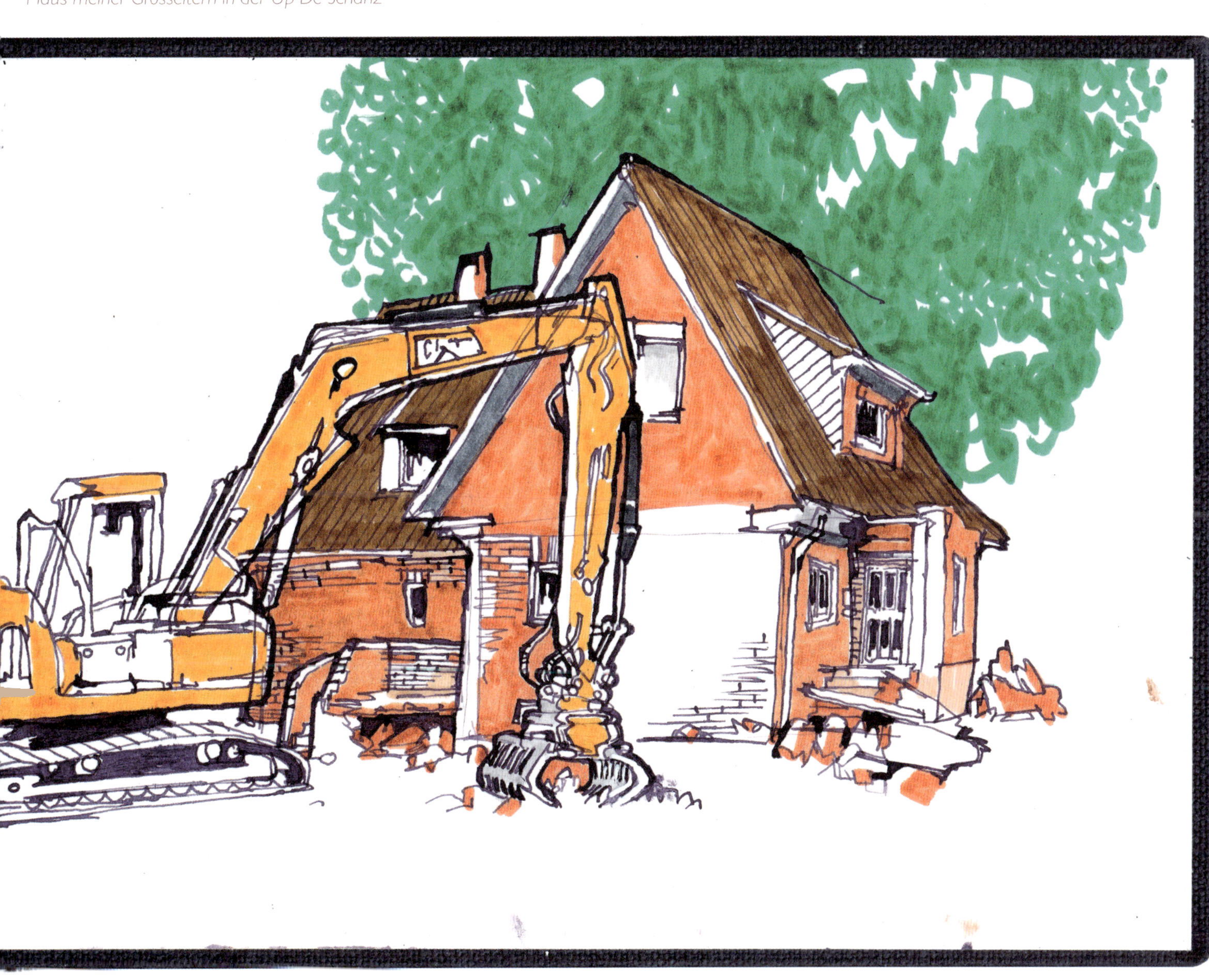

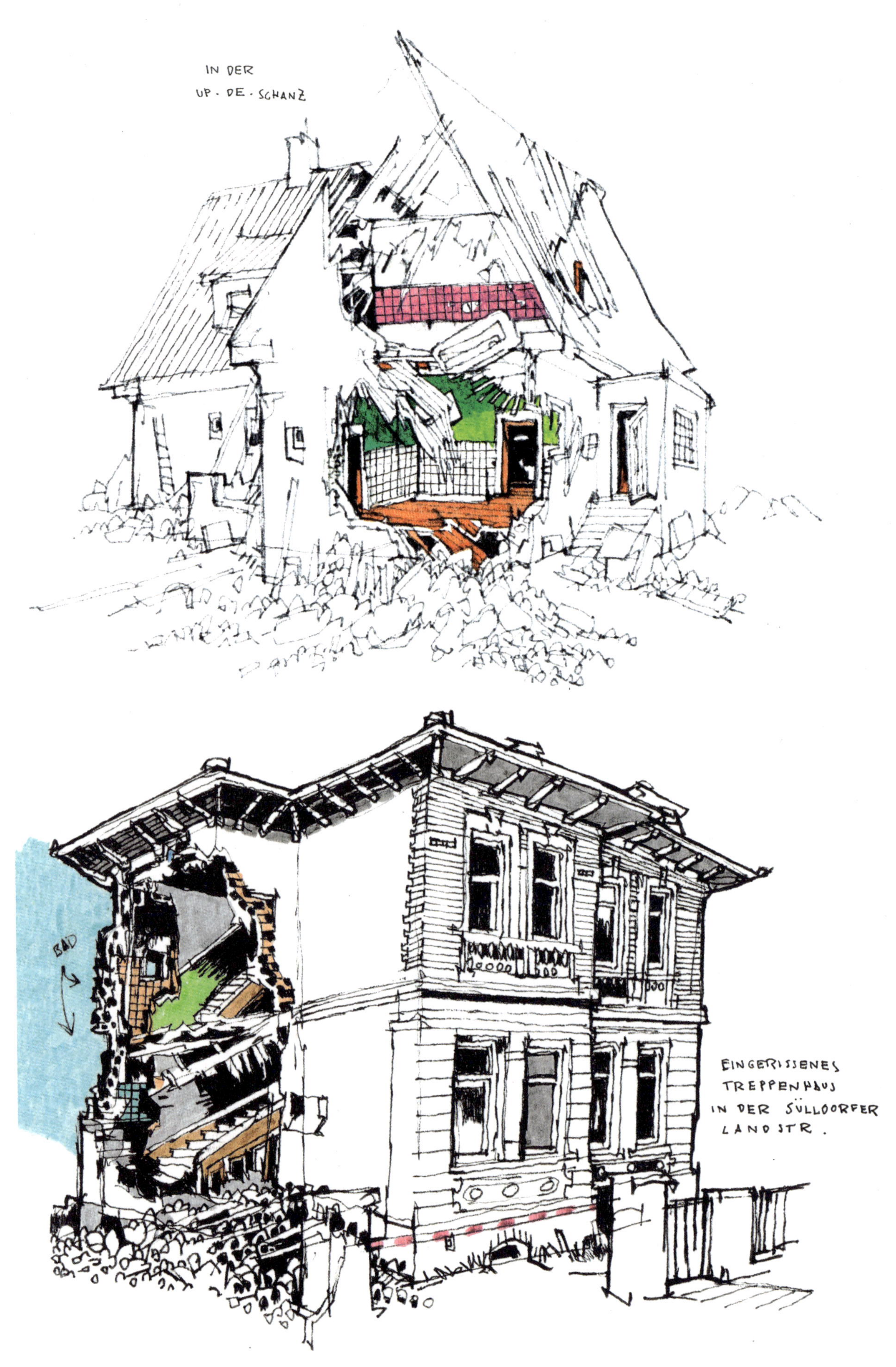
IN DER
UP-DE-SCHANZ
BAD
EINGERISSENES
TREPPENHAUS
IN DER SÜLLDORFER
LANDSTR.

WAS MACHE ICH MIT POSITIVER KRITIK?

„Finde ich gut."[48] (Unbekannt)

Irgendwann packte ich meine Mappe zusammen und machte mich auf den Weg zum Comicsalon. Ich wollte wissen, wo ich als Zeichner stand. Dafür saß ich mit einem 15-Mark-Ticket den halben Tag in der Bahn. Mein Welpenbonus war längst dahin und der Zeitgeist hatte sich auch verändert. Auf dem Comicsalon in Erlangen klapperte ich die Verlagsstände ab. Um ehrlich zu sein: Es war genau einer, dann hatte ich schon die Lust verloren. Der Redakteur war zwar freundlich, vermittelte mir aber genauso entschieden, dass mir noch zu viel fehlen würde, um als Zeichner arbeiten zu können. Das war schlimm für mich, hatte ich mir doch seit der Schule nichts sehnlicher gewünscht. Als die Trauer über diese Worte etwas nachließ, passierte etwas Überraschendes: Plötzlich freute ich mich. Warum passierte das, und was hat das mit positiver Kritik zu tun? In den anderthalb Jahrzehnten davor war ich als Zeichner nicht weitergekommen. Gleichzeitig hatten alle Leute, die ich kannte, für meine Arbeit nur Lob übrig. Da konnte etwas nicht stimmen. Die Einschätzung des Redakteurs löste dieses Rätsel. Ich war einfach nicht gut genug. Das war der Grund. Nur sagen wollte mir das niemand. Meine Freunde und Bekannte, die häufig auch Zeichner waren, hatten es zu gut gemeint und mich und mein Werk zu freundlich bewertet. Ich hätte mich schon viel früher an jemanden von außen wenden sollen. Sie sehen, egal ob gute oder schlechte Kritik, mit beiden heißt es, vorsichtig umzugehen. Beide können konstruktiv, aber auch nutzlos sein. Ich hatte mein Können falsch eingeschätzt, das kann leicht passieren. Vom Beruf des Comiczeichners nahm ich Abstand. Aufgehört mit dem Zeichnen habe ich allerdings nie. Nur, dass ich jetzt nicht mehr so hohe Erwartungen an mich formulierte.

Nutzen Sie jede Kritik um Ihr Handwerk zu verbessern. Nicht um Ihre Laune zu verschlechtern.

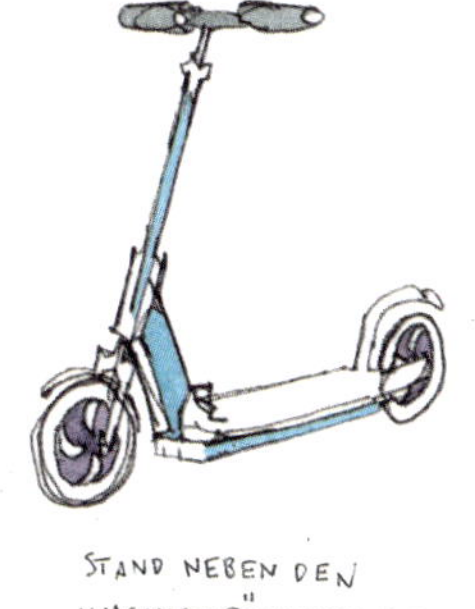

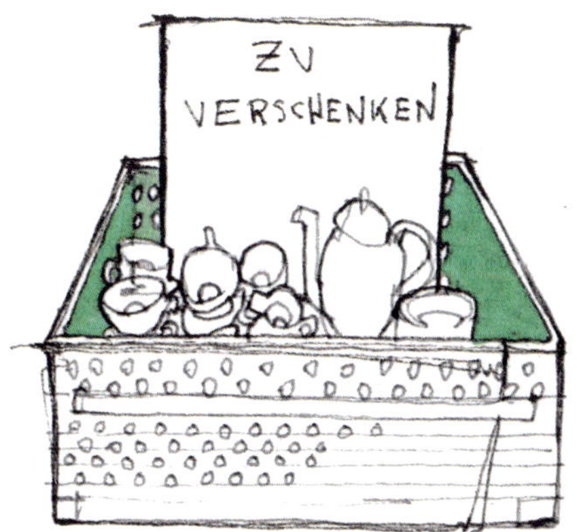

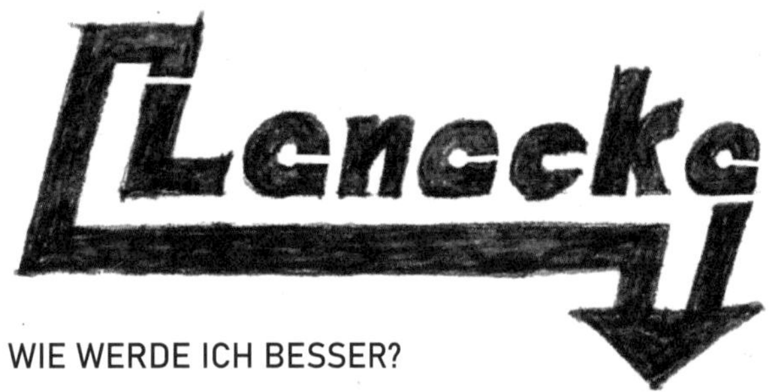

WIE WERDE ICH BESSER?

WIE KANN ICH MIT ZEICHNEN GELD VERDIENEN?

Ladengeschäft meines Vaters (1971 bis 2006)

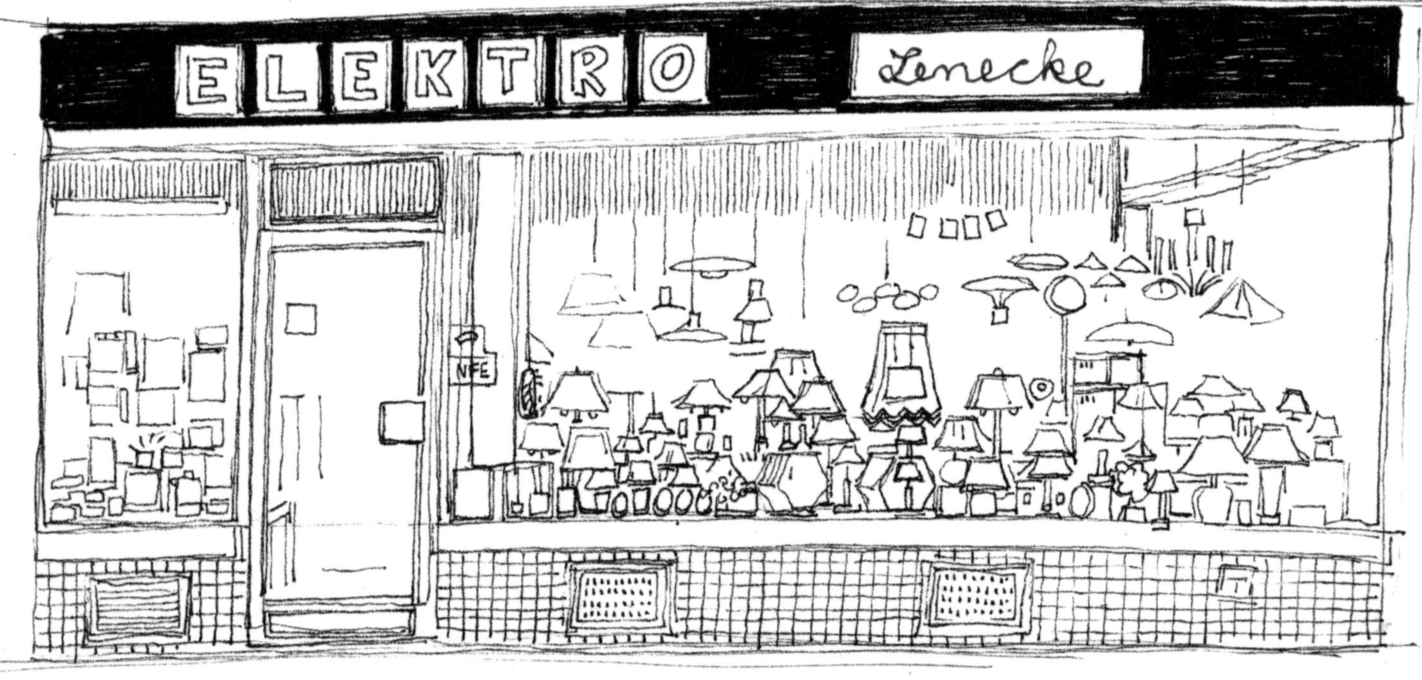

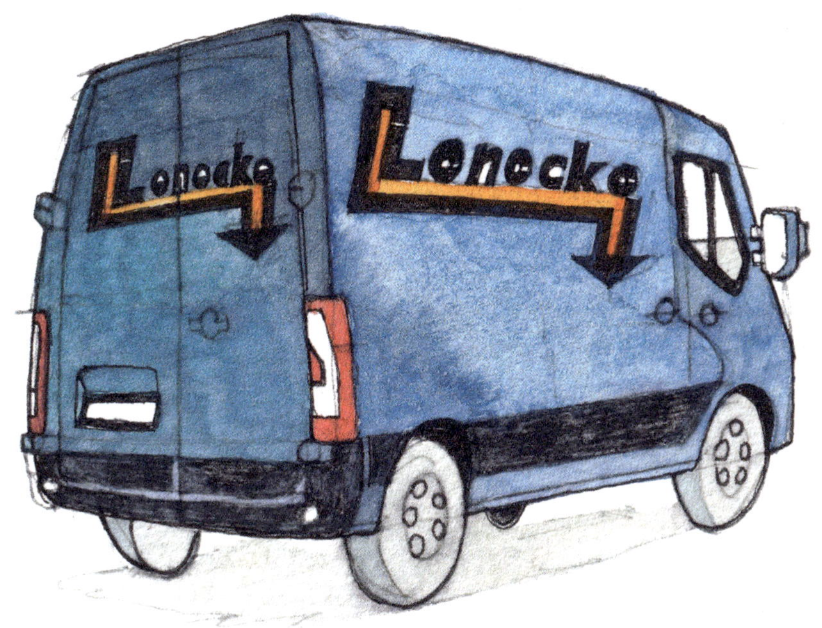

„Wir wurden durch das Fernsehen aufgezogen in dem Glauben, dass wir alle irgendwann mal Millionäre werden, (...). Werden wir aber nicht!“[49]
(Tyler Durden in Fight Club)

Um Profi zu werden, muss ich
... ein Virtuose sein mit dem Zeichenstift
... meinen Durchbruch haben mit einem Album oder – noch besser – einer Serie.

So dachte ich während meiner Lehr- und Wanderjahre als Zeichner. Nur leider lag ich mit meiner Denke damals total daneben. Klar, schwungvolle Zeichnungen helfen dabei, Aufträge zu bekommen. Ein Illustrator kann aber auch mit mittelmäßigem Handwerk erfolgreich sein, wenn er dafür mit guten Ideen punktet. „Durchbruch“ klingt eher nach einem Musiker, der mit einem Song einen Hit landet. Für ZeichnerInnen ist das sehr unwahrscheinlich, da die Reichweite und das Interesse wesentlich geringer sind. Ich will nicht um den heißen Brei herumreden: Die Wahrscheinlichkeit, als ZeichnerIn seinen Lebensunterhalt zu verdienen, ist gering. Wer fällt Ihnen ein, wenn Sie einen berühmten Zeichner nennen müssten? Walt Disney? Der hat seit den 20er Jahren nicht mehr gezeichnet. Asterix! Ja, das ist ein bekannter Comic. Aber wer weiß schon, dass der Zeichner Albert Uderzo hieß. In Deutschland ist Rötger Feldmann mit seiner Figur „Werner“ schon lange eine Art Popstar. Sein Erfolgsrezept war die Originalität und die hohe Wiedererkennbarkeit seiner Figur sowie sein eigenes Auftreten. Frische, selbstständige Illustrationsstudierende müssen ganz schon buckeln, um von ihrer Arbeit leben zu können. Die meisten von ihnen betreiben dabei ihr Handwerk als eine Art Gemischtwarenladen. Sie zeichnen hier und da für Privatleute, mal für Verlage. Dazu Aufträge von kleinen und mittleren Firmen. Vielleicht noch eine Tätigkeit als Workshopleitung und Schnellzeichner auf Hochzeiten. Nanu, das hört sich ja doch ein wenig an wie der Zahnarzt, der auch Hühneraugen behandelt! Es gibt so viele unterschiedliche Möglichkeiten des Broterwerbs. Ich werfe da keinen Stein. Lieber würde ich als illustrierender Problemlöser mein Geld verdienen als nebenbei noch Briefe zustellen oder Kinokarten verkaufen zu müssen. Solange ich nur Steuerformular S statt N ausfüllen kann, mache ich das mit den Hühneraugen gerne. Besser ein Zahnarzt, der Hühneraugen kuriert, als einer, der noch Haare schneiden muss.

Werden Sie nicht zum Zeichner des Geldes wegen.

WIE MACHE ICH WEITER?

„Üben, Pappnase!“ [50] (Hansi Kiefersauer)
„Was Sie schon immer übers Zeichnen wissen wollten, aber bisher nicht zu fragen wagten.“ [51] (Woody Allen, abgewandelt)

Dieses Buch ist kein Ratgeber darüber, wie man Berufszeichner wird, auch wenn die letzten Kapitel ein wenig in diese Richtung gingen...
Ich will mit dieser Sammlung vielmehr die häufigsten Fragen beantworten, die mir Workshopteilnehmende in den letzten Jahren gestellt haben und die lange genug auch meine eigenen Fragen waren. Die meisten Fragen wie: „Darf ich es mir leicht beim Zeichnen machen?“, sind ja nicht gestellt worden, weil man die Antwort nicht kannte, sondern, um seine Unsicherheit zu formulieren. Als ich meinen Führerschein machte, war mir Autofahren so fremd, dass ich sogar bei meinem Fahrlehrer nachfragte, ob ich jetzt an der roten Ampel anhalten muss.
Die Antwort kannte ich, aber die ganze Situation war so ungewohnt, dass ich Zuspruch benötigte. Machen Sie sich bekannt mit Ihrem Handwerk. Durch viel Zeichnen werden sich Ihnen die meisten Fragen von selbst beantworten. Zeichnen Sie regelmäßig allein, selbst wenn es nur einmal in der Woche ist. Treffen Sie sich zum Arbeiten mit Gleichgesinnten, besuchen Sie Workshops oder, wenn Sie es ganz ernst meinen, schreiben Sie sich für Kommunikationsdesign an einer staatlichen Fachhochschule ein.

Eines dieser Level wird für Sie schon das passende sein. Und wenn Zeichnen nicht das richtige für Sie ist, ist es eben etwas Anderes.

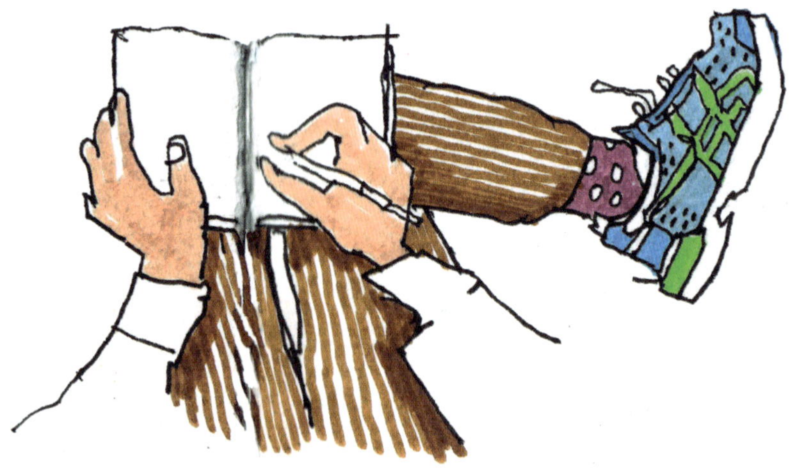

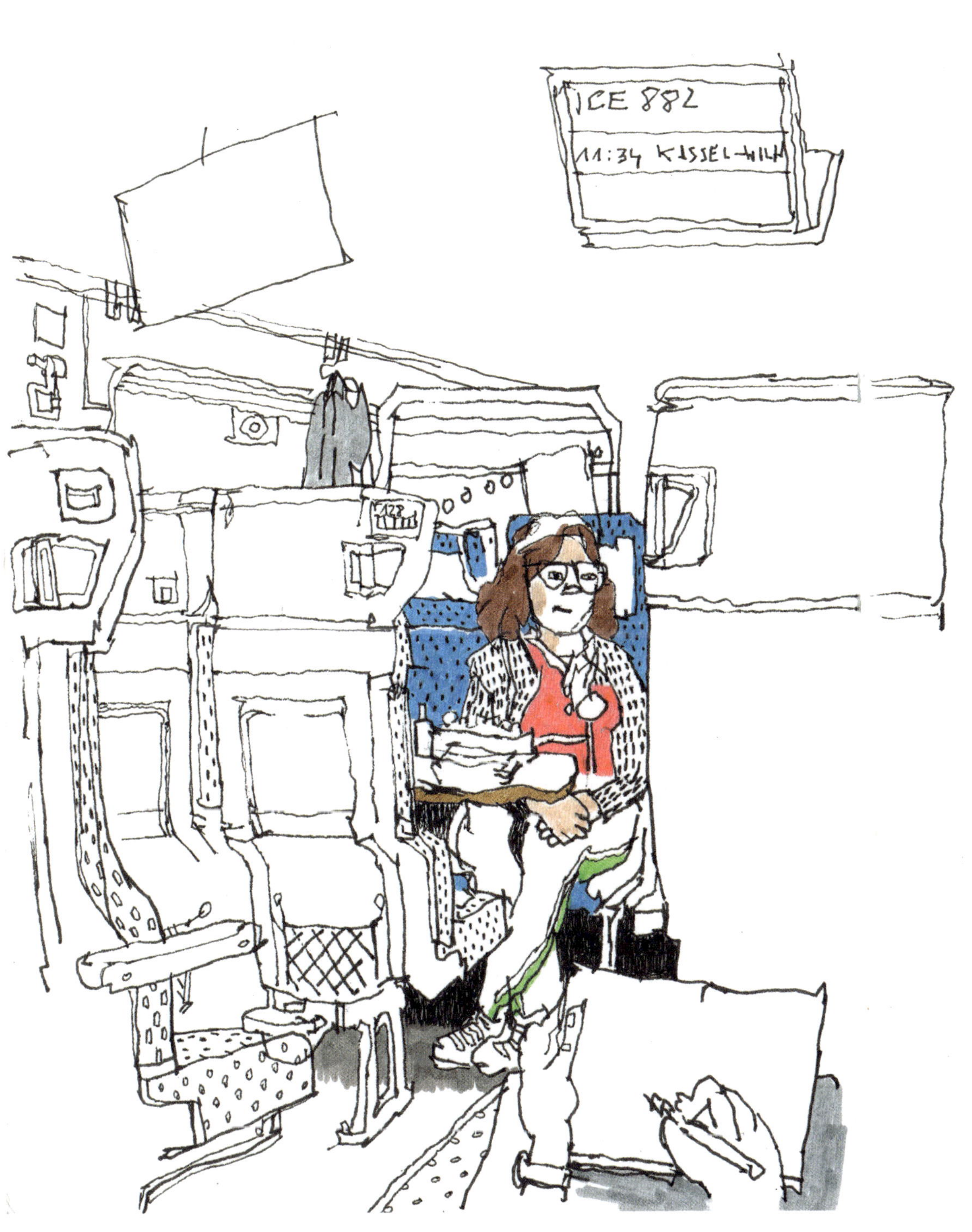
ICE 882
11:34 KASSEL-WILH

IMPRESSUM

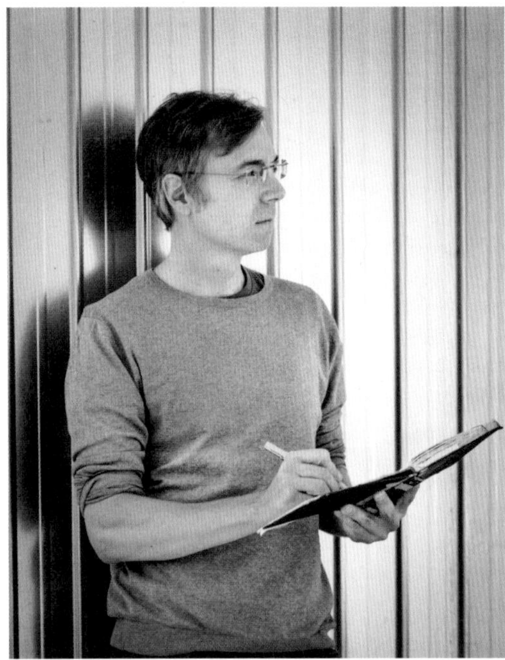

Über den Zeichner

Till Lenecke, geboren am 7. Februar 1972 in Hamburg hatte sich schon als Drucker, Erzieher und Seemann versucht, bevor er im Zeichnen und Illustrieren seine Berufung fand. Außer als Urheber zahlreicher illustrierter Bücher arbeit er an verschiedenen Fachhochschulen als Lehrbeauftragter. Till Lenecke lebt in Hamburg.

Hinweis

Ich spreche in diesem Buch ausdrücklich alle Menschen an - unabhängig von Geschlecht oder anderen Unterscheidungsmerkmalen. Aus Gründen der besseren Lesbarkeit habe ich mich jedoch an einigen Stellen allein für das generische Maskulinum als Ansprache entschieden.

Im Internet unter:
www.lenecke-zeichnet.de

Besonderen Dank an:
Dennis Krause, Björn Sandmann, Fenna Tinnefeld und Christian Zilisch

Anfragen an Till Lenecke bitte unter:
lenecke-zeichnet@gmx.de

Illustrationen: Till Lenecke
Text: Till Lenecke
Layout: Till Lenecke
Foto: Jérome Gerull
Lektorat: Dennis Krause
Druck:
Druckerei Kettler
Druck & Verlag Kettler GmbH
Robert-Bosch-Straße 14
59199 Bönen / Westfalen
Deutschland

ISBN: 978-3-946154-66-2

Die Deutsche Nationalbibliothek verzeichnet diese Publikation in der Deutschen Nationalbibliografie; detaillierte bibliografische Daten sind im Internet über http://dnb.d-nb.de abrufbar.

Besuchen Sie uns auf unserer Website:
www.deutscher-architektur-verlag.de

ANHANG

1 Verfasser unbekannt

2 Aus dem „Manifest der Urban Sketcher", https://de.wikipedia.org/wiki/Urban_Sketchers

3 Aus „Daisy Ducks Tagebuch" aus „Die tollsten Geschichten von DD" (Sonderheft) Nr.39, Ehapa Verlag 1974

4 Aus dem Buch „Noch ´n Gedicht", Lappan Verlag, 9. Auflage, 23.12.2008

5 Verfasser unbekannt

6 Verfasser unbekannt

7 Aus dem Album „Aus dem Schatten ins Licht" © Budde Music Publishing GmbH, Universal Music Publishing Group, Warner Chappell Music, Inc, 2015

8 Philip Roth zugeschrieben, Kolportage

9 Siehe https://de.wikipedia.org/wiki/Begabung

10 Aus dem Buch „Stufen", Ausgewählte Gedichte von Hermann Hesse, insel taschenbuch 4047, 1. Auflage, Insel Verlag Berlin 2011, © Suhrkamp Verlag Frankfurt am Main 1970

11 Aus einen Interview von Robert Crumb mit Terry Zwigoff. Veröffentlicht in dem Film „Crumb", A Superior Picture Production, © Terry Zwigoff Films USA 1994

12 Sinngemäss von Justus Jonas in „Die drei ??? und der Superpapagei", © Label Europa GmbH, 1979

13 Verfasser unbekannt

14 Verfasser unbekannt

15 Verfasser DB, Kein Urheberrecht

16 Verfasser unbekannt

17 Horst Evers zugeschrieben

18 Aus „Mein Name sei Gantenbein" von Max Frisch, © Suhrkamp Verlag, 35. Auflage, 29. Oktober 1975

19 Aus dem Album „Trio Rio", Songwriter: Heuss Oliver, © Metronome Records, 1986

20 Verfasser unbekannt

21 Verfasser unbekannt

22 Aus einen Interview von Robert Crumb mit Gary Groth, veröffentlicht im Comic Jahrbuch 1990, Herausgeber Andreas C. Knigge, 1. Auflage Jan 1990, Carlsen Verlag, Seite 172

23 Kinderreim, Verfasser unbekannt

24 (Julien Bam, nicht der Urheber)

25 Verfasser unbekannt

26 Singemäss, Ohne Verfasser, aus „Das große Goofy Album. Goofy als Leonardo da Vinci Eine komische Historie 1", Ehapa Verlag, 1976

27 Verfasser unbekannt

28 Aus „Bizarr Bazar" von Wittek (Thomas Wittke), Zwerchfell Verlag Hamburg 1998

29 Artikel 1 des Manifestes der Urban Sketcher

30 Verfasser unbekannt

31 Joachim Guhde in einer Rezension in PLOP

32 Verfasser unbekannt

33 (Hans Rosenthal, nicht der Urheber)

34 Verfasser unbekannt, Sprichwort

35 Moses Pelham in „Bordstein mit Ketchup" im DER SPIEGEL 6/1996

36 Veröffentlicht als Vorsatz in dem Buch „UDERZO. Auf dem Weg zu Asterix", EHAPA Verlag GmbH, © Philippsen 1985

37 Verfasser unbekannt

38 Zitat ist gemeinfrei

39 Verfasser unbekannt, Kolportage

40 Dr. Hannibal Lecter (Anthony Hopkins) In „Das Schweigen der Lämmer", Orion Pictures Corporation, USA 1991

41 Verfasser unbekannt, Kolportage

42 Von Stephen King in „Die Leiche". Aus Jahreszeiten. Herbst und Winter, Bastei-Verlag Gustav H. Lübbe GmbH & Co., Bergisch Gladbach, 4. Auflage 1988

43 Namen eines Bildes in der Serie „La trahison des images" von René Magritte, 1929...

44 Verfasser unbekannt, Sprichwort

45 Siehe https://de.wikipedia.org/wiki/Art_brut

46 Verfasser unbekannt, Kolportage

47 Martin Walser in „Tod eines Kritikers", Suhrkamp Verlag, Frankfurt am Main, 2002

48 Verfasser unbekannt

49 Von Tyler Durden (Brad Pitt) in „Fight Club", 20th Century Fox, USA 1999

50 Aus „Hugos Comic-Zeichenkurs" von Hansi Kiefersauer, Alpha-Comic Verlag, Nürnberg, 1990

51 Abgeändert von „Was Sie schon immer über Sex wissen wollten, aber bisher nicht zu fragen wagten" von Woody Allen United Artists, USA 1972